U0610579

韧的追求

侯外庐　著

人民出版社

责任编辑:方国根　武丛伟
版式设计:顾杰珍

图书在版编目(CIP)数据

韧的追求/侯外庐 著. -北京:人民出版社,2015.8(2023.7 重印)
ISBN 978-7-01-013914-2

Ⅰ.①韧…　Ⅱ.①侯…　Ⅲ.①侯外庐(1903~1987)-自传
Ⅳ.①K825.81

中国版本图书馆 CIP 数据核字(2014)第 207059 号

韧 的 追 求
REN DE ZHUIQIU

侯外庐　著

人民出版社 出版发行
(100706　北京市东城区隆福寺街 99 号)

北京汇林印务有限公司印刷　新华书店经销

2015 年 8 月第 1 版　2023 年 7 月北京第 2 次印刷
开本:880 毫米×1230 毫米 1/32　印张:10　插页:6
字数:240 千字　印数:3,001-6,000 册

ISBN 978-7-01-013914-2　定价:48.00 元

邮购地址 100706　北京市东城区隆福寺街 99 号
人民东方图书销售中心　电话 (010)65250042　65289539

1930 年，摄于哈尔滨。

1930 年，在哈尔滨与夫人徐乐英、弟侯俊岩、子侯闻初合影。

1935 年夏，在山西太原与夫人徐乐英及子女合影。

1946 年夏，在上海与夫人徐乐英和四女侯均初在一起。

1947 年 10 月，在香港达德学院担任法政系教授，与翦伯赞教授合影。

1948 年春，在香港与夫人徐乐英及子女。

1948 年 11 月 23 日，乘“华中号”客轮由香港赴东北解放区，同船的有郭沫若、马叙伦、许广平、曹孟君、翦伯赞、茅盾、宦乡、连贯等 30 余人。与郭沫若、许广平合影。

1948 年冬，与郭沫若先生等人由香港回到内地，于营口合影留念。

1949 年 9 月，出席第一届中国人民政治协商委员会中华全国社会科学工作者代表会议筹备会，与社会科学界同仁合影留念，位第二排右二。

1954 年夏，在北京与家人拍摄“全家福”。

1959 年秋，在北京中山公园留影。

1959 年秋，与夫人徐乐英和子侯闻初在北京中山公园。

1963 年 11 月，随中国学术代表团访问日本，于京都大学留影。

1972 年 10 月，在家中（北京市东城区大方家胡同 7 号）与弟侯俊岩、弟妻龚守静及子女合影。

1972年10月，在家中(北京市东城区大方家胡同7号)留影。

1974年冬，在家中(北京市东城区大方家胡同7号)与长女侯寓初、次女侯重初合影。

1974年冬，在家中（北京市东城区大方家胡同7号）留影。

1980年初夏，在中共中央党校91号楼赵纪彬先生书房，与赵纪彬、邱汉生先生合影。这是《中国思想通史》主要作者的最后一次聚会。

1985 年，为回忆录《韧的追求》定稿。

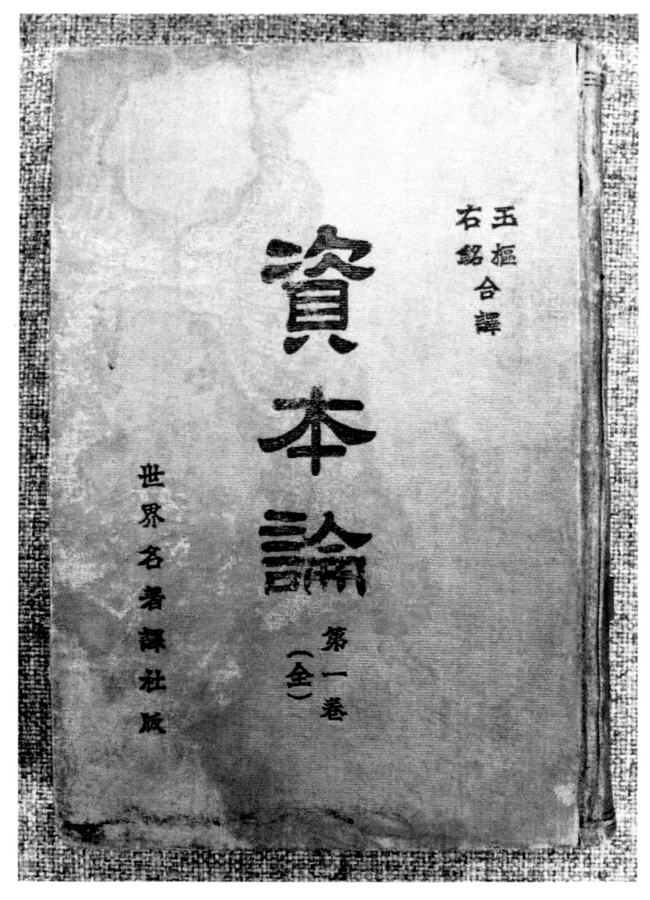

1936 年，《资本论》第一卷全卷译本在北平以“世界名著译社”名义出版，译者署名右铭（王思华）、玉枢（侯外庐）。

再版序

张岂之

侯外庐先生（1903—1987 年）是我国著名的马克思主义理论家、史学家、中国思想史家。

《韧的追求》一书是侯外庐先生的自传（自叙），用他的话说，此书记叙了他“平生追求的成败和心迹”。今天我们读这本书，可以深切地感到前辈学人为弘扬祖国优秀传统文化，历尽甘苦；用韧的精神克服了许多困难，取得丰富的学术成果。

侯外庐先生在《韧的追求·自序》中说：“大半生来，在我追求、研究的不平坦历程中，鞭策力是共产主义拯救中国的理想，但是具体实践中，也并非时时都靠宏大口号的支持。坦白说，相当多的时候，我的信条几乎只有一个字，那便是鲁迅先生所倡导的那个伟大的字——‘韧’！从这一点而言，我写这本自叙，其实不过如同一个凿石的老匠或拓荒的农人回视作业，检点得失时的自白。”

坦率地说，作为侯外庐先生的学生，我每读到上述的话，眼中都充满着泪水。如果要问：我们从老师那里学到了什么？我会这样回答：为实现我们的理想，我们必须在学术研究上学习老师所坚持的“韧”字！有韧性就可以克服一切困难，取得学术研究的成果。

我想，前辈学人“韧”的精神，他们对自己生命历程的回顾，所经历的挫折和痛苦，可供今天年轻学人的参考，并从中汲取力量，使自己的学术研究和中华民族的伟大复兴的历史机遇密切联系起来。

《韧的追求》的成书出版，是在 1985 年 10 月，在外庐先生辞世前两年。关于此书稿的写成，侯外庐先生在该书的《自序》中有这样的话："我患病多年，虽然记忆力尚可，却早已难于执笔。本书的完成，得力于同志们的帮助。在北京市社会科学研究所、北京外国语学院、中国社会科学院历史研究所大力支持下，邱汉生、李经元、黄宣民、朱学文、侯闻初等同志为本书出力甚巨，我深表谢忱。"

在这里我想对朱学文同志略做介绍。她仰慕侯外庐先生的为人、为学，虽然不是侯外庐先生的弟子，也不是中国社会科学院历史研究所的工作人员，但她用了许多时间来记录外庐先生关于"自叙"的谈话，又采访了外庐先生的学生们，做了详细的访谈录；在这样的基础上形成了《韧的追求》的文字初稿。后经外庐先生审定、定稿、面世。

侯外庐先生著作宏富，他自己最看重的是《中国思想通史》五卷六册，约二百六十万字。在《韧的追求》一书的结语中，外庐先生用"简要的总回顾"为题，写了关于《中国思想通史》的撰述情况及其中的要点，文字是这样的：

> 我和我的同志们虽然花了几十年的心血完成了这样一部比较系统的中国思想通史，但是，要建立一个比较完整的马克思主义的中国思想史体系殊非易事。尽管有同志说我们的思想通史是自成体系的著作，而我们却不敢以此自诩。我很想说明一下，我们在史学研究中注重的不是自己的"体系"，而是如何应用马克思主义历史科学的理论和方

法，总结中国悠久而丰富的历史遗产。

这里需要做出说明的是，侯外庐先生对历史唯物论的学习和研究，并非由苏联转手，而是直接来源于他 1928 年至 1938 年期间对马克思《资本论》的翻译工作。不过，学人们要直接从马克思、恩格斯著作中找到关于中国社会史和思想史的具体结论，是不可能的。《资本论》的主题不是中国古代社会与古代思想。恩格斯《家庭、私有制和国家的起源》一书中也没有提到中国。不过，马克思在分析以印度为主的东亚古代社会时，曾提出"亚细亚生产方式"概念（最早见于《资本主义生产以前的各种形式》，后来再《政治经济学批判》序言和《资本论》中都有所论述）。

在侯外庐先生看来，亚细亚生产方式在中国古代表现为：和西方的希腊不同，中国从氏族社会走向文明社会，保留了旧有氏族组织的余绪，在氏族血缘关系的基础上建立起国家组织；这种状况后来演变为血缘的宗法制，它影响了中华思想文化的发展，形成了西方希腊不同的特色。总之，外庐先生研究中国社会史和中国思想史，力求从资料出发，找出中国古代发展的路径，并研究这些如何形成为中国的特色。比如，中国封建社会的土地制度、中国古史分期法典化标准、中华文化的独特性等等，都有详细的论述，可供参考。应当承认，这样的研究具有重要的学术理论意义。

这里我想提到与外庐先生相知很深，且有基本相同学术观点的白寿彝先生对外庐先生学术研究的评价。他说，外庐先生"研究中国历史总是想把马克思主义理论中国化，也可以说把马克思主义历史理论民族化。这一点很重要。"①

① 《纪念侯外庐文集》，陕西人民教育出版社 1991 年版，第 21 页。

这里我想说明,《韧的追求》一书并不是侯外庐先生的理论著作,而是他的回忆录,其中记述了他的生平活动、遇到的人、经历过的事——这些都有生动而具体的描述。读者如果想知道前辈学人在怎样的环境下工作、生活,外庐先生的书可能是一个窗口。

令人遗憾的是,外庐先生的《韧的追求》一书出版至今已近三十年(到2015年是整整三十年)没有再次印刷。此次由人民出版社重印出版,不是偶然的,因为外庐先生的学术著作,如《中国思想通史》等,新中国建立后,都是由人民出版社编辑、出版、发行的。人民出版社重印《韧的追求》是顺理成章的事。我希望,读者朋友们能从前辈学人侯外庐先生的自叙中得到启迪。

2014年9月

目　录

自　序

现在奉献于读者面前的，是我的自叙，我平生追求的成败和心迹。

我探涉历史科学五十余年，本不曾想过要写自己的历史。过去没有想过的，现在竟然写了出来，这当然不是无缘无故的。

五年前，当时在国家出版局工作的包遵信同志来访我，说他受范用同志委托，约我写一本回忆录，由三联书店出版。内容自定，体裁不拘，长短勿论，力求生动。我对此毫无思想准备，一时颇觉犹豫，而约稿者的热忱又使我难于推脱，故答应勉力一试，先写些片断，看看是否符合要求。其时，刚好北京师范大学图书馆有位同志研究《资本论》在中国的传播，他收集了各种中文译本，托人将我与王思华同志合译的《资本论》第一卷上册（1932年9月出版）带给我看，向我了解当年翻译出版的经过。我重睹50年前的旧译，不胜感慨，于是写了一篇《翻译〈资本论〉的回忆》。包遵信同志读后，要求加一个副题《我研究中国思想史的起点》，把它刊入《中国哲学》第三辑。此后，他要求我继续写有关生平经历的稿件，由《中国哲学》连载。这本回忆录就是这样开始写下来的。连载过的篇章，经修改、补充、扩大，成为现在的这个本子。书名由《坎坷的历程》改为《韧的追求》。

《坎坷的历程》，是在《中国哲学》催稿时仓促定的书名，朋友们多嫌它不理想。其实,我跌跌绊绊走过来的八十余年,概以"坎坷"二字,是符合实际的,改与不改,无可无不可。然而,经大家一再好意提醒,细细斟酌,确乎也感到,除生活颠困之外,精神理想的磨砺、心力的劳瘁,"坎坷"二字不足况味。要改个书名,亦易亦难。易者,近乎情理的词语如潮如汐;难者,我今天的心情,如同启笔时的心情一样,唯求做到诚实地、朴素地反映我和我所处环境的真相,时时有所忐忑的,只恐有失于此,而雅俗之分,早已不在顾念之中。我半生所为,着力严肃评判古人,深知史学的美,只有"朴""实"二字。我本不过平平一介书生,因为经历着伟大的时代,才确立自己终生不渝的理想和观点。远言之,我爱羡王船山六经责开生面的气魄,仰慕马克思达到的科学高峰;近言之,自认最能理解鲁迅先生为民族前途,交织着忧愤和信念的,深沉而激越的,锲而不舍的"韧"的战斗。大半生来,在我追求、研究的不平坦历程中,鞭策力是共产主义拯救中国的理想,但是具体实践中,也并非时时都靠宏大口号支撑。坦白说,相当多的时候,我的信条几乎只有一个字,那便是鲁迅先生所倡导的那个伟大的字——"韧"!从这一点而言,我写这本自叙,实在不过如同一个凿石的老匠或拓荒的农人回视作业,检点得失时的自白。

是的,我从事史学研究,就像石匠和拓荒人的乐此不疲。

拓荒何乐?乐在有目标、有知遇、有知己、有成群的同伴。

半个多世纪来,中国新兴史学队伍赢得科学,挣脱枷锁,是有所作为,无愧时代和民族的。在这个队列的名录中,有郭沫若、李达、杜国庠、吕振羽、翦伯赞、范文澜、吴晗、尚钺、尹达……与他们同伍,是我的殊荣。我们这一代投身革命的史学工作者,是争先恐后、热热闹闹、纷争不已、悲喜交集,敞开赤诚的胸怀,披着鳞鳞的伤痕,饮着不尽相等的辛酸,一起奋斗过来的。岁月无情,更不堪十年浩劫,“素交零落尽”追怀故人,慷慨难抑,只因为欣逢改革的曙光,我才禁不住要竭尽声力告慰故人,“以所观乎今,考所学乎古”,所谓“见而知之者”,一百多年来振兴民族的理想有望实现了！我们共同为之奋斗的理想终于就要实现了！也只因为欣逢改革的曙光,作为幸存者的我,才有可能写下这本回忆,为朋友们留下不能忘却的记念。

我患病多年,虽然记忆力尚可,却早已艰于执笔。本书的完成,得力于同志们的帮助。在北京市社会科学研究所、北京外国语学院、中国社会科学院历史研究所的大力支持下,邱汉生、李经元、黄宣民、朱学文、侯闻初等同志为本书出力甚巨,我深表谢忱。

此外,老朋友许德珩、张友渔、陈翰笙、许涤新、冯乃超、杜任之、周北峰、张隽轩、谭惕吾、徐铸成、王昆仑、吴茂荪、徐淡庐、白寿彝、吴泽、解铁光、郝德青、雷任民、侯俊岩、张震、潘德枫、先锡嘉、罗克汀、李冠洋等同志,或接受了我的助手们的访问,或主动来舍间交谈,他们有的证实了我的回忆,有的订正了我的回忆,有的启发了我的回忆。其中,徐淡庐同志力促事成最为殷切。总之,本书所以能顺利完成,和他们的诚挚帮助是分不开的。

还应追加一笔,吾弟俊岩对本书工作关怀备至,不幸他与乃超、茂荪、冠洋诸兄先后作古,使我眷念之心倍增,完成本书责任感也更加沉重了。

前面已经提到,作为一个史学工作者写回忆,尤感史实明确的严肃性。我在主观上力求写下足以征信的史料,但由于时间流逝过久,个人的记忆不一定完全准确。某些历史事件,由于当年各人观察角度不同,所处地位不同,形成的记忆也不尽一致。

对这种情况，我的原则是，尽量不搞人云亦云。我希望读者以信传信，以疑存疑，确属错误的，请予指正。

最后，范用、包遵信同志促成了本书的出版，邱汉生同志为本书题签，三联书店的编辑同志为它付出了辛勤的劳动，这里一并致谢。

1984年12月

第一章

坎坷的历程

家世和童年

1903年2月6日(农历正月初九),我出生在山西平遥县西王智村。

平遥县不及汾河下游那样富裕,也不像雁北地区那样寒苦,经济和文化在山西省居于中间水平。西王智村当年约有百十户人家。村中读书人不多,商人也不多,大部分的人口都是农民兼手工业者。每当农闲时节,西王智几乎家家户户都要找个背风向阳的地方,设一台织机,安一架纺车,一个家庭三口人(一个男子和两个女子)组成一个生产单位:成年男子身挂一袋羊毛、嘴里念念有词地哼着、唱着,走出好几丈远去,从羊毛团里捻出一根长长的线,牵在女孩子的纺车上,纺车不停地转。成年女子掌着织机,从她手里出来的是一种很粗的毛织物。用这种毛织物缝制的粮食口袋,行销于晋中地区的每一个村落。

我对于中国农村基本生产单位的认识,最初的印象并非来自书本,而是来自童年就摄入的记忆,以后20年又不断重复摄入记忆的画面——西王智纺织羊毛口袋的农民们劳动的画面。我离家至今六十多年了,这幅活生生的图画仍然印在我的脑海中。

我的家庭,是西王智村仅有的一户靠读书做官的人家。根据视听所及，可以分析出我的祖辈——父亲以前的几代人，都是读书人，也都是地主。

在那样的宗法社会里，比较特别的是，我的父母都不强调崇拜祖宗，却非常崇拜英雄。这是因为，我的祖父是一个败家子，21 岁就被鸦片夺走了生命。他的吸毒和早逝，给家庭带来很深的痛苦，在后代心目中，祖宗的形象因此也就黯然失色了。那么，家庭崇拜的英雄又是谁呢？不是别人，正是祖父的遗孀，我的祖母。

我的祖母郭氏，是一位不识字而见微知著的女子。她 22 岁守寡，我的父亲是遗腹子。族人对祖母冷酷无情，分到祖父名下的家产，在祖父弃世之时，已经被烟赌耗尽。为了供我父亲读书，祖母卖尽了家中一切可以变卖的东西；为了糊口，她必须终年劳动不息。

祖母以教子严格著称，后来成为四乡闻名的人物。传扬她的声名的人，各自从所处的不同立场、不同认识角度出发，有的人赞美她操守贞节，有的人称颂她教子有方，有的人艳羡她实现了旧时代一个乡间女子的最高理想。这种种的赞誉居然传到京城，黎元洪当总统的时候，曾亲笔为她题词，称她“巾帼完人”。

在家庭内部，祖母的形象有非常现实的内容。她刚直独立，疾恶如仇，不畏艰难。她终生勤勉，终生要求儿孙力戒懒惰、力行勤奋。将她三代儿孙的回忆全部加在一起，她自己是数十年如一日身体力行了的。对于寄托着全部希望的独子，她从不肯流露缠绵的感情，而只表现一种严肃的爱，即使在独子幼年时，她也不宽宥他的过失。家里传下来一个故事，我父亲幼年时，有一次冒犯了塾师，祖母知道了，平时并不轻易动家法的她，这天将他痛打了一顿。到了夜里，父亲睡熟了，祖母掀开他的被，解开他的衣服，看到遍体是青紫的伤痕，她哭了，对熟睡的孩子说道："儿啊，我不是不爱你，我是不能不打你啊！"

这样一位高度理智的妇女，她的内心也有许多痛苦无处诉说。不知从什么时候开始，她养成了一个深夜自言自语的习惯。我从小因为受她钟爱，经常由她带着睡觉。每当她确信我已经进入梦乡时，她便盘坐在炕上，拿起一件针线活，对着小小的豆油灯，自言自语起来。手里的活是断断续续的，口中的话语却无尽无休。我不知道她的面前有没有出现过幻象，我只是无数次在她身边听到她极有条理地诉说她生平经历过的一桩桩最难忘却的往事。那些往事，似乎都是伤心事，是她的"奋斗史"，所以，她的声调如泣如诉，异常痛苦。我至今深信，祖母的思想是朴实的。我甚至相信，无论谁听到她的夜诉，都会被她对待人生、对待困难的那种精神力量所包含的朴素哲理所感动。儿时的我，不可能天天不贪睡，天天偷听她的夜诉。但是，我记得，夜里偷听了她的话，第二天就不敢偷懒、不敢懈怠。

我在亲属和同乡中听到过许多关于祖母的故事，情节大抵都和我亲耳听到她本人的叙述相同，足见她个人的感受和公众的见解是比较吻合的。但是，所有流传的故事都有一个失实之处，那就是，祖母的痛苦被忽略了，或者说，是被掩盖了。

由于祖母的威望至高，我父亲即使做官之后，在家中仍然只是居于第二位的人物。

我的父亲侯福昌是清末乙未科拔贡，考得法官资格。这一年正值康有为"公车上书"，父亲成了变法的热烈信徒。从乙未年到辛亥，他十几年未被起用，直到民国初年，才先后出任山西永济，河南新蔡、固始三县知事，以及平遥县水利局长。

在我的印象中，民国时代父亲的思想也还只够得上维新水平。我这样评价他，并不意味他一生都是康、梁的信徒。相反，早在辛亥前，他就已经对康、梁失望了。但是，应该说，他没有超越那个时代大多数知识分子的水平。他虽然拥护民国，虽然有革除弊制、拯救民族于陆沉危境的爱国心，然而就政治倾向而言，至多只有改良的愿望，而没有革命的动机。当辛亥革命来到时，他和同时代大多数知识分子一样，都没有受到过像样的民主思想启蒙。所以，我常认为，对于辛亥革命，即使像我父亲那样颇表现出热情的知识分子，无论主观上还是客观上，大抵也只具备“咸与维新”的认识水平。这是问题的一个方面。

另一方面，同样应该承认，我父亲有一个重要的优点，他能与时俱进。由于在各个时期他都有一些改良的愿望，所以，基本倾向还比较开通。父亲很关心国是，了解各党派政见的差异。他本人一生始终无党派，但由于两个儿子都信仰了共产主义，他出于对儿子的信任，抱定宗旨不与儿子为敌，不与共产党为敌。父亲的阶级地位与共产党的理想之间，相距是遥远的，但由于抗日战争爆发，民族存亡迫在眉睫，父亲遵循自己的宗旨，倒也并不勉强。抗日时期，父亲坚拒伪县长职，我的胞弟侯俊岩在晋绥八分区搞武装斗争，父亲很引以为豪，他表示愿意接济部队。后来，我的双亲自愿参加了一些秘密活动，协助共产党抗战。他们送消息、掩护干部、接济物资，到 40 年代初，二位老人的家已成为晋冀鲁豫边区通向延安的地下交通线的一站。所以，解放后被定为开明士绅。

我是母亲所生的第四个孩子，由于前面三个连连夭折，因此，我出生前，家里就去求佛门庇护。一位介休县岩山的和尚给我定了个法号，叫“立正”，象征性地把我编在他的门下。12 岁时，我懵懵懂懂地随祖母上过一次岩山，算是去还愿。回家后，仿佛懂了，这一来既在庙里挂了名，又不用剃度，照样可以留在尘俗中读书、吃肉，幼小的心灵中，留下了一团模糊而复杂的印象。

我自幼由祖母亲自带大，她将自己强制压抑了大半生的母爱，一股脑儿地倾注到我的身上。但是，即使到这时，祖母仍旧不失为理智的人。她要求晚辈勤于学业、勤于劳作是绝无例外的。在我少年时代，家庭经济力量还比较有限，十一二岁之前，读书之余我必须参加不少辅助性劳动。正是由于我做事态度踏实，读书兴趣又特别浓厚，才益发博得祖母的厚待，甚至偏爱。然而，祖母对于我的爱，也不单纯是温情，往往还表现在对我所抱的期望和对我加倍严格的要求上。

严格说来，祖母是我步入人生所遇到的第一位老师。从她那里，我饱受了封建伦理道德的教育。这种教育开始于发蒙之前，继续于整个少年时代，对于我，具有相当根深蒂固的影响。回顾一生，我的自尊心、自信心和自重的个性（包括激励我进步的一面和过于清高、自赏，妨碍我进步的一面），我一生追求信仰、理想、事业、知识……一切美好事物的执着，或许可以说正是形成于受教祖母的时代。

我从5周岁开始，到5里路外羌城村外祖父家的书院接受启蒙教育。这个书院，是外祖父家世代传袭的家塾。我的老师就是母亲的堂兄，我的七舅父郝永宽先生，同学十余人，都是本家亲戚。

永宽先生是前清秀才，也是我父亲的同窗知友。先生的国学功底很深，但由于环境闭塞，他的思想还是陈旧的，教育方式更纯粹是旧式读经。我初入学时，在塾中表现得很不安分。先生指令诵读，我往往扫读片刻便掩卷戏耍，因此，常被指责为淘气。永宽先生想抓机会教训我，一看我放下书本，立刻要我背诵，如果背不出，准备重重地罚打一次。然而，背书我是不怕的。先生用这一种手段查考我，不曾一回抓住我的辫子。于是，先生改变办法，不断地给我加码，直到要求我的内容比别的同学多几倍为止。就这样，我在永宽先生的眼里，由顽童变为模范，我越来越受到他的垂青。

少年时代的读书生活

我在 14 岁以前，大部分时间都随永宽先生读经。实足 13 岁读完“四书五经”，把“子曰”“诗云”之类背得滚瓜烂熟，实际上理解的成分微乎其微，90% 以上的内容，都有待日后反刍消化。这种落后的学习方式占去的时间太长，使每一个受这种旧式教育的人都蒙受了损失。但是，就我个人而言，也不能否认，永宽先生为我奠定了扎实的国学基础。我和许多同一代的学人，之所以能驾轻就熟研究先秦各门学术，都因为早年所受的教育，强制性地要求我们掌握了大量先秦资料。这是老一代人从落后的教育中所得到的便利，却也绝不是今天的青年所应羡慕的。

话说回来，在我少年时代也并非全没有接触过新知识，只是，新知识都不来自课堂，而来自课堂外的阅读。少年时，父亲收藏的梁启超《饮冰室文集》，是我最喜欢读的书。当我尚处在无法分辨共和与立宪利弊的年岁时，“饮冰室主人”笔锋常带情感的文字，对我真正起到的作用是启迪我思维，激发了爱国情绪，常令热血奔流。所以，尽管就思想、学术、风格而言，梁启超著作给我的影响远不及章太炎著作来得深刻、持久，但我仍然要把饮冰室时代梁启超的影响，称作思想的童年时代所受到的洗礼。然而，洗礼，只是洗礼而已。

辛亥革命爆发，我父亲曾在家中大谈革命党推翻清朝皇帝，难得有地喜形于色，慷慨激昂。不久，父亲这样一位实际上只具有维新思想的绅士，被北洋政府派往晋南任永济县知事。

父亲赴任时，家眷只带了我一人。到了永济，我被送进一家新式学堂。除国学之外，我初次接触到数学、英语、地理、常识等有趣的课程，感到新鲜极了。这段时期，天天上学堂，都能感到一种在永宽先生书院里从来没有感受过的兴奋和喜悦，那真正是知识给少年带来的喜悦。

在永济，父亲和我住在县衙中。课余时间无所事事，我对父亲每日审理的案件发生了兴趣。于是，每天一放学，便躲在屏风后面听过堂，这是我在永济的第二课堂。我虽然只有十一二岁，还幼稚得很，但是，正是从永济县衙的一角，我饱看了社会的活的悲剧和百姓的凄切怨愤。这是社会集中提供的，而任何学校所提供不了的认识世界的视角。

在永济生活了两年半后，我回到平遥。家里又让我随永宽先生就读。这时，旧式书院已经再也关不住我的心了，我以“四书五经”读完为理由，坚决要求进学堂。14 岁那年，终于遂愿，进入平遥县立高小。在平遥高小，我是一个标准的好学生，各门功课都能得第一名。但是，平遥高小水平不及永济学堂。永济学堂的教师思想更新颖，英语教学尤其活跃。对于永济学堂，我怀恋了很久很久。

在“五四”之后的潮流中

1919年“五四”运动爆发时，我16岁，这一年适从平遥高小毕业，考进了汾阳县河汾中学。“五四”像春日发聋振聩的一声雷响，把我这个一向以分数第一为最高目标的“好学生”从蛰梦中惊醒。为强烈的爱国心所驱使，我进入学生运动的行列，并开始渴望变革。

我初入河汾中学不久，山西省成立全省学生联合会，学校举我和一位高年级的学生两人作为汾阳县代表，到太原出席大会。那时，我还算不上走在运动最前列的积极分子，我之所以被举为代表，以当时学生普遍的水平，主要是因为大家看中我的学业和品行。这是我第一次进省城，第一次身临大场面。这次大会的参加者中间，有个别人日后成为知名的青年革命家，张友渔便是其中之一。张友渔当时是太原代表，被推为执行委员。他比我年长几岁，能力和见解在代表中间显得十分突出，相比之下，我虽也被推为执行委员，却是非常幼稚的。“五四”潮流中这次匆促的聚会，是我和张友渔相识的起点，几年后，当我们在北京法政大学新生行列中不期而遇时，便结下终生友谊。

自入中学起，我的生活里出现两个重大的变化：一方面家境日益富裕；另一方面我一步步跨进全新的知识领域。祖母灌输给我的道德观和是非观，使我远离纨绔，执着求知；新文化运动在我和我的许多朋友们心中点燃的火，正在熊熊升起。我对于革命即将到来的认识虽模糊，但力图从新知识中寻找方向、寻求力量的意识却非常明确。我就是这样，被新的时代潮流和新的知识潮流带领着进入青年时代的，并开始想要扑扇翅膀，独立地飞起来。

“五四”以后，汾阳的一些中学生，成立了一个相当于读书会的组织——“书报供应处”，自行筹款，向京沪等地订购了许多书报刊物。比我年长几岁的两位要好同学——李舜琴、杨毓栋，就是这个组织的成员。他们经常拿《新青年》《新潮》《少年中国》之类的杂志给我看。这些猛烈冲击封建文化的书刊打开了我的视野，激励我去开辟新生活，我开始向往一个没有压迫的世界，一个新的未来。后来，中国共产党成立，汾阳“书报供应处”的成员都正式转为中国共产党党员。在我早年生活的狭小圈子里，他们堪称是先知先觉者。

1923 年，我从河汾中学毕业。我本拟按父亲意图直接去日本留学，因当年日本大地震而却步，于是，回平遥家里稍事整顿，就启程赴北京继续求学。初夏的一天，辞别了亲人，我和一位同学同乘一辆双轮马车从平遥出发赴京。一路上，烈日、风沙、颠簸、劳顿，人生的道路就这样开始了。两个年轻人，满怀对新天地的憧憬，对新知识的渴求，什么困难都不放在眼里。

在北京，我首先投考的是北京大学。北大第一门考数学，题目很难，我连一道都做不出，便断然弃权。早年的北大，曾以数学和英文两门考试吓退过不少投考者，我便是其一。首试失败使我醒悟小县城的第一名学生与现代文化标准之间的距离。所以，不久，当我同时被法政大学和师范大学录取时，我决定同时就读两校，在法政大学攻法律，在师范大学攻历史。我愿加倍付出努力，发愤追赶认识到的差距。

从落后的山西来到文化中心，至感知识之贫乏，有两年时间，我在图书馆如饥似渴地涉猎一切所能获得的书籍，填补知识上的空白。在课余的阅读中,我对哲学的兴趣最高,西欧的人文主义、德国的古典哲学乃至当代的各派学说包括马克思主义,我都不肯放过。如果说我最早读到的马克思列宁主义的宣传著作是登载在《新青年》上的《庶民的胜利》《Bolshevism 的胜利》,直到此时,则仍然是陈独秀、李大钊等人的作品,马恩的原著,即使是英译本,我也连一本都不曾见过。那个阶段的阅读,终究由于书读得太杂而又无人具体指点,弊端甚大,竟至于连共产主义和无政府主义也混同一视,还以为无政府主义是一种彻底的解放。但是,这种广泛的阅读在当时说来毕竟大大开阔了眼界。我们这一代人,不少都是在阅读中得到启蒙,继而在实际斗争中洗炼、成长的。

那时,尽管头脑中还有许多糊涂的观念,但我对中国共产党提出的“打倒国际帝国主义”“打倒军阀”的彻底的民主革命口号,则是由衷拥护的。我积极参加了反帝反军阀的学潮,结交了许多共产党和国民党的朋友,本人却是无党派的,连国民党都没有加入。我当时是新三民主义的热烈信仰者,共产党嫌我不够激进,国民党的组织我嫌它太混乱,所以,长时间徘徊在党派组织之外。

1925 年,孙中山先生逝世。围绕对他的评价,国民党和鼓吹“盖棺不能定论”的梁启超为代表的“研究系”,展开了激烈的论战。同时,国民党内部也展开了尖锐的斗争。左派国民党人和共产党人一起,坚持“联俄、联共、扶助农工”的三大政策,而右派则打着孙中山的旗号反对孙中山。

约在 1925 年年底或 1926 年年初,“孙文主义学会”在北京膨胀组织,两位学运中结识的北大同学王昆仑、纪任勤竭力鼓励我参加。孙中山死了,“孙文主义”的旗帜很迷惑人,我失去了辨别力，糊里糊涂地进入这个组织，并且由我拉上了同班同学张友渔。时隔不久，在1926年3月中山先生逝世周年的纪念大会上，“孙文主义学会”出面主持会议者暴露了他们的反共宗旨，我和张友渔深感受了污辱，信仰受到亵渎，因而愤然和这个组织断绝了来往。张友渔利用他兼任《世界日报》记者身份的方便，设法在与《世界日报》有点老关系的《大众晚报》第四版上，登出一条消息，报道法政大学张友渔、侯玉枢等人声明不再与“孙文主义学会”发生联系。

这件事给我的教训很大，从此，我的警惕性大大提高了。

学生运动的实践，使我理解了左右两派斗争的实际含义。在以后的斗争中，我的思想与行动都较为自觉地站在以共产党员为核心的左派方面来了。从此，我与好友张友渔、李舜琴等相约信仰马克思主义，并且把自己对马克思主义的一点点粗浅认识，拿来向同乡兄弟辈，如郝德青、雷任民、侯俊岩、朱宝善等做过宣传。

李大钊同志的教诲

大约在1924年，我的一位同乡朋友，北大学生高君宇（又名高尚德，曾是“少年中国学会”最早的成员之一，北京“马克思学说研究会”的参加者，时为共产党员），介绍我认识了李大钊同志。那个阶段，李大钊同志正一面致力国共合作，一面广泛地在各阶层中大量开展活动。第一次见面，大钊同志和蔼的态度、深邃的思想，立刻使我感到亲近而又折服。他对我们几个年轻人很热情，既谈思想，又谈学术。我向他讨教对中国革命前途的认识,和对各种理论的见解,他都一一作答。自那以后,我便经常设法去见大钊同志。在他面前,我既没有拘束之感,更没有掩饰之心。我向他借书,他借给我的书中,我清楚地记得有一本是布哈林的《唯物史观》英译本。当我向他连连提出疑难问题的时候,大钊同志曾赞成我探求真理的认真态度,鼓励我加深理论研究,同时,也批评过我对无政府主义的幻想。与大钊同志的接触,使我的思想发生根本性的变化,我开始以更高的自觉性和更大的热情参加学生运动。从他那里感染到的对理论的浓郁兴趣,对我一生都有影响力。

由于我经常有问题想请教大钊同志,而大钊同志太忙,见一次面颇不容易,所以,他亲自向我推荐了一位能解答问题的老师,那就是北大青年教授陈翰笙。大钊同志当时向我介绍说,陈翰笙"对马克思主义很熟悉"。陈翰笙与我,由师生关系发生起来的友谊自是而始。

1926年,北京段祺瑞政府制造了屠杀反帝爱国学生的"三一八"惨案后,又全城告示,"宣传赤化者处死刑"。在白色恐怖中,李大钊同志举家迁往东交民巷苏联大使馆西院,继续领导斗争。他的行动受到限制。

就在这一年,我和几位朋友计划独立办一个刊物,呼应南方革命形势,声讨军阀政府的反动。20世纪20年代的北京,不像上海那样有许多代为经办刊物的书店。办刊物,全得自己经手、自己掏钱。加上发行量有限,还得自己赔钱。我们的刊物在付印时,由于实在凑不齐印刷费,我只好到东交民巷去向大钊同志求援。大钊同志的生活也很清苦,他特地向住在邻近的李石曾借来一笔钱交予我,嘱咐说:"这是李石曾太太的钱,你一定要还。"于是,由我主编,由北大学生金嘉斐出面发行的铅印对开秘密刊物——《下层》,就这样问世了。我为创刊号写了社论和一篇短文,张友渔、周北峰等志同道合的朋友也都各撰一篇文章。《下层》与群众见面后很受欢迎。因为内容激进,我们不能一次抛售街头,而只能一批一批地秘密送到学校,每送出一批都可以全数售完。不久,我就还清了向大钊同志借的款项。由于《下层》宣传了革命的思想,军阀政府立即下令取缔,这样只同群众见过一面的《下层》,就此被践踏了。《下层》的问世,对于我个人,可以说是青年时代第一个转折的标志。自此,我与无政府主义决裂了;自此,我迈出了接受马克思主义的第一步;自此,我已经向社会宣告了自己的立场。这一重大的进步,完全是李大钊同志教育和帮助的结果。

我和李大钊同志的最后一次见面,留下了一些无法磨灭,甚至抱愧终生的记忆。

那是《下层》被查禁以后,我为了还那笔出版《下层》的借款而去的。与前次借款时一样,我们约定在东交民巷道升洋行见面。记得大钊同志是登梯子越过一堵矮墙过来的。我首先把钱还清,介绍了《下层》发行后的反应和被查禁的情况,大钊同志安慰我,即使被查禁,也是一场胜利。谈到以后的方向,大钊同志认为我应该参加左派国民党组织,为它做一些工作。当时我虽是满腔热情要革命,觉悟却并不高。我对大钊同志说:“我对政治没有经验,对理论却很有兴趣,很想先在理论上追求真理。”大钊同志不仅没有责备我辜负他的期望,反而极其宽厚、恳切地说:“先从理论下手也好。”他一向教导,搞理论应从马克思、恩格斯的原著入手,从原著中汲取科学社会主义理论的真谛。这时大钊同志又一次诚恳地强调这一点。我向他表白了一个心愿,想翻译一点马克思的原著,一则自己可以深入学习马克思主义理论;二则也为国内读者的需要出点力。对此,大钊同志是赞成的。当时我的这个决心,决定了我一生的方向和道路。

就在这次谈话间,梁漱溟、张申府两位先生来访大钊同志。我怕影响他们,有告退的表示,大钊同志却让我坐在一旁听听。在他们的谈话中,我记得几句有趣的对话。

梁漱溟先生问大钊同志:“你们共产党要是执政了,对我们这些知识分子准备怎样呢?”

大钊同志豪爽而幽默地答道:“对和你同姓的那位梁启超,我们要不客气的;而对你,一定会很好的。”

在这里,我目睹了大钊同志掌握革命原则性和灵活性的艺术,在十分艰难的局势中,执行党的统一战线政策应付裕如的风貌。

在我和大钊同志的接触中,想来他是看清了我的特点和弱点的。他对我追求真理的热忱,点滴的进步,都爱护备至,同时又细心引导我走上革命的正途。以我的个性,而能在中国革命坎坷的道路上不迷失方向,全赖大钊同志的教导,循着他指点的方向,我以研究《资本论》为起点踏上征途,从而确立了我的马克思主义世界观和对历史发展必然规律的信念。

我能结识李大钊同志,在一段时期内经常聆听到他的教诲,五十多年来,每当念及,总有无限庆幸之感。大钊同志讲堂内外的学生、弟子,数量之多想来是难以统计的。不过我想,大钊同志对这些青年的影响,对他们毕生所走道路起到的作用,必定更加难以估量。我与大钊同志认识和接触的时间并不长久,然而,大钊同志以他独特完美的风格——人格、学术、境界之统一而高操,使我整个身心为之拜倒。大钊同志兼有思想家的敏锐,理论家的深刻,政治家的气魄,革命家的大无畏精神,忠厚长者的慈爱，学者的道德风貌。这一切优秀的品质，浑然集于大钊同志一身。大学时代的我，只是一个渴望彻底挣脱封建枷锁，追求真理的普通青年，之所以能从此走上信仰马克思主义的道路，为宣传马克思主义不遗余力一生，应该说，是李大钊同志给了我第一个推动力。

1926 年初冬，军阀当局拟定了黑名单，一场大规模的搜捕镇压开始了。整个北京城笼罩在恐怖中。我因与大钊同志有过交往，加上办过激进刊物《下层》，据悉也在黑名单捕拿之列。面临危险的朋友们纷纷离去，有的出国，有的去南方投奔北伐军。形势不容迟疑，我也只好迅速离京，和爱人徐乐英（北京美专学生）一起，到哈尔滨寻求赴法勤工俭学的机会。

1927 年 4 月 6 日，反动军阀当局逮捕了李大钊同志。我们在窒息的气氛中，天天从报纸的字里行间寻觅他的下落。就在蒋介石发动"四一二"反革命政变后不久，4 月 28 日传来了李大钊同志被杀害、牺牲在绞刑架下的噩耗。他的死，激起广大群众对军阀统治更深的仇恨，激起更多青年投身革命行列。

李大钊同志在世时，我们曾多次一起谈到旅法勤工俭学的问题。大钊同志对这种求学方向，很表示肯定。我也颇有赴法求学的意向，之所以一直没有行动，一方面是由于北京学生热火朝天的反帝反军阀斗争吸引着我，总觉得参加斗争责无旁贷；另一方面，我希望完成大学的全部学业后，再出国留学。现在大钊同志牺牲了，大革命失败了，中国一片黑暗，哪里还学得到有用的学问。我给自己找的出路，就是遵照大钊同志生前的嘱咐，勤工俭学，到法国去学习、研究马克思主义。我的决定，得到了父亲的支持。他早就从我一位同乡朋友陈高佣（原名陈显文，时为共产党员）处了解到我的明显左倾的立场，他同意并愿意帮助我实现出国求学的愿望。

来到哈尔滨，那里的领事馆办理签证手续的效率之低，令人难以忍受。然而，在难耐的等待中，我得到了一个意想不到的收获——在书摊上买到《资本论》等几种经典作家原著的英译本和日译本，这都是我早就心向往之，而在北京根本无法得到的。北京知识分子集中，革命运动高涨，反动派的文化控制特别森严。而哈尔滨其时，反动当局还没有体会到革命知识分子的威胁，文化控制因此也相对薄弱些，书摊上还能散见些革命大师的著作。

得到这几本无比珍贵的书，就使得待在哈尔滨那种无聊的等待也变得有意义起来了。于是我在旅馆天天读书度日。李大钊同志过去曾常常谈到《资本论》，他抱憾中国还没有一部较为完整的译本，他强调《资本论》是促进广大劳动阶级觉醒的理论武器。当我读到它的时候，更体会到这部巨著的伟大和大钊同志见解的正确。从此，我把翻译《资本论》作为赴法求学的目的。我觉得，非如此便不足以报答大钊同志对我的教诲，告慰大钊同志在天之灵。

旅法·试译《资本论》

我们在哈尔滨足等了将近半年，才算拿到签证，1927 年夏天到来的时候，终于踏上了赴法的路。

到法国去，我的主要目的如前所述，是为了研究和翻译《资本论》。这项工作之所以选择在法国进行，有以下几个方面的原因：第一，我决定根据德文原版进行翻译，而德文需要从头学起。到德国学德文固然方便些，但法国传统政治空气较德国自由。在法国不仅学德文也不困难，而且有条件较系统地学习马克思主义理论。第二，法国是多年来我国青年去谋求勤工俭学的国家。第三，传说中国货币兑换法郎，当时也较为有利。就这样，我们来到了法国。

火车把我们直接送到巴黎。巴黎城里生活昂贵，非我们所能久居，只好到处寻找生活便宜的地点。几经搬迁，最后才在距离巴黎不远的一个小镇波尔科伦布住下来了。我和乐英都在巴黎大学文学院报了名。我听布格莱讲授的唯物史观课，而乐英则连一次课也没有去听过。她完全被家务和拮据的经济状况捆住了手脚。开始的时候，她还在附近的郊外作些写生，后来竟连这点闲暇也没有了。不过，我们在巴黎大学挂个名还是有必要的，因为根据法国的法律，无职业而又无证件者，以流氓待遇对待。

一到法国，我便从字母开始学习德文，经过近一年的准备，于 1928 年起步试译伟大的科学著作《资本论》。

抵法不久，我通过投书法共《人道报》的办法找到了党，认识了旅法中共党员成仿吾同志。他对我的工作和志向倍加支持鼓励。1928 年春天，经成仿吾、章伯韬两同志介绍，我参加了中国共产党。这是我于大革命失败、血的教训面前，在觉悟上、行动上的一个重大进步。

我本以勤工俭学为赴法的目标，但抵达后不久就看清，工和学两者难以得兼。要勤于工，就不易完成学业；要完成学业，则又难于有暇做工。大多数以完成学业为宗旨的留学生，都以获得一张学位证书为目标，有了学位证书当然便于回国谋职。我为自己规定的使命又不同于一般的求学者。我可以不谋任何学位，但求学会翻译《资本论》的本领。这个任务是相当艰巨的，我只有全力以赴。

我试译《资本论》所选的版本，是恩格斯审定的德文第四版，同时参照英、法、日几种译本。

当时，试译的工作开始得十分艰难。首先在语言方面，我这几门外文的水平都不高，仅英文较有基础。其次，在理论方面，由于对马克思主义知之不多，也还需要从头学起。就以那样一点基础，而敢做如此艰巨而神圣的工作，今天回想起来，实在是自不量力。这是一副难以胜任的重担子。它并非任何人强加于我，而是我自己硬找来挑的，凭着初生之犊的雄心，凭着肯下工夫、肯吃苦的精神，我把这副担子挑起来了，并坚持了整整 10 年。我一生事业的起点，恰恰就是始于在万难之中挑起这副重担。

《资本论》凝聚了马克思毕生的智慧与心血，它不仅丰富了人类的知识财富，而且本身就构成一个知识宝库。面对这样一部巨著，我原有的知识，相形之下，贫乏到了远不止是捉襟见肘的地步。怎么办呢？只有老老实实边干边学。

初期的试译，处处都遇到障碍，经常还有一些大难点，令我非放下笔来补课不可。所谓补课，也是全靠自学，学懂了一些时，提笔再译。常令我停笔补课的问题是多种多样的。我在法国试译的阶段，以及后来回国重译的过程中间，通过自学补习的知识，除德文、法文之外，还涉及西方古典哲学、哲学史、政治经济学、经济史，莎士比亚的戏剧、歌德的诗、数学、机械学等那样广泛的内容，我在学习中自然不得不有粗细详略之分，文学和数理，只能浅尝，以达到字面翻译无误为目的，而哲学和经济学，我则是下了一番工夫的。为了弥补知识不足，我精读了马克思的

《剩余价值学说史》,补读了黑格尔、费尔巴哈、康德、亚当·斯密、萨依、西斯蒙蒂、李嘉图等人的著作。回想起来,多亏了为翻译《资本论》所承受到的知识贫乏的压力,若不是那十年为摆脱知识贫乏的压力所做的努力,以后未必会有机会,也未必会有同样强大的动力,去从事那样广泛的阅读和认真的消化。

这许多问题有待去学,意味着需要时间,需要一定的条件。初译时的条件怎样呢?

在法国,由于没有采取工读并行的办法,我几乎没有经济来源,全靠家里寄来的一笔钱,把生活降低到最低水平,以期维持尽可能长久的生计,赢得尽可能多的时间,进修尽可能多的课程。由于没有经济来源,我自知不可能久留。法国的自由空气是带不走的,因此,我必须精打细算地利用在法国逗留的每一天光阴。一方面,为了抢时间,我得想方设法加快速度;另一方面,翻译工作丝毫不容我一知半解、囫囵吞枣,我又必须得如切如磋、如琢如磨。一方面,精神上,如同生活在知识的殿堂,吞食着,占有着,像贪婪的贵族;另一方面,在现实中,却囊空如洗。

在法国,我每天工作十六七个小时,除了去图书馆,除了为党做一些必要的工作,几乎足不出户。巴黎是西方文化荟萃之地。我在巴黎附近生活了三年,一次不曾参观罗浮宫、凡尔赛之类的名胜,一次没有进过剧场去欣赏法兰西的戏剧和音乐。我只有远望埃菲尔铁塔,而从未得闲去登临其巅。我把在法国享受到祖国所享受不到的自由,全部献给了学习和翻译《资本论》的工作。付出如此代价,换来的成果是,两年试译,译完第一卷二十章。

实际上,早年译读《资本论》的艰辛,又何止这些笔墨所能形容的点点滴滴呢!我翻译《资本论》十年中,文字上最难进展的时期,是旅法试译的两年。这两年中所译得的二十章,我是一个字、一个字地啃下来的。每一段文字的突破,都要费九牛二虎之力。十几年后在重庆,郭沫若曾告诉我,梁启超形容自己的能力时说过:点起一盏油灯,日文就学会了。而郭老自己,则一星期就学会甲骨文。这番话虽说是趣谈,却让我感慨不已。我没有梁启超、郭沫若那样的天赋,对我来说,早年翻译《资本论》,从来不曾体验过走一步捷径的滋味,只是全心全力地啃着坚果,而乐在其中。马克思说的"在科学的入口处,正像在地狱的入口处一样"这句名言,从翻译《资本论》开始,真正使我领悟到它的深刻含义,故而毕生服膺。

工作艰难至此,生活拮据至此,以后回国,还随时面临坐牢杀头的威胁,意志稍有动摇就无法将翻译坚持下去。在法国时,我曾写下"匹夫不可夺志也"的誓言,压在案头。后来,我也曾在一本译稿的首页写过一句自励的话,"外庐有志为他人无志所为"。这个"志"便是译出《资本论》,填补中国马克思主义理论宣传的一大空白。换一句话说就是,我决心要宣传我所信仰了的科学真理。

附设于法共的"中国语言支部"

我在法国期间,旅法党员的组织附设于法国共产党,自成一个支部,称为"中国语言支部"。

1929 年,由于旅法党员人数很少,我奉命担任支部书记一年左右。借此,我和法共有过一些联系。我记得,法共由殖民地部负责与我们接触。殖民地部的领导人是一个很瘦小的越南人。当时,我对于这一隶属关系,颇感不愉快,因为我的祖国毕竟不是殖民地。当时,我们的支部也直接接受中共驻莫斯科代表团的领导,但是,我担任书记期间,经我的手似乎没有接到过来自莫斯科的中共指令。

20 世纪 20 年代末,旅法党员的成分已经大大不同于 20 年代初,不再是以知识分子为主体,而是以华工为主体了。我记得,当时党员分散在法国各地,我个人的主要活动地点,是雷诺汽车厂。

担任支部书记以后,每星期我要抽出一天的时间去从事支部工作。我在这一天的清晨,赶到巴黎尚贝莱尔门,乘车前往雷诺汽车厂。一些同志在一家华工出身的地下党员开的饭馆里聚会。我得处理一些日常事务,和大家讨论各种各样的问题,从中国形势、世界性经济危机到法国现状,几乎无所不包。

雷诺汽车厂当时有不少华工,他们中间有的已经入了法国籍,有的还没有入。我在时,支部的华工党员大多是周恩来同志、蔡和森同志等当年发展参加组织的。20 世纪 20 年代末,周恩来、蔡和森已经是驰名中外的革命家。华工同志们常常和我谈起周和蔡,把他们当作自己的领袖,并为自己是他们缔造的组织之一员而洋溢着自豪感。我所接触的华工,虽然不像韬奋先生在《萍踪寄语》里描绘过的,流浪在巴黎街头、车站的华人那样凄惨,其实,却也一样是黑暗中国的弃儿。但是,他们对祖国仍然爱得那样深,要参加共产党,都只愿参加中国人的支部。还有不少同志,专程回国投身革命,他们中间的许多人都牺牲在蒋介石的屠刀下。旅法华工,是我最早接触的产业无产者,也是我一生中唯一结合过的工人阶级。说来惭愧,我的一生,除了旅法一个短时期外,都生活在知识分子的圈中。回想起来,和旅法华工们的接触，对我译《资本论》很有帮助，有些概念，是通过对他们的了解，才加深认识的。

担任支部书记，还有一项固定的职责，那就是主编《赤光报》。我那时名为主编，实际上除印刷外（印刷由法共《人道报》帮助承担），从约稿、编辑、排版到刻钢版，都只有我一人承担。我到法国时间短，活动的能力和范围都有限，因为自己耳目闭塞，被约稿的人也不容易为我所鼓动。我一共主编了两期《赤光报》，要算成仿吾帮助最诚，他的稿子来得最主动。这两期主要内容是评论国际时事、经济危机问题，揭露国民党的腐败和蒋介石的全面反动，等等。由于我钢版刻得不好，版面很不好看。文章的一般水平也只能算马马虎虎。印好以后，我们分送给一些人，就算完成了任务。那时候，我已经为周恩来同志开创的这份报纸，被我办成如此面貌、降低到如此水平而羞愧不已。

支部的工作，使我与旅法其他革命同志的往来大大增加。那时和以往一样，凡与支部联系者，都往法共《人道报》一个专设信箱投寄信件，由《人道报》经某咖啡馆转到我的手中。通过这个途径，我认识了杨秀林（杨秀峰）、林铁、曾尚林等同志。后来，杨秀林、曾尚林相继在法国，由我介绍参加了党组织。我在波尔科仑布的家和章伯韬同志（章伯钧之弟，中共党员）的家，是两个主要的活动地点。因此，我家“客人”越来越多了，他们中间最常来的，有廖承志、成仿吾、杨秀林、林铁、章伯韬、周北峰等，我家的生活，却是寒酸得不能再寒酸了。同志们来访，我至多只能请他们吃碗山西抻面。有一次成仿吾同志来家，我特地为他沽酒一瓶，却没有菜招待。好在仿吾同志是湖南人，他以一小瓶醋泡辣椒为佐，酒喝尽时，辣椒也光了。

那时，支部的同志组织了一个读书会，一度，同志们让我定时给大家讲《资本论》，我以有限的水平讲解这部光辉著作，并谈些唯物史观的心得体会。

旅法期间，成仿吾、何肇绪、廖梦醒、廖承志、杨秀林、林铁、章伯韬、周北峰、曾尚林等同志都给过我难忘的温暖和友情。廖梦醒精于日文，她曾花费不少时间，拿我的译稿和高畠素之翻译的《资本论》进行核对。核对以后，她对我说：和日文版比较，中文意思表达得可以。这简简单单的一句话，对我来说胜过任何褒奖，我的信心由此倍增。

归国途中的得失

旅法三年中，我所遇到的最难解决的困难，是贫穷。

1928 年 2 月，乐英临产，我没有钱送她进私人医院。法国有一种济贫性的国民医院，也可以为外国人免费接生，但是在那里出生的婴儿必须入法国籍。万般无奈，我把乐英送进巴黎一家国民医院。儿子闻初一堕地，就被登记成了“法国人”，一个护士为他起了个法国名字，叫安德烈。

担任支部书记期间，只有少量的交通费，生活很难维持。我的妻子曾想以卖画补贴家用，画了几幅国画，要我拿到巴黎去卖。我哪里会做生意！来到巴黎，我给这些画一一配上了镜框，却连一幅也推销不出去，到头来，反赔了不少镜框钱。

1930 年春天，我终于因为生活无法维持，只得回国。

我离境前，法国政府只给我和我的妻子签发了离境证书，而拒不肯在证书上加上儿子闻初的名字，按照他们的法律，闻初已经是法国国民，便以此留难。在法国的三年时间里，我除了一捆

《资本论》译稿笔记和一个儿子以外，一贫如洗。译稿笔记凝聚着我三年的心血，儿子当然更是自己的骨肉。在离境前短短的期限里，我四处求援申告，法国政府当局板着铁一样冷的脸，无法通融。最后还是依靠法共同志帮助，在出境前一刻设法补上了孩子的名字，我们才得阖家同归。

离法前，法共通知我到莫斯科去转组织关系。离法时，成仿吾正在柏林。于是，我挟着二十章译稿，带着妻儿，归途中特地在柏林停留了两天，与成仿吾商量，希望通过他和他在莫斯科的朋友洛甫（张闻天），为我争取一个留在苏联完成翻译《资本论》的机会和条件。当时，我没有意想到莫斯科办事有多难，更没有意想到连转组织关系在莫斯科都会发生问题。

成仿吾一向支持我的志向。这次，他还设想了一个远远超越我的想象力的计划。他建议中共驻第三国际代表团把郭沫若从日本请到莫斯科，和我共同完成《资本论》的翻译。他将这个想法写在他给洛甫同志的介绍信上。成仿吾的设想给我带来的兴奋自不必说，于是，我带上这封没有封口的信，直奔莫斯科。

离开柏林前，考虑到留居苏联完成翻译还只是一种愿望，如果不能实现，我带着二十章译稿回国，边境检查时，有被没收的危险。为了译稿的安全，成仿吾劝我把译稿留下给他，他答应以后托可靠的朋友，带到莫斯科或国内还给我。

留下了译稿，心中不免怅然，法兰西，她充实了我的头脑，我却不能带走自己的收获。话说回来，我固然是一无所有而来，却也并非是一无所有而去。《资本论》的翻译笔记可以被留下，而我对《资本论》每一行文字的理解，我的译稿的腹稿，以及我决心要拿一部比较完整的《资本论》译本奉献给党和同胞的志向，是铭刻在心上的。当国际列车的车头转向东驰的时候，我的心里只剩下一个空前强烈的愿望——到莫斯科，快设法完成我肩负的使命。

到了莫斯科，找到洛甫同志，他看过成仿吾的介绍信，很热情地接待了我们，留我们住在他家，表示愿尽力相助为我创造条件。但是，他也说，这一切都必须通过我党在第三国际的负责人批准方可实现。当时的负责人恰好是张国焘。于是，我开始天天等候张国焘的接见。一天，洛甫陪我到第三国际，碰巧遇到邓中夏同志，我向他汇报了我们在法国的情况，他向我介绍了国内根据地斗争和白区党组织被破坏的形势，显露出他的痛心和愤慨。我听了以后，心情也很沉重。几天以后，洛甫正式向我传达了负责人（张国焘）的意见，认为我还是应该回国，并不解释为什么不能让我在莫斯科完成《资本论》的翻译工作。他只说，国内乱得很，在莫斯科的代表团也不平静，中山大学正在闹宗派，因此，无法解决我留莫斯科或郭沫若到莫斯科这些具体问题。当我问到回国后组织关系怎样联系时，洛甫说，国内组织破坏很严重，简直无法告诉我还能到哪里去联系，找谁去联系。他代表组织指示我，回国后自己设法找党，还一再嘱咐我要警惕、谨慎。

我在莫斯科只住了一个星期，留下的印象是：中共代表团的同志，一个个都心事重重，没有一个人对我翻译《资本论》的计划感到有兴趣。诚然，此间洛甫的诚恳，邓中夏的耿直，也给我留下了清晰的记忆。

在莫斯科的一周，时间虽短，我也能察觉到党内斗争在驻苏工作人员中，显得那样尖锐。洛甫是没有权的，说话不能自主，表现得很拘谨。邓中夏是愤愤然。而张国焘，虽不曾见到，也可以想见其高高在上、官气十足的神气。他身为中国共产党驻国际的代表，身在莫斯科，居然连旅法中国同志的最新情况都不愿过问一下。

我在莫斯科总共只住了一星期。由于心情急切，初几日无心游览，只瞻仰了一回列宁墓，后来既经组织通知回国，当然更不能多作停留。我怀着不理解又很渺茫的心情，踏上了回国的路途。

就这样，旅法三年中我最引以为自豪的有形的收获，在归途上，一件又一件地失去了。

回国后怎样找寻组织是个令人焦虑的问题，在莫斯科的冷遇也很不愉快。但是，在我胸中没有冷却的，终生也不曾冷却的，是几年来我所赢得的对马克思主义真理的信念，永不背叛党的事业的誓言，和尽快把《资本论》译本献给党和同胞的决心。

从哈尔滨到北平

回到哈尔滨，已是1930年暮春。

在哈尔滨，我需要找党，也需要谋生。在莫斯科既得各种告诫，寻找党组织自然必须得谨慎从事，而谋生相对容易得多。一位北平求学时代的朋友，建议我先留在哈尔滨法政大学教书，然后再做计议。不久，哈尔滨法政大学下聘书，请我担任经济系教授。

进入20世纪30年代的哈尔滨法政大学，还是一所很落后的高等学校。学生的精神生活普遍贫乏，多数人尚停留在整天死读书的状态，对外面的世界知之甚少。但是，我同时发现，正由于哈法大的闭塞，那里的进步学生更渴望新知识。因此，我也就决心在哈尔滨住下去，做一点传播甚至启蒙的工作。

在哈法大，我开的几门课程中，有一门是“经济思想史”，讲的是经济学说的演变发展史，着重在于讲马克思主义经济学说的来源和主要内容。讲课中，有意识地灌输一些辩证唯物主义，特别是历史唯物主义观点。不出我所料，这门课很快吸引来大批学生，来听课的人特别多。一些进步学生逐渐和我靠拢，邹鲁枫（解放后曾任人民大学副校长）就是其中之一。还有一位叫陈刚骞的，也常到我家里来。“九一八”事变后，他参加东北义勇军，后来在抗日联军中英勇牺牲了。向我靠拢的学生们，常提出各种各样的问题，要求我回答。有一位学生叫高锐铻，还把我的讲稿译成俄文拿去出版，可惜我一直没有见到这个译本。

在哈尔滨，我一面教课，一面重理《资本论》译事，自从回到祖国，我便失去了和党的组织联系。但是，与我的组织生命同时开始的《资本论》翻译，在失去组织关系之后，还继续了八年，一直到这项工作不再有继续的必要时为止。我在哈尔滨逗留了一年半时间，第一卷重译还未及完成，便爆发了日本帝国主义入侵我国东北的“九一八”事变。

由于蒋介石对日本帝国主义的侵略采取不抵抗政策，遂使日寇得以长驱直入，不久占领了辽宁、吉林、黑龙江三省，东北三千万同胞从此沦于敌人的铁蹄之下。

日寇进入哈尔滨之前，形势已经不允许我久留，我已经在做南归的准备，一方面自然是因为不愿当亡国奴；另一方面也是为了避免张景惠的迫害。张景惠是国民党南京政府派驻哈尔滨的特区长官，日本人一到哈尔滨，他便公开出马当上汉奸头目，还兼有接管学校的大员身份。我在哈法大的讲课内容明显是宣传马克思主义，有人早就带来消息，说张景惠在注意我，让我多加小心。我还没有装束好行囊，哈尔滨就沦陷了。乘日本人尚未坐定，我赶紧带着一家大小离开。好在沦陷之初，日寇对我们这些读书人不甚防范，只要是教书的，便不难放行。当时通向关内的陆路交通已经停运。南行之途须从大连走海路，取道天津。辗转回到北平时，已是1932年初春之际。

为“九一八”民族危机所激愤，北平群众自发的救亡热情正在高涨。走在斗争前列的，是具有光荣革命传统的青年学生。

我一到北平，就应聘担任国立北平大学法学院教授，同时在师范大学和中国大学兼课，教授经济学课程。

当时，大学教师的政治倾向，特别是对抗日问题的立场，可以说是泾渭分明的。我在北平大学法学院开课不久，便有同事来约我参加“左翼教师联盟”（简称“教联”）的活动，我成了这个组织的成员。“教联”是党领导下的群众组织，隶属于“北平左翼文化总同盟”（简称“北方文总”），范文澜同志那时就是“教联”的主要负责人之一。从个人的心理上讲，我回国两年没有找到党组织，参加这样一个立场和倾向性都相当鲜明的左翼组织，稍能自慰。

在北平，我只住了两年，而且一半时间在监狱中度过，只有不满一年的时间享有“人身自由”。这一年，形势要求我同时兼顾教学、翻译、宣传抗日、宣传马列等多方面的活动，各个方面还的确都取得了一些收获，这当然不是单纯依靠个人力量所能实现的。我在这一年中所取得的成绩，全仗“北方文总”和“教联”的同志们支持，是他们为我创造了工作与活动的条件。此中，有和我同享甘苦的王思华，有助我以大力的潘训（谟华）、李白余（乐光）、黄松龄、杨绍萱等，有给我以教诲，给我以精神力量的前辈革命家李达，有默默地给以支持的平大法学院院长白鹏飞、经济系主任李光忠（孝同）……今天，他们全已作古。今天，我安坐寓所，尚能写下一点回忆的文字，首先是对他们的祭奠。

《资本论》第一卷的翻译和上册的出版

继续《资本论》的翻译，是我回到北平时自定的第一要务。所以，到了北平，职业、居所一坐定，立刻就重操此项工作。

当时，我住在前门左府胡同一号。

似乎是就在春天，一日我正在家，有位翩翩风度的青年学者叩门来访，他就是中法大学教授王思华。一见面，他说是陈翰笙先生介绍他来和我结识。

陈翰笙是大钊同志介绍给我的老师和朋友。我回国后曾给他去信，谈及旅法后的学业和志向，得到过他的鼓励。

王思华是河北乐亭人，留法学生。我在巴黎苦苦研读《资本论》时，他在里昂大学研习经济学。他归国后，初任职教育部，曾赴山西督学。1932 年春天，他去南京述职卸任时，遇到正在南京的陈翰笙。王思华久有翻译《资本论》的志向，陈翰笙向他谈起我所做过的工作，王思华大喜，要了我的地址，回到北平，马上就来访我。

王思华和我，在大学时代都是受李大钊同志的思想启蒙而信仰马克思主义。这时，我们都感到有宣传马克思主义真理的责任，同时，我们对马克思的经济理论，特别是对《资本论》的研究，基础和水平比较接近。这些因素使我们很容易相互信赖和亲近。仅仅两三次见面，我们就确定了合作翻译《资本论》的计划，并立即着手从头开始。

这时，对我来说已是第三次从头翻译，工作自然顺手得多了。但是,过去的翻译中还有着不少疑点有待解决。仅以一个细处为例,第一卷第三章(货币与商品流通)的注释第八十三,马克思引用了《帝俄驻北京公使馆关于中国的著述》所录的一位中国官员的奏折。德文版《资本论》所示这位官员的译名为 Wan-Mao-in。我的清史知识不够,初译时对这个官员一无所知,在法国时就想查实他的姓名和职务,苦于手头没有材料。回国后,查阅过陈豹隐先生的译本(陈豹隐先生翻译出版过《资本论》前三章,1932 年时,在北平大学法学院与我同事),陈先生是音译为“王蒙尹”的。重译过程中,我和王思华请教了研究财政史的崔敬白先生,崔先生愿意和我一起查材料,最后才确定,马克思提到的 Wan-Mao-in,是名列《清史稿》列传的户部右侍郎王茂荫。王茂荫和 Wan-Mao-in 音同,是否就能断定无误呢？我还是放心不下,直到买到一部《王侍郎奏议》,研究了王茂荫的经济主张、货币改革主张,这才断定 Wan-Mao-in 即王茂荫无疑。

在研究王茂荫的货币改革主张的同时,通过查核王茂荫生平经历,得到过一个意外的收获。我了解到,王茂荫曾在清政府血腥镇压太平天国的过程中出谋献策,充当过帮凶。

我记得,崔敬白先生是一位非常严谨的学者,为了核实王茂荫——这个《资本论》注释中提到的唯一的中国人,他也是穷追不舍的。他和我曾有许多封讨论王茂荫的通信。可惜,历经沧桑,崔先生的来信在我颠沛流离的生活途中尽失。

1932 年,我们翻译最紧张的阶段是暑假。那时,王思华还是单身汉,住在南河沿欧美同学会(现政协俱乐部)。这一年的整个暑假,我每天早出晚归到王思华的住处去“上班”,他将欧美同学会的一间客厅开辟供我使用。就在这个暑假中,“春秋书店”登出预告,要发行我们的《资本论》译本,我们的工作就更紧张了。当时,欧美同学会是北平文化界人士经常的聚会地点,我第一次见范文澜同志,就是在欧美同学会那间由客厅改成的工作室。同学会有娱乐设施,王思华很活跃,很会安排和调剂生活。记得,每天下午他都要打一个小时网球,而我则是终日伏案不起,一干就是一整天。王思华性格开朗,谈吐幽默,和他共事是很愉快的。这个暑假,我们的工作进展速度很快。

为了互相熟悉对方的翻译特点和文字风格,第一——九章,两人分译后,拿到一起切磋修正,力求信达。第九章以后,按章分译。王思华担任第十—十二、第十七—二十一各章;我担任第十三—十六、第二十二—二十五各章。

我曾惋惜地告诉王思华,两年前回国途中,有二十章译稿留在柏林成仿吾同志处。数月之后,一天我到王思华处,他异常兴奋地亮出一捆很眼熟的法国本册,原来就是我那二十章译稿。我真是喜出望外,忙问他从哪里找回来的,他只简单地说了句,“李白余帮的忙”。

李白余,也是河北乐亭人,与王思华极相知近。他学识渊博,为人十分诚恳,对我们的翻译抱有很高的热情。他常常到欧美同学会看我们,也曾多次到我家,曾帮助我们做过文字润色的工作。解放后,王思华和我在北京重逢时告诉我,1932 年他将我留在柏林的译稿搁浅一事告诉了李白余。李白余当时是北平地下党的负责人之一,他为了帮助我们尽快完成翻译,通过党组织追查译稿下落,最后还是从柏林把译稿找回。

从此,我们的翻译更加快了速度。

为了译本尽早和读者见面,我们决定将第一卷分上、中、下三册出版。

暑假开始时,上册(第一——七章)已经具备出版条件。

20世纪30年代，在北平出版书籍是一桩很繁难的工作，不仅出版费用要著作者自己负担，而且事无巨细都靠自己解决，《资本论》这样的红色书籍要出版，困难更是可想而知的。

我们的译本整个出版工作，都是王思华承担的。这一年暑假，王思华既要翻译，又要跑出版，他是特别辛苦的。那时，由于我天天在欧美同学会工作，也亲见李白余奔走相助之忱。上册得以迅速出版，全仰他们二位出力。我还记得，在筹措印刷费时，王思华不知从哪里借到200元作垫款。上册出版后，他告诉我，没有赔钱，他垫付的200元收回了。对此，我和他都庆幸不已。那个时代，出这类书籍，稿费是没有人去幻想的。

上册译本于1932年9月以“国际学社”名义出版。译者署名王慎明（即王思华）、侯外庐。

在我与王思华甘苦与共、一同倾注心血于《资本论》翻译的岁月中，我们之间建立起终生莫逆的友谊。

近年，同志们常常要求我回忆翻译《资本论》的经历。细细回忆往事，我体会到，在当年翻译和出版的过程中，李白余平日对我们的热心和关照，他通过组织从柏林找回译稿，乃至奔走出版的不遗余力，应是体现北平地下党组织对这项工作所给予的支持。

北平的大学讲台和师友

20世纪30年代初，北平大学法学院汇聚着一批比较知名的进步教授，院长白鹏飞先生肯于容纳信仰马克思主义的学者。1932年，我在北平大学法学院任教不满一年，我记得，当时在该校列名的教授中，有李达、陈启修（豹隐）、陈翰笙、许德珩、章友江、王思华、李光忠等人。平大法学院的学生也特别活跃，在当时的抗日救亡运动中，没有什么活动少得了该校法学院学生参加。

我担任经济系教授，开设的几门课程中，主要的是经济学、社会学。我在经济学课上，主要讲马克思的政治经济学；在社会学课上，讲唯物史观。

这一年，经济系主任李光忠教授请王思华来校兼课。王思华允下两门选修课：一为“现代学术”，二为“现代经济”。由于王思华在中法大学承担课程，同时又忙于出版事务，他在平大法学院的课时常要请假。每当请假，李光忠便请我为他代课。代到后来，这两门课变成了我的分内课程。我在“现代学术”课上介绍过苏联对布哈林、德波林的批判，在“现代经济”课上，着重针对当时那场侵袭着整个资本主义世界的经济危机，说明危机的根源和规律。这两门课由于是针对最新形势的，很受学生欢迎。学生兴趣之大、要求之高，十分感人。下了课，我常常被学生围起来，要求解答各种各样的理论问题和现实问题，课间休息没有了，甚至到吃饭时间还走不开。

这年，我同时在师范大学和中国大学兼一些课。在师大，我讲的是唯物史观，也很受学生欢迎。由于不便公开亮明唯物史观的旗帜，课程最初定名为“历史哲学”，讲的内容是社会存在决定社会意识，社会的基本矛盾——生产力与生产关系、上层建筑与经济基础——及其辩证关系，阶级斗争，国家与革命等基本原理。学生们对“历史哲学”这个课程的题目越来越感到不满足，纷纷要求亮明唯物史观的旗帜。学校当局一再犹豫不决，但在学生强烈的要求下，最后不得不同意做出名副其实的更改。

在中国大学，我作为兼职讲师，担任的课程不多。我在逸仙堂（中国大学礼堂）做过一次关于亚细亚生产方式的讲演，这是我第一次向公众表明自己的亚细亚生产方式观点。那次讲演受到许多师生的重视。嵇文甫教授事后特地到我家里，他说，有学生向他介绍了我的讲演内容，他觉得很新颖，很想亲自听听我的观点。在那次讲演中，我批判了社会史论战中的托派理论。对于当时学术界普遍注目的社会史论战，这时我并没有真正参加进去，讲演亚细亚生产方式的理论，可以说是我的一个简单表态。

我在平大法学院期间，有幸结识李达同志。李达是这年秋天开始到北平大学法学院任教的，到校后，立刻是全校声望最高的一位教授。李达同志以往的革命经历和一向鲜明的马克思主义理论旗帜都是众所周知的。当时，正值宪兵三团在北平大搞白色恐怖，蓝衣社在大学里活动很猖狂。大学的教室走廊上，常常都有特务游巡监督，课堂讲什么，外面听得很清楚。最艰难的日子，李达同志不仅坚持到校讲课，而且坚持讲授马克思主义理论。据我知道，李达同志对付教室门外的特务自有一套办法。万不得已时，他上课戴个大口罩，一言不发，用写黑板代替口授。

李达同志当时讲授的“社会学”的内容，便是数年后他发表的名著《社会学大纲》的内容。抗战前，在北平敢于宣讲马克思主义学说的学者，党内外都有，大家都是很冒风险的。但是，就达到的水平和系统性而言，无一人出李达之右。

我自得识李达同志，仅半年交往，便终身师事。我常常去向他请教问题，他也很愿意和我交换看法。我们在一起讨论过社会史论战中存在的许多理论缺陷。他对于社会史论战是十分关注的，对论战中的托派理论保持着非常敏锐的警惕性。

当时，吕振羽任中国大学国学系教授。吕振羽是李达同志的高足,他们过从甚密。我之认识吕振羽同志,是由李达同志做的介绍。李、吕二位一样,对我翻译《资本论》的工作,给予了热忱的支持和鼓励。我和吕振羽在北平有数的几次交往,便彼此建立起信任。

吕振羽是学工程技术出身的,思维方法很讲求科学和严格,对理论问题有坚实的研究功底,这是他与一般史学家明显不同之处。他进入史学界是由参加社会史论战开始的。我认识他的时候,正是他开始用唯物史观探讨中国古代社会的最初阶段。我们对于论战的注意点相当接近,所不同在于,他像勇士一样上阵投身进去了,而我,由于《资本论》译本出版不容稍待,只有从盈尺译稿中抬起头来喘息的一刻,才能作为观战者,分析交战各方的阵势和利弊。两三年以后,当我操起社会史研究时,这一阶段的论战已近尾声。所以,与吕振羽相比,我是晚进者。

20 世纪 30 年代初期的社会史论战,在我国现代史上,是一场具有多方面重大意义的学术理论交锋。马克思主义哲学(特别是唯物史观),在这场论战中得到了广泛播种的机会,也收到了意义深远的效果。

马克思主义的理论在中国的学术界、思想界、文化界,虽然受着高压,却能够像不可抵挡的潮流涌进每一个角落,是从 30 年代开始的,这是由中国的社会矛盾与时代背景所决定的。

嵇文甫先生对亚细亚生产方式理论的兴趣,我认为并非是他对我个人讲演的重视,而是由于此种理论源出于马克思,才使他感到必须予以重视。

当年中国大学的国学系主任,著名的经学家吴承仕先生,他的立场和观点的转变更具有代表性。

那时候,我与黄松龄交往很密切,从他那里听到许多吴承仕思想转变的动人故事。我确知，自郭沫若发表《中国古代社会研究》，提出中国古代存在奴隶社会的历史发展阶段以后，在当时已经取得较大成就的学者中间，只有为数很少的人愿意放弃自己固有的见解、固有的研究方法，重新学步，以求进入一个陌生的，然而是全新的认识领域。而公认有大成就的吴承仕先生，便是这少数人中的一位。

吴承仕先生追求真理的热忱，常常是我的朋友们谈话的题目，李达同志很尊重他，吕振羽同志、黄松龄同志对他的评价都很高。我是久仰其名，而后才在黄松龄府上结识他。那是一次很偶然的见面机会，他在黄家打麻将，我表示了对这位前辈学者的敬意，我说想去拜访他。可是，这个愿望未及实现，我就被捕了，从此不再有机会见他。后来，我在太原看到过他主编的刊物《文史》，在当时的学术领域，那是一个不可多得的宣传新思想的阵地。抗战开始后，他坚持在敌后斗争，并且为民族、为实践他追寻来的真理，献出了生命。吴承仕先生真正是值得大家永远敬仰的学者。

吴承仕先生是章太炎的弟子。我常拿他与鲁迅先生比较，在太炎门下，有两位弟子通过全然不同的路径，殊途同归，都走向信仰马克思主义，这是一个非常值得注意的问题。1944 年，我在写《中国近世思想学说史》一书时，于章太炎思想的总结中，曾略抒这一感想。

救亡宣传

前已述及，我在北平参加了“左翼教师联盟”。

教联组织过不少活动，其中影响面比较大的，也是我个人参加得最多的，是到社会上做公开讲演。这种讲演活动，由教联和各校学生会配合组织，讲演者由各校学生会出面邀请。我是在经常被邀请之列的，差不多每半个月，甚至一度每星期都要出去讲一次。出面组织讲演的一般都是学校，北大、清华、师大、中国大学、民国大学、朝阳大学、北平大学法学院、商学院、女子文理学院……直至北平的许多中学，都经常组织讲演活动。

当时，在大学教授中，经常发表公开讲演的，有北大的许德珩、师大的马哲民、中国大学的黄松龄、北平大学法学院的我等人。许老是我们中间最年长、经验最丰富的一位，我这年 29 岁，似乎是最年轻的一个。

为讲演事，北方文总和教联出面与我们联系的，通常是潘训同志。他常到我家里做客。有时，他组织经常讲演的教授，或在我家，或在许老家碰头。大家称他作“老潘”。有人告诉我，老潘过去是著名的“湖边社诗人”，我才理解，他身上那种寓热情、细腻于沉稳之中的特征。他为人非常温厚，学者气质极浓。他当时很年轻，以他的年龄而被许德珩一辈的有名望的教授称为“老潘”，足见他很受大家尊敬。相对于当时一些大学的学联干部普遍带有相当“左”的幼稚气，潘训同志给我印象则是稳重的。

1932 年北平盛行的讲演活动，主要以配合抗日救亡运动为宗旨。讲题有时是自定的，有时则由组织者事先点定。不论讲什么题目，最终总是归结到抗日这个时代主题。我的讲演一般比较侧重从理论上阐明问题。

1932 年夏天，教联举办暑期讲演会，地点设在师大，每星期我都得去讲一次。当时，蒋介石步希特勒后尘，特务组织蓝衣社、复兴社相继成立。针对这个形势，我讲过一次“法西斯种种”，揭露中外法西斯的同一反动本质。一讲到主题，话音未落，混进会场的反动分子就鼓噪起来，以至于发生了一场进步学生与反动分子的冲突。

还有一次，也是在师大，我用政治经济学的观点解剖日本帝国主义的侵略本质及其侵华的必然性。结论自然要联系到中华民族的抗日图存问题，自然要斥责蒋介石政府的不抵抗主义。反动分子对这个主题（题目记不清了）非常敏感。我刚刚讲了几句，会场上就有人捣起乱来，又吵又闹，一阵乱得不可开交。这种破坏和捣乱，是经常会发生的，群众也自有对付的办法。最终，这次讲演还是完成了。

至今尚能记忆的讲演，还有一次是与托派分子面对面地辩论，地点是在中国大学。我有一篇题为《马克思主义与中国革命》的文章，就是在中国大学批驳托派论调的一次讲话的记录稿。

当年的群众，特别是青年学生，对于这类讲演热情极高。我也亲眼见过人力车夫们、市民群众和青年学生围聚在一起听讲。工人、学生、市民的热情交融在一起，激昂的呼声中分不出彼此。

群众的情绪这样热烈，讲演者就得考虑，群众最渴望听什么，最应该得到什么。老潘很注意这个问题，也明示过这个问题，教联出席讲演的朋友们，认识是一致的。大家都认为，解释帝国主义的侵略本质，破除帝国主义不可战胜的神话，揭示资本主义必然灭亡的规律，是群众的需要，形势的需要，也是我们的任务。很明显，那一个时代的症结问题，只有用马克思唯物史观才能科学地、准确地加以解释。许多人努力这样去做了，效果好得惊人。讲演会的听众，往往是将最大的热情报之于用马克思主义观点解释时代问题和中国前途问题的讲演。那时，只要贴出海报，或传出消息，说我们将于某日某时在某地讲演，到时候，会场总是挤得满满的，有时连窗户上、门口都挤满了听众。我们的讲演一般都没有稿子，多是即兴演说，很容易和听众交流情感。群众的踊跃和热情，是对讲演者莫大的鼓舞，使我们劲头更足。有一次，许老在东北大学讲演，听众情不自禁地同声唱起"我的家，在东北松花江上……"悲愤的歌声使讲演会顿时变成了声讨日本帝国主义侵略罪行的大会，变成了抗议蒋介石妥协投降、推行不抵抗政策的大会。每逢出现类似的激动人心的场面，台上的讲演者都深感自己才是真正的受教育者。

我信仰马克思主义而真正从思想上走出书斋，投身到群众革命斗争的行列中去，应该说是在"九一八"事变后，走上北平群众讲台时开始的。我从群众的救亡热情中，汲取到很大的力量。这力量对我以后的生活历程，一直起着重要的作用。

然而，北平开展抗日救亡讲演活动的条件，是十分艰难的。

1932 年这一年，北平的政治气氛变化较大。

当时，北平的军政大权形式上握在张学良手中。张学良自 1928 年易帜，政治上虽然投靠了蒋介石，但"九一八"以后，东北沦亡，他的东北军全数退守关内，在对日本的侵略抵抗与不抵抗的问题上，出于不同的利益，他的态度与蒋介石的态度，还是有区别的。北平学生抗日救亡运动日益高涨，对此，张学良采取了一种有保留的干预态度。他表示，学生"在学校里怎么闹，不予干涉"，事实上也确是这样履行的。所以，在张学良统治下的北平，一段时间内，不论组织集会，还是宣传马克思主义，只要限于学校范围内，多少还有那么一点自由。即使有时把人抓去，也会较快地释放。

北平抗日救亡运动的高涨形势,显然是蒋介石所不容许的。1932 年暑假以后,蒋介石把他侄儿蒋孝先控制的臭名昭著的宪兵三团调来北平。从此,北平的上空阴云密布,全城完全笼罩在法西斯恐怖之中。蒋孝先这个专门以残害革命青年而出名的刽子手,一到北平以后,便秘密地派大批特务布置在各个大学的周围,每当学生们有集会活动,就倾巢出动,横加破坏;或派特务伪装混进学校,暗中监视师生的活动,包括教学活动。特务巡视教室走廊的情况,便是发生在此时期。当时,有些大学的门房也被收买,成了监视革命师生进出的暗哨。宪兵特务闯进学生宿舍、教员家里,以至在街头巷口,随便抓人捕人,已是司空见惯。

反动派的野蛮行径,使北平群众的抗日救亡运动受到严重损失。不但大规模的集会、游行难以举行,即使三五人的小型活动,也常常受到阻挠,就连我们"教联"的成员在一起谈谈,也不得不常换地点。加上叛徒告密,敌人破坏便更加猖狂。有些活动计划,常为特务事先探知,往往准备集会的时间还未到,便衣特务就在会场四周布置好了。等到开会的人们一到,他们便动手抓人,把会议冲散。

尽管环境已经十分艰险,群众的斗争仍然在继续,讲演活动也仍然在继续,只是,要把准备讲的内容都讲完,已是很不容易的了。会还没有开始就被冲散的情况,经常会发生。在这种情况下,"飞行集会"变成了经常采用的活动方式。所谓"飞行集会",即是预先约定好集会的时间、地点,在开会之前,与会者先隐蔽在会场的周围,等时间一到,突然发出一个信号,大家从四面八方聚拢过来,马上宣布开会。多则半小时,少则几分钟十几分钟,讲演一完,传单一撒,便四散而去。

记得,在我被捕的前几天,大约是 12 月 3 日晚,有个姓马的东北学生到家里来和我联系，要求我和许老等人，在他们第二天的集会上，发表5分钟讲话。我说："5分钟怎么够?"他说："你们教授神气得很，讲5分钟有什么不可以！"然后，他告诉我，讲演结束后，学生们将去国民党市党部请愿。可以想见这样规模的活动，将会面临多大的风险。我问他，我们讲完以后怎么办?他厉声地说："革命还怕死吗?"当时，我虽然已经感到白色恐怖的严重，怀疑这样的集会是否有利，但听他这么一说，也还是答应了他。4日上午，平大的集会果然来了不少青年学生，准备听我们讲演。我和许老还未进入会场，反动派便动手抓走了三个学生，把大会冲散了。12月5日的《世界日报》报道了这件事。该报标题是《平大法学院昨又发生纠纷——公开讲演未成，学生被捕三人》，其中写道："平大法学院政治学会，原定昨天上午10时，敦请许德珩、侯外庐、鲁克明等，在该处作公开讲演，届时听众前往甚多，但事先公安局已得有报告，谓有一部分群众，会后向市党部请求释放日前在朝阳学院被军警捕去的周某二人，云云。经劝阻散去，有三人押军警机关而去。"这则报道除说那次集会是"经劝阻散去"不实之外，其他内容都是属实的。我和鲁克明不熟悉，只记得他是一个私立大学的教员，至于请愿一事，事先已由那位姓马的学生向我透露过。其实，当时我已经受到敌人的监视，行动很困难了。事情发生过后，我预感到有可能发生危险，便向校方请假一星期，不到校上课了。

那次未成功的集会后不久，我就被秘密逮捕了。那位姓马的东北学生的激烈态度和谈话口吻，也令我难忘。解放后，我曾和习仲勋同志谈及这件往事，仲勋同志风趣地说："那是让你做烈士啊！"

当时，由于王明"左"倾机会主义路线在我们党内占了支配地位，在严重的白色恐怖之下，某些领导人不是认真地研究相应的对策，保护好革命力量，以便进行更有成效的斗争，而是把群众的革命热情，引向了“左”的方面。把搞“飞行集会”、砸市党部等，看成最革命的行动，甚至公开提出“拥护苏维埃”“拥护苏联”等口号，使聚集起来的革命力量轻易暴露于敌人的屠刀之下。

这一年 11 月，鲁迅先生从上海来北平探亲，在白色恐怖中，应邀做了五次著名的讲演。近年，我读到陈沂同志的文章《向鲁迅先生的一次汇报》，得知鲁迅先生对党领导下的北平宣传活动有较高的评价，同时，对讲演者的安全还多有关照，如今时隔几十年了，读来依然感到亲切。在对敌斗争中，举世公认，鲁迅先生是最英勇的战士。我想，应该说，先生也是最觉悟、最成熟的战士。

“许、侯、马事件”

预料的情况终于在 1932 年 12 月 11 日这天发生。这个日子所以一直记得清楚，是因为这是“广暴”（广州暴动）纪念日。形势的发展，我已预感到发生问题的可能，但真正意识它的不可避免，则是在马哲民同志被捕以后。12 月 10 日晚，哲民的夫人匆匆忙忙地跑来我家，告诉我爱人徐乐英和弟弟侯俊岩，说马哲民今天被抓走了，要我设法避开一下。我知道以后，便下楼来问了她哲民被捕的详细情况，并安慰她不要着急，要想办法营救才是。哲民夫人回去以后，家里人劝我赶快设法躲躲，我感到敌人既然动了手，事情就难以躲得开了，但为了安定家人的情绪，我只说:没什么,明天再说。

就在当天夜里,敌人已包围了我的住宅。他们以为我家是共产党的一个重要据点,藏有枪支武器,所以进行了周密的布置。第二天一早,我家里的厨师出门买菜,被军警扣了起来,保姆出去买什物,也被扣住,不能回来。俊岩上学,要吃早点,就到门口去买烤白薯,当他走出门时,瞥见胡同口站着许多警察,有两个便衣把着路口,其中一个就是平大法学院体育馆的看门员。俊岩赶快回来叫我从另一条胡同走,我一出门,就被军警抓住,把我送到了警察厅。

俊岩是1927年大革命失败后在白色恐怖中入党的,复杂的地下环境把他锻炼得很机警。我被抓走以后,他立刻想到了有搜查的可能。我的表弟郝德青同志在我家里存有一口箱子,里面装着马克思、列宁的书籍,地下党的传单,镶有镰刀锤子的党旗,以及"读书会"会员的名单。俊岩赶快把它搬到里院房东孙老太太屋里,对房东说大学里现在抓教授,这是他嫂子的一点首饰,要求暂存一下。孙老太太无儿无女,平日很喜欢俊岩,所以经他一说,便爽快地答应了。当俊岩从孙家里院走出来的时候,正碰上"查户口"的警察进来。警察以为他是房东家里的人,便问他:侯外庐的弟弟哪里去了?还指着北面小屋说,里面住的什么人?俊岩若无其事地说,侯的弟弟上学去了,北屋住过一位姓周的(即周北峰同志),已经搬走了。俊岩见势不妙,又返身进屋,再求老太太帮助。说话之间,警方的搜查队已经开到。因为一无所获,所以搜完我家,又要查孙家。孙老太太的丈夫生前是司法部的一个科长,故而她也颇懂得一些司法章程。老太太伸手向警察要搜查证,警察拿不出,只好作罢。晚上,这位好心的老太太,还派家人通过地道把俊岩送走。房东孙老太太见义勇为的精神，是俊岩和我所永远感谢的。

俊岩潜走之后，放在房东家里的德青的箱子，也亟须尽快转移出去。这时，乐英灵机一动，想起了在我家胡同口，常有一位忠厚、诚实的中年人力车夫在那里歇脚，过去我外出时，断不了坐他的车。乐英跑出去找到他，说家里有一个箱子，要送到北海后门去，自己没有工夫，走不开，问他能不能帮助送一下？这位车夫看了看她，笑笑说："您是侯先生家里的吧！请放心，一定帮您送到。"乐英写好地址，付给他车钱，可是这位车夫怎么也不肯收钱，只说他拿回收条来即是。果然，过不多久，他送来了我的朋友郭唯一的收据。德青的一箱子书籍和文件，至此，终于安然转移了出去。在乐英为打听我的下落而四处奔走的时候，这位好心的车夫还主动送她到监狱来看我，也是同样拒不肯收车费。解放后，我们回到北京，乐英念念不忘这位车夫的情谊，曾设法找过他多次，但可惜一直没有找到，为此，我们很感觉遗憾。

在房东孙老太太和车夫的帮助下，军警在我家里一无所获，然而，反动当局硬要煞有介事地宣传说：从我家搜出了共产党的文件、书籍和会议记录。那是纯系造谣，只不过为了掩盖他们的失败罢了。

在我被捕以后，许德珩同志也被捕了。反动当局之所以要在这几天逮捕我们，《世界日报》曾以《被捕始末》为题作过这样的揭露："上月二十七日，公安局在朝大第四教室拘捕中国经济问题研究会公开讨论'十月革命'之主席周幼年时，经过严加审讯，并在其住所搜得共产党会议宣传品，及北平义勇军军委会组织大转移、阴谋暴动之文件甚多。后又获得平市执委会会议记录三份，内有设法营救周幼年，及广州暴动纪念日（十一日）实行暴动、罢课、罢工、罢教等决议。为了防范,适有中央密令,饬即将平市共党首要侯外庐、马哲民等拘捕云云。”由此可见,借口所谓“防范”暴动、罢工、罢课、罢教,来镇压人民群众的抗日活动,掩盖国民党政府的妥协退让政策,就是当局逮捕我们的真相。

我们被抓,起初是宪兵三团搞的秘密逮捕。据后来所知,敌人把我们这些宣传抗日、宣传马克思主义原理的大学教授当成“共党首要”了,原先是计划抓起来以后秘密处置的。但是,不料事发后,于 12 月 14 日,《世界日报》以大字标题,报道了一条消息。“北京大学及平大法学院教授许德珩、侯外庐、马哲民三人,忽于前昨两日被捕。”这个秘密的消息传出之快,大大出乎敌人预料。原来许老被捕后,他夫人劳君展把我们的情况,迅速告诉了《世界日报》的记者萨空了。为了不让阴谋得逞,萨空了同志在《世界日报》上抢先作了公开报道。这样,敌人才未敢轻易下手。紧接着,国民党反动当局要阴谋杀害我们的消息,在社会上亦有所传闻了。我表弟郝德青将可能谋害的消息告诉了我爱人,要她赶快到监狱设法与我见面。乐英带着衣物来探监时,衣服口袋里还塞了几支纸烟,警方坚持只能送衣物,不准见面,乐英便要求有我的亲笔收据。我收下衣服,写了回条,她知道我确实在警察厅时,才算松了一口气。

在萨空了同志抢先发出报道的第二天,也就是 12 月 15 日,《世界日报》又转发了中央社消息,透露出逮捕我们是公安局奉的中央密令。中央社消息是这样写的:

“本市人烟稠密,学校林立,共党活动,颇感方便。近来各校罢课风潮,多为该党蛊惑所致。闻该党近更准备在三中全会期间,煽动全市总罢工、罢课、罢教暴动,等等。昨平市当局接中央密令，饬即严捕共党负责分子，解京法办，当即由公安局遵照分别捕拿。前昨二日内，将在本市××学院教课之共党首要侯外庐、许德珩等，及前湖北苏维埃省执委马哲民等逮捕，并于各该寓所搜得反动证件与书籍、会议记录甚伙，闻即将遵令依法严惩，或解京法办云。”

自这两条消息披露以后，所谓“许、侯、马事件”，顿时成了轰动北平城的大新闻。当时平大法学院学生中，流行有“侯囚豹隐”的说法，“侯囚”指我被捕，“豹隐”是指陈豹隐避开了。是时，各大学的地下外围组织，“教联”“学联”“社联”等，纷纷展开了营救活动。最先发起的是平大法学院。12 月 15 日，平大发出“法学院全体教授定于今日下午五时，在一院商讨营救办法”。通知说“兹回本院教授侯玉枢(即侯外庐)先生，于本月十一日上午由其住宅被军警捕去，应如何营救，实有共同商讨之必要”。接着北大、师大、中国大学、民国大学等院校学生会，也相继在报上刊出开会营救消息。教育界的一些知名学者，联名致电南京行政院教育部，要求尽快释放。一些好心人士还表示为我们出面保释。民大校长雷殷在致电法学院院长白鹏飞时说：“侯玉枢君，前在哈法大任教授，对马克思学说颇有研究，但尚未运动宣传情事，闻因讲演受嫌被捕，请公加意营救。”(《平大法学院院报》1932 年 12 月 20 日)

我们被捕的消息传到上海时，宋庆龄、蔡元培、鲁迅、杨杏佛等组织的“民权保障同盟”予以极大重视，立即派杨杏佛先生来平，进行营救。由于反动当局的多方阻挠，除许德珩一人获释外，我和马哲民同志仍被继续监禁。

反动当局开始把我们估计过高，以为我们是共产党的首要，是组织、策划“广暴”纪念日罢工、罢课、罢教的领导者。按国民党“中央密令”是抓起来后，要下毒手，但是被《世界日报》捅出去，在社会上引起轩然大波之后，陷入被动局面。我们在拘押中，频频发出质问，我们爱国有什么罪？宣传抗日有什么错？问得他们哑口无言。在这种情况下，敌人才不得不把我和哲民由秘密拘禁转为提交法院审理。

1933 年 1 月 9 日，我们被转到了法院。从此，当局改换了新的手法，强行用“危害民国紧急治罪法”加罪于我们。所谓“紧急治罪法”，不过是蒋介石从希特勒的老家搬来的一套镇压共产党和革命人民的“法宝”。它一共有六条，其中第六条是“以危害民国为目的，而组织团体或集会或宣传与三民主义不相容之主义者，处五年以上十五年以下有期徒刑。”国民党反动派就是用这样法西斯式的法规，来对我们进行迫害。

3 月 6 日，第一次开庭公审，起诉人是国民党北平市党部。这个奇怪的“起诉人”的代表，一出庭就说：“被告马哲民、侯外庐，宣传与三民主义不相容之主义，妄图淆惑听闻，危害民国，经侦察犯罪事实确凿，请贵院依法审讯。”所谓“宣传与三民主义不相容之主义”的“确凿”依据是什么呢？我记得他们仅仅掌握北平大学商学院和北平第十七中学两个学生的听讲笔记。其中一份记录着，我在讲“现阶段中国之前途”时说过，“当前世界上有三种道路，一种是西方资本主义国家的道路，一种是印度式的殖民地道路，还有一种是苏联十月革命的道路。中国应该走哪一条？十月革命就是将来中国的前途”。此外，还说我在商学院“反日战会”的小报上，也发表了同样内容的文章。

我早年学法律出身，平生唯一的一次在法庭上振振有词的机会，便是为自己宣传抗日和宣传马克思主义学说的正义行为辩护。当检察官要我答辩时，我一方面据理力争，说我们的讲演并不违背孙中山先生的三民主义，无所谓“与三民主义不相容”。同时我说：“西方资本主义的路，今天中国是断然走不通了。检察官先生，印度式的殖民地道路，你是不是愿意走呢？”检察官无言以答。他们明明理屈词穷，却还要问我“为什么要宣传马克思主义，为什么要宣传反对帝国主义”？我答道：“因为我爱国，天下兴亡，匹夫有责。”愚昧的检察官居然又问：“什么叫帝国主义？”说来也巧，正当此时，一架日寇飞机低低地掠过上空，隆隆的声响振动了法庭上每一个人的耳膜。我朝天一指，说：“这就是帝国主义：现在你明白了吧！明明是我们中国的领空，为什么他们可以恣意横行？”这一番话，博得了旁听席上一片笑声、赞许声。检察官气得暴跳如雷。这次审讯结束后不久，听说此人因心脏病复发，便呜呼哀哉了。消息传到社会上，变成一种美谈，说是我把检察官气死的。实际上，不过是偶然的巧合。

在法院审理期间，杨绍萱同志等为配合营救活动，曾以我的名义，在《世界日报》刊出一则《启事》，内容是声明我并没有宣传与三民主义不相容之主义。《启事》发得很急，朋友们在它发表前，没有来得及告知我本人。我是在《启事》发表后，才看到这个《启事》的。这一做法，是一些深刻了解我的同志帮助我设计、安排的一种合法斗争手段，应该说是无可厚非的。至于《启事》的内容，和日后我自己在法庭上的辩护内容并不相悖。

国民党的法院，哪里容得下真理的声音，虽经三次公审，都不过是形式而已，最终还是以“宣传与三民主义不相容之主义”的罪名，判了我和马哥民各两年六个月（按五年折二年半计算）的徒刑。

按“危害民国紧急治罪法”，又有国民党市党部这样强硬的

“原告”一方，我和马哲民在这场官司中要完全胜诉是极其困难的。最终，我和马哲民得以按“紧急治罪法”第六条款规定的最低限度五年徒刑折半判刑，已是舆论的呼声和各团体的营救所取得的成果。当然，这里面也包括了马哲民的辩护律师戴修瓒教授和我的辩护律师江庸先生所付出的努力。

戴修瓒，是著名法学家，北京大学教授。他思想很进步，是教联成员。“许、侯、马事件”引起社会舆论，特别是知识界舆论的强烈反响，戴修瓒教授大义凛然，以法学家身份主动出面为我们奔走，抗议秘密逮捕和秘密拘禁，继而，又毅然宣称愿意义务为我们做辩护律师。

平大法学院的同事们营救我的热情也十分感人。法律系的教授们几乎人人都有律师资格，他们却还要认真、积极地为我物色更有威望的辩护律师人选，最后，决定请江庸律师。

江庸，当时是朝阳大学校长，北平著名的大律师。他正义感强，有很高的爱国热情，在北平的律师界，是一位权威人物。平大法学院由张孝移教授出面，去请江庸律师。江庸慨然应允。

就这样，马哲民和我，在戴修瓒和江庸两位著名法学家的帮助下，在法庭上与国民党市党部的“公诉人”，与国民党的司法当局，面对面地进行了许多回合的斗争，最后才得到判以五年折半徒刑的结果。事后，我记得，戴修瓒教授、江庸大律师和许许多多参加营救我们的朋友们一样，都为此案未能争取到完全胜诉、未能以释放告终，一直深感遗憾。

我在监狱里实际被关了 9 个月。那时，整个的牢房都关满了我们的同志，现在中国社会科学院法学所副所长谢铁光同志，当时就和我们关在一起。他是北大“社联”的主要负责人之一，在一次飞行集会上，因同警察搏斗而被抓。1933 年夏天，为争取改善政治生活待遇，狱中爆发了一次绝食斗争，铁光同志就是这次斗争的组织者之一。因为我和马哲民都是教授，又和学生们不在一个牢房，难友们就没有让我们参加。这次斗争进行得很坚决，监狱当局几次提出谈判，他们都没有理睬，一直坚持了6天6夜。为了使斗争做到有理、有利、有节，我乘放风的时间，给铁光通了个气。我说：条件成熟了，可以考虑接受谈判。结果，他们谈得很成功，提出的10项要求，监狱当局答应了9条。这次绝食斗争，不仅在政治上赢得了不小的胜利，生活待遇也得到了改善。从此，我们取得了可以互相串门，可以在一起学习和自由交谈的权利，改变了过去那种只有在放风、上厕所的时候，才有可能换换空气的状况。

我身陷囹圄后，张友渔同志从日本回到北平，当即同杨绍萱同志一起，为我多方设法，筹借了数千元的巨款。他们还利用当时司法界的腐败，贿赂了各色官僚，并找到四家铺保，使我以“因病假释”为名，出狱就医。其时，已是1933年9月，“九一八”事变的第二个周年了。

回到山西之初

在狱时，亲属和同志们都担心国民党会对我下毒手。那时，社会上盛传着一种骇人听闻的消息，警察局将政治犯装在麻袋里，深夜运出城外活埋。监狱里也传说施滉同志被捕后，于押解南京途中，在天津附近被扔进大海秘密杀害。我虽得假释出狱，案件却尚未了结，随时还有再度入狱的危险。于是，许多朋友又协同出力，为我设法寻找一个既能暂时躲开蒋介石魔爪，又能解决我一家生计的去处。找来找去,还是选定回老家山西。

阎锡山在蒋冯阎战争失败之后,于1930年年底回到山西,竭力标榜“民主”,网罗进步人士,宣扬他要走一条特殊的路线。我和一些朋友仔细分析了阎锡山的动向。综观他辛亥以来的行为和在山西割据称霸的形势,我们认为,他既然抗不过蒋介石,就必然坚持在山西经营独立王国,当土皇帝。山西在华北的战略地位,自古就十分重要。“九一八”事变以后,他当土皇帝的宗旨不变,而对日寇的态度却相当暧昧。我决定回山西去,利用阎蒋矛盾,利用阎锡山标榜“民主”的口号,相机寻找一个新的宣传抗日、宣传马克思主义学说的阵地。

首先由张友渔同志出面,找天津市长崔廷献(一个阎锡山嫡系的老官僚),向他介绍我的情况,通过他向阎锡山试探我回晋的可能性。阎锡山从崔廷献处了解到我研究、翻译《资本论》,被蒋介石政权不容,也产生了一种想利用我“左派教授”的名声,为其标榜“民主”“进步”所用的念头。

就这样,彼此出于利用的目的,我于1934年春天,又回到了十年前视为深恶痛绝的阎锡山的天下。在那里,我度过了将近四年。

阎锡山决定请我回太原的消息一传出,山西大学的学生便有请我任教的动议和呼声,其他大专学校的学生会组织,也纷纷准备邀请我讲演。这实际上,既表达了山西学生对宣传抗日救亡者的欢迎,也说明了他们对国民党当局捕我下狱的抗议。

闻讯,我自然感到欣慰。但是,消息传到阎锡山的耳朵里,立刻引起他的戒备。阎锡山对于我的反蒋态度,是求之不得的,而对于我“左派教授”的名声,则顶多不过是叶公好龙而已。他马上作出规定:我到太原后,不得任教,不得讲演,生活费由绥靖公署支付，采取一系列的措施，限制或隔绝我与外界的联系。

民族大敌当前，我多希望能对民众做一些宣传工作。然而，一抵达太原，我就感到生活在无形的围墙之中。我明白了，阎锡山是不会为我提供任何讲坛的，要斗争，只有用笔。

到了太原，阎锡山的官方，只限李冠洋、张隽轩和我来往。李冠洋是我在20世纪20年代北京法政大学求学时就认识的。那时，他是国共合作运动的参加者，此时，已成为阎锡山的亲信，正不遗余力地在为阎锡山搞一个叫作“青年救国团”的省内组织。张隽轩，是我到太原后初识的。他的舅父杨爱源是阎锡山的副司令，因了这种关系，他尚能得到阎锡山的信任。张隽轩为人朴实、正直，不苟言笑，思想很进步。相识以后，我感受到他对我十分诚恳，虽说他的身份是阎公署的人，但他的作风给我留下极好的印象。我在太原期间，与他过从颇密，相处得很知己。直到太原失守后，我们在临汾办学时，突然听说阎锡山发现张隽轩是共产党，恼羞成怒，密令逮捕，张隽轩闻讯逃离，径自奔晋西北抗日部队而去。从此，在我的心目中，对他更增加了许多敬意。

尽管有种种限制，阎锡山政权总还无法禁止我与旅法时的同学、好友周北峰（时为中共党员）往来。周北峰当时在山西法政大学任教，经他介绍，我又认识了从德国回来的杜任之。杜也是共产党员，在太原绥靖公署任秘书。他们都在利用各自的合法身份为党做工作。当时，我除了因为旅法时的职务关系，了解周北峰是共产党员外，对其他人的政治面貌全无了解，交往的深浅，全凭自己的感官直觉。真是“物以类聚，人以群分”，从一踏进太原起，我能与之心心相印的，绝大部分都是共产党员。

僻处太原，在不能从事任何直接有益抗日工作的情况下，我总感到孤寂、感到茫然。阎锡山这个人阴险奸诈，诡计多端。自知书生气太重,在政治活动方面,既没有经验,又缺乏智谋。于是,我尽量推动张隽轩、李冠洋引更多的革命者来晋。他们根据各自的目的,说服了阎锡山,继我之后,于1934年一年中,先后又请来了张友渔、韩幽桐、邢西萍(徐冰)、张晓梅、杨绍萱、温健公、黄松龄等一批共产党人。此外,还先后请来邓初民、许德珩、张申府、王思华等进步学者入晋讲学。

他们的到来,迅速打破了山西知识界的沉闷空气。这些同志大都是留学生,可谓人才济济。当年冬天,张友渔、邢西萍、杜任之、周北峰、温健公等同志,一起发起组织"中外语文协会",对外开办英、德、法、日等语种的补习班,通过补习班,团结、教育了许多革命青年。"中外语文协会"还创办了《中外论坛》刊物,以介绍知识的形式,大量译载了共产国际出版的《国际通讯》和各国共产党刊物的文章。

在《中外论坛》的发起人中间,唯有杜任之、周北峰二位有公开职务作掩护,因此,他们承担了主编的重责。其他同志都是以"特约撰稿译稿人"的身份,为每期刊物撰写或翻译稿件。

回忆起来,我感到《中外论坛》是办得比较活泼、比较有水平,也比较成功的刊物。

1935年,当阎锡山在山西大力宣传推行所谓"物产证券"和"按劳分配"的时候,《中外论坛》特地出过两期很有针对性的专刊。通过《现代货币问题特辑》(第一卷第四期),把阎锡山"物产证券"的非驴非马面目揭露无遗。通过《土地问题专号》(第一卷第八期),借英国人的文章,评论阎锡山治下的所谓"土地村有";借日本人的文章,全面介绍当时中国各派势力(包括共产党和红军)所主张和实行的土地政策;借《满铁调查日报》的专文,评论《中华苏维埃土地革命的基本意义》,公开宣传中国共产党的土地革命政策所取得的巨大胜利。

应该承认，《中外论坛》成功地达到了宣传马克思主义，宣传国际反法西斯主义斗争，推动国内抗日斗争的目的。在当时的中国，能有一份刊物公开宣传共产国际和各国共产党的理论，是一件了不起的大事。

山西素来以落后、闭塞闻名全国。《中外论坛》的流传，使不少外地青年，特别是华北青年，在心目中把山西看成了抗日的阵地。当然，对于山西本身，更不难想见它在青年精神世界中起到的宣传进步、促进革命的作用。无论从哪个方面看，这些宣传，只能对抗日民族革命有利，对宣传中国共产党的革命纲领有利，而绝对不可能对任何反动分子有利。

继续《资本论》的翻译

《中外论坛》希望我经常为它提供稿件，然而实际上，我并没有为《中外论坛》做多少工作，因为当时我正把全副精力放在继续翻译《资本论》上。1932 年 9 月，王思华和我合译的《资本论》第一卷第一分册（一—七章），在北平出版。出狱后到太原，我修改完第一卷译稿，又开始翻译第二、三卷。

《资本论》第二、三卷的翻译，我不是顺序进行的，而是先译出第三卷的地租部分，然后再回过头来译第二卷。我之所以先译第三卷，是由于考虑到形势的需要和陈翰笙的建议。

30 年代前期，国民党反动政权置民族危亡于不顾，一心消灭中央苏区，把政治、军事的筹码全都押在“围剿”中央苏区的赌注上。中国共产党领导人民，为保卫农村革命根据地红色政权,正在进行艰苦卓绝的斗争。中国革命与反革命斗争的焦点在农村。客观上,政界和学术界也确有许多形形色色的人在鼓吹研究农村问题。真正投身致力农村经济研究,致力乡村教育的人为数甚众,有一些学者也确实深入农村进行了一定程度的社会调查。国民党政府为部分有背景的研究者划定“实验区”,作从事调查和实验的基地,这种手段有一定的欺骗性。在研究农村问题的人中间,有公开以反共为宗旨的,有鼓吹复古倒退的。大多数人即使不以反共、复古为目的,其调查研究的着眼点和方式也是实用主义的,得出的结论往往是片面的,甚至是完全错误的。这些居多数的研究者们,热衷于“农村改造”“乡村建设”的口号,其实际主张是改良主义的,不赞成甚至反对土地革命的,治标不治本的。只有少数学者,在用马克思主义指导中国农村经济的研究。

陈翰笙研究中国农村经济有年。他 1932 年春在南京遇王思华时,就谈到一个重要的见解,他认为土地问题是中国革命的基本问题,中国最广大的革命基地在农村,当时甚为流行的研究农村问题的倾向值得注意,这一研究亟须有正确的理论做指导。所以,他认为,《资本论》应首先翻译第三卷的地租部分。他请王思华到北平后将他的这个想法转告我。

王思华和我动手翻译《资本论》之初,没有按陈翰笙建议的顺序进行,但我理解他的意见,也一直没有忘记他的这个意见。所以,当我在山西结束第一卷的全部工作,开始继续向下译的时候,我决定先译第三卷地租部分,以兑现对老朋友的承诺,不负他的厚望。然而遗憾的是,地租部分译成,却始终未有单独出版的机会。我和陈翰笙失去联系,连投书相告都没有可能。

《资本论》第一卷译完以后,王思华对我说,他不能继续第

二、三卷的翻译了,希望我坚持将这项工作进行下去。所以,我在山西译第二、三卷时,一度物色过合作者。我先后找过杜任之、周北峰,他们都不是学经济出身的,因此各有困难,同时也不可能和我一样全力以赴地从事单项工作。于是,我终于还是只好单独干。

在山西的翻译,我总共完成了第三卷地租部分十一章和第二卷的绝大部分。

1937年卢沟桥炮响,我再也不能潜心书斋中的工作,《资本论》翻译由此中止。但想要完成这项工作的理想,当时并未断念。

那时,我一心想把已完成的译稿送往延安,在汾阳撤退前,匆忙打点成箱,托付给续范亭、南汉宸,分手后,发现有第二卷的前十五章遗忘装入运延安的箱中。结果,转运延安的部分(占第二、三卷译稿的十分之七左右)全数毁于战火,不得已带在身边的第二卷前十五章反而保存了下来。(这部分译稿,应北京图书馆征求,已于20世纪50年代交该馆收藏了。)

山西四年译事,手头积稿成堆,都是些日后不曾面世的文字。聊堪自慰的是,1936年王思华在北平,自拟"世界名著译社"名义,出版了《资本论》第一卷全卷译本,译者署名右铭(王思华笔名)、玉枢(我的本名)。

阎锡山标榜的"民主"及其"二的哲学"

抗战前,阎锡山居然允许有人在他的鼻子底下翻译《资本论》,出版进步的刊物,不少青年同志对此表示无法理解。看来，随着时间的推移，这已经成了一个值得阐述的历史题目。

阎锡山自辛亥时代起，始而投机革命，继而卖身袁世凯，依附段祺瑞，一步步独揽了山西的政治、军事、财经大权。经过北洋军阀统治时期，他确立了个人在山西的独裁统治。他一贯注重自身的经济实力，从烟土专卖到大办军火工业，无不环绕一个目的——增强个人实力。

蒋冯阎战争以冯、阎失败告终。阎锡山没有得到蒋介石政权的认可，在日本人的护卫之下，抢先从大连飞回山西。若不是“九一八”事变爆发，他难免于一场蒋介石、张学良的武力制裁。日本帝国主义入侵后，蒋介石出面调和了与各大军阀势力之间的矛盾。阎锡山受蒋政权委任，当上太原绥靖公署主任，管辖山西、绥远两省。此时的阎锡山，一方面不得不就范于南京政权；另一方面，他的地方实力固然依旧，但毕竟是败将重返，还不得不拿出些新花招来欺骗人民。20 世纪 30 年代初，世界性经济危机的恶浪冲击着中国，工农业凋敝，通货膨胀、民不聊生，加上日本帝国主义侵占东北，觊觎华北。民族的危机，人民的灾难，反倒被阎锡山当作沽名钓誉的机会。

就这样，阎锡山重返山西后，开始着手推行他那一套“物产证券”和“按劳分配”。

所谓“物产证券”，是阎锡山企图通过货币“改革”来摆脱经济危机影响的措施，具体说，就是在他的独立王国范围内，实行一种物资本位的地方货币制度。事实证明，其推行的结果，除了便于阎锡山集团任意剥削，更多地中饱私囊以外，老百姓只落得失去一切经济自由。

阎锡山所谓“按劳分配”，是以“土地村公有”“兵农合一”“现代井田”作为前提的。他吹嘘这种“兵农合一”的“现代井田”就是“农业社会主义”,“非特可以救中国,且可以救世界”。实际上,“现代井田”制是一种赤裸裸的农奴制,是对历史的公然反动,它反映了阎锡山政权的军事封建主义的反动实质。

如果说阎锡山的“物产证券”,是从二三十年代形形色色的资产阶级货币理论中,零拾拼凑而成的大杂烩,那么,他常挂嘴边的所谓“按劳分配”,则不过是他道听途说来的一个社会主义经济学名词而已。

总之,阎锡山作为一个地方独裁者,既然新近折兵于蒋介石,且又面临经济危机、民族危机,为了巩固地方统治,他想在政治上表现出比蒋介石多一“民主”,在经济上有所标新立异。政治上为了表现出“民主”,使他愿意请一些共产党员、进步人士,来为其标榜所用;经济上为了标新立异,更使他想了解马克思主义的政治经济学说。这一方面的知识,国民党是一窍不通的,唯有共产党人可资请教。这就是阎锡山20世纪30年代初大批请共产党人、进步人士入晋的背景。

另一方面,一批共产党人和革命者,在蒋介石政权下无法容身,便利用阎锡山提供的机会,来到山西,进行“合法”斗争,开展了革命宣传活动,同时也保存了力量。由此可见,双方都出于利用的目的。

此其中,有一点是必然的,那就是,马克思主义的宣传一旦为群众接受,所能产生的伟大力量,是任何人也阻挡不住的。阎锡山苦心经营数十年的山西,到头来成为共产党抗日的最重要的舞台之一,为共产党培养了一大批干部,实非他始料所及也。

1934年9月,阎锡山庐墓期间,住在五台县河边村老家。他用汽车把我从太原接去,我才初见其人。就在这一次,他拿出他写的那本《物产证券与按劳分配》,征求我的意见。我以一种书生姿态，表示我只懂《资本论》，不懂他的“理论”。

后来，我又和张友渔、邢西萍、杨绍萱、温健公、刘再生诸人一同去过几次，都是为了讨论《物产证券与按劳分配》。我们这些同志以各自不同的方式，却又比较明确地表示不承认阎锡山的“理论”与社会主义有什么共同之处。我的对策是，你讲你的，我讲我的，我只讲自己对《资本论》的理论认识。邢西萍（徐冰）则不同，他总敢于对阎锡山诬蔑共产主义的言论，采取正面驳斥的态度，他说：“我的水平不高，就我所知，你批评共产主义的错误，并不如此。……”我们的这种态度，搞得阎锡山没趣得很。

阎锡山经常津津乐道其“二的哲学”，曾让李冠洋给我们讲解“唯中论”，也请我们分别给他讲过马克思主义哲学和政治经济学。我给他讲的就是《资本论》的剩余价值学说。讲的时候，自然有一种不得已对牛弹琴的感触，但也发现他听得很仔细、很用心。我这才知道，这个人表示要听《资本论》，不单是为了装门面，他还另有目的呢。讲完之后，他总不免恭维几句，而背地里，则恨恨地谓我为“马克思迷”，“难以为驾”。不过，他也确曾感慨地对我说：“以前有人告诉我，马克思的《资本论》有其论而无其事。听你这么一讲，看来还是有其论也有其事。”我想，这大概是他在伟大的真理面前，无可奈何的表示吧。

1935年至1936年间，阎锡山发表过如《防共必先知共》《共产主义的错误》之类的反动文章，倒确实可以看出，他请人讲马克思主义目的之所在，民主是假，防共反共是真。

我认识阎锡山的初期（1934年秋至1935年上半年）就感到，在他身上反映出来，他与蒋介石的矛盾仍然是相当突出的。

他相当看不起蒋介石，连蒋介石读王世杰、钱端升的《比较宪法》这本书,他都要耻笑,认为这是“给小学生看的”。当时,上海有一家小报登了一幅漫画,画面上三个军阀,蒋介石一手握手枪,一手托现洋;冯玉祥一手举大刀,一手抓窝窝头;阎锡山一手提一杆秤,一手拿算盘。有人谈到这张画,他洋洋得意地笑了,他总是认为自己比别人都高一筹。

我利用他的这种心理,每每趁他贬蒋的时候,大骂蒋介石的不抵抗主义、专制独裁,以至于他得出一个印象,“我看不起蒋介石,你更看不起蒋介石”。

有一次,许多人在一起谈古论今,我借着评论曾国藩,大骂蒋介石师承曾国藩,一样的卖国求荣,终将成为中国历史的千古罪人。阎锡山收敛了笑容,说:“你可以骂蒋介石,但是你不要骂曾国藩,我也是曾国藩的学生。”我暗笑他一语道破天机,不自禁地脱口而出,“所不同者,蒋介石是洋的,你是土的。”在场的和不在场的朋友们听说这段对话,都替我这种公然蔑视的口吻捏把汗。结果,阎锡山倒也不曾拿我怎样。因为那时候,阎锡山处处标榜一个“土”字,什么“土烟”“土产”“土货券”“土货商场”……处处以“土”为荣。阎锡山的“土”,成了地方主义的别称,独立王国的代名词。想来,阎锡山对我的蔑视口吻并不介意,奥秘原来在此。

阎锡山在政治上以善弄权术、两面三刀著称,他有一整套的两面派手法。无论从什么角度观察,我们都可以看出,运用“二的哲学”,是阎锡山统治手法的基本特点。大到确定一条政治路线,小至人员使用,他无不按照“二的哲学”行事。

随着日寇侵略步步深入,以及陕北我党抗日根据地的发展,阎锡山面临着共产党、蒋介石国民党当局、日本帝国主义三种势力对他形成的压力。他在这三种相互对立、错综复杂的矛盾中,根据“一切为了存在”的原则，提出“抗日和日”“联共防共”“拥蒋反蒋”的方针，用抗日的名义维护自己的反革命利益，借进步口号掩盖自己的反动宗旨。这是阎锡山在抗战过程中，大体贯穿始终的路线，也是一整套特别明显的两面派手法，特别突出地体现了“二的哲学”的反动本质。

阎锡山对其内部的统治，也采取大抵相同的两面手法。

阎锡山手下，同时用着两套人马。一套以邱仰濬为首，倾向南京势力；另一套以李冠洋为首，是本地势力。对邱仰濬派，他说：“对南京，咱们要靠。”对李冠洋派，他又说：“咱们与他们不同。”两派都觉得阎锡山是自己的后台，相互监视，相互充当特务，然后向阎锡山邀功请赏。阎锡山由此得到不少好处。

具体到使用人的问题，他更是公开表示，“使功不如使过”。曾任平遥县长的孙焕伦，有严重的贪污行为被阎锡山掌握。孙焕伦跪倒在地，痛哭流涕，请求赦一死罪。结果，阎锡山不仅免其死，而且大升其官，先授以冀宁道尹肥缺，数年后，又将此大贪污犯擢升为省民政厅厅长。

早期反阎派人物赵芷青，倒戈回晋，登报表明心迹，愿为阎锡山充当奴才走狗，为山西百姓所不齿，却被阎锡山尊为“老师”，派到南京，官至内政部次长、蒙藏委员会副主任。

无怪乎当时的人们得出结论，阎锡山之用人标准是“使贪使罪”。阎锡山确乎是用这种手段培植亲信的。

古史研究的开端

1935年夏天，阎锡山令李冠洋动员我们加入他的组织。同志们一致地采取了抵制态度。为此,张友渔夫妇重赴日本,邢西萍夫妇重返北平。而我,苦于一身债务和家累,北平的案子还维持着原判,实在无处可去,只好与温健公等同志一起,以拖延来对付。

从此,我不愿再和阎锡山有往来,阎锡山也不愿再见我们。在此同时,以张慕陶为首的一批托派分子来到太原,与阎锡山沆瀣一气,还和山西特务梁化之勾结在一起。我的处境十分不利。于是,我索性关起门来读书著述,一面继续《资本论》第二、三卷的翻译,一面开始了向研究社会史和思想史的转折和过渡。

早在1932年,我在北平任教时,读到郭沫若的著作《中国古代社会研究》,十分钦佩他为中国史学做了划时代的贡献。同时,我由手头正在进行的《资本论》翻译,联系到中国古史,产生了一种愿望,想要研究和解释中国历史各经济发展阶段与政治思想、学术思想的关系。当时,只因为心手羁于翻译而无暇顾及。

回到太原后,我正修改《资本论》第一卷未出版部分的译稿时,由于心情压抑和监狱生活对健康的摧残,爆发一场大病。病中,医生警告我不许翻译,于是,我抽出一部分修改译稿的时间,换成研究古史,作为精神上的调剂。

我对古史一向是爱好的,拈上了手,便有些放不下来。我深知,将马克思主义的观点和方法应用于中国历史的研究,是一项至关重要的课题。在态度上,我更是念兹在兹,要求自己尽可能地严谨。1935年夏天,断绝了与外界的往来,我常以郭沫若在流亡中做有意义的研究来勉励自己,翻译的同时,投入了更多的力量,致力于用马克思主义的观点和方法解释中国的社会史与思想史。

在山西的数年，是我一生中受压力最大、最感孤立无援的时期。生活在反动势力的包围中，仿佛在黑暗里度日，幸而我心里始终亮着一盏明灯，全凭自己对真理的信仰与追求，不顾一切地前行。

《资本论》的翻译，和对中国古史的研究，这两项工作，我在山西的四年中，一直是同时进行的。这对于我来说，不仅不矛盾，相反还起了互相促进的作用。对《资本论》的翻译和研究，奠定了我的理论基础，我从中得益匪浅，所以做起社会史和思想史的探讨工作来颇感得心应手。大概就是这个缘故吧，数年之后，当我成为史学界一员时，以往那段为《资本论》、为政治经济学孜孜苦斗的经历，反而不被人注意了。实际上，正是通过那段苦斗，赢得了理论上的武装，才构成我在社会史和思想史研究中的真正支柱。

这一段时间的治学，直到抗战事起，不曾有一日中断。此期间，在史学方面，笔记多于成文的著作。1934 年，我写了一个小册子——《中国古代社会与老子》(由国际学社出版)，这是我的第一篇史学论文，文章中，研究社会存在对于社会意识的影响，这种研究方向，已经极为明确。以后，在山西期间的主要文章还有《经济思想史》《社会史导论》等。最可惜的是当时有 20 万字以上的笔记，后来在战火中全数损失了。原以为不可能再有希望找回的《社会史导论》，1939 年却在重庆北碚中山文化教育馆存稿中意外找见。它的发表，成了我转向史学研究的一个标志。

1927 年大革命失败时，我找到了信仰的归宿——马克思主义。旅法之初，我还不是共产党员。身在党外，怎么为马克思主义真理奋斗呢？这个问题我时时萦怀。苏东坡说过，“不识庐山真面目，只缘身在此山中”。我一向有不同的看法。身外庐山，固然可以客观立场远观庐山壮丽之势，然而这又徒见外表，唯有身在庐山，才能具体考察庐山，研究庐山，真正做到了解庐山之实。

王国维深信君子三畏，即“畏天命，畏大人，畏圣人之言”，因而他以“畏”自戒。我将苏东坡的诗句，反其意而用之，1928年初，起名“外庐”，以“外”自戒。时刻警诫自己，政治上，理论上，都还在庐山之外呢。

五十多年来，我以信仰为生命，以信仰为家业，以信仰自励、自慰。在太原的最初几年，若没有信仰支持，必然堕落。那些年里，我饱尝了离群索居的痛苦。但是，纵然只剩下埋头读书一条路可走，我的信仰也一刻不曾动摇过。在转向研究史学的开始阶段，信仰更起了无比重要的作用。从那时起，我写书、著文、交友、签到，一概专用“外庐”之名，不肯再用本名或任何笔名，意即在此。

然而，惭愧的是，回顾一生，充其量我只有在理论的领域稍稍做过些探索的实践，而在政治上，终究未能成熟为一名真正的战士。外庐，本想自戒以“外”，却尽“外”矣。

光明与黑暗之争

1935年，北上抗日的红军，经过两万五千里长征到达陕北，与山西只有一水之隔。阎锡山的神经紧张起来。眼看着黄河对岸的民主改革，群众奋起，红军势力日益壮大，他开始大唱“反共防共”的调子，成立“主张公道团”之类的反共组织。

这年冬，中共中央为了民族利益，声明停止内战，枪口对外，要求阎锡山准许红军通过山西地区，开赴前线作战。这时，阎锡山的反动面目彻底暴露了。他利用黄河天险，沿岸筑防，顽固拦阻红军东渡抗日。在此情况下，共产党为了推动全国人民武装抗日，于 1936 年 2 月发表《东征宣言》，决定强行东渡，开赴冀察前线，作全国人民抗日的义勇先锋。

声威浩大的红军东征一开始，阎锡山的军力就显得不堪一击。他怕红军威胁到他的老巢太原，动摇他的地方统治，急电蒋介石派兵增援。蒋介石早想插手山西，便立即答应了阎锡山的请求，不仅调派增援部队，而且特派陈诚到太原，充任晋绥陕甘四省“剿共总指挥部”的总指挥。

从此，山西反革命气焰甚嚣尘上，太原成了恐怖世界，满街军警林立，以至于熟人相遇不敢顾视的地步。一切言论、通信、出版自由都被取消，许多进步人士惨遭残杀。我有一位年轻的好友冀运臣（又名云程，共产党员），就在这时被杀害了。

冀运臣同志是我的同乡，平遥人。我任教于北平大学法学院时，他在民国大学读书，与俊岩往来密切，十分知己。1933 年他在张家口参加过冯玉祥领导的察哈尔民众抗日同盟军的抗战活动，回到太原后，加入了冯司直领导的一个团体“哲社”，办一份以乡村小学教员和乡村知识分子为宣传对象的刊物——《乡村周刊》。他戴一副深度近视眼镜，性格沉静，举止稳重，常系一条洁白的围巾，是我家的一位常客，每来，总是谈论国家世界大事，从没有琐碎的话题。

二月底，东征红军的先头部队已经逼近太原，到达晋祠，阎锡山恐共反共到了发狂的地步。由于冀运臣没有公开职业，我很担心他的安全。我最后一次见他那天，他和郝德青先后来到我家。我劝他赶快离开山西，或者在我家暂避。他说，他的弟弟妹妹都在太原读书,还没有安顿好,他顾虑自己一走,弟弟妹妹必受牵累。看得出,他既不愿离开太原连累弟妹,也不愿住在我家连累我,那天,他执意要回自己的住处,我担心他还有工作没有料理完毕,也就不便强留。他走后,不一两天,就被捕了。郝德青则在我家躲了半天,后来离开山西,得以脱险。

冀运臣在狱中,曾递出一张字条给我,大意是,"我什么问题也没有,请放心"。但是,我总放不下心。我理解这是一句反语,说明他的处境危险。我便着手设法营救。

1936年山西白色恐怖期间,阎锡山派马骏审理共产党案件。马骏是阎锡山的嫡系,一个有名的杀人如麻的刽子手。当时,我有个亲戚左璇,在宪兵司令部任参谋长(后被日寇所杀),我请他协助疏通上层。

左璇传出消息说,马骏表示,只要冯司直承认冀运臣是其部下,就可以放冀。我给冯司直写信,请他出面承认冀运臣是"哲社"成员。然而,由于冯司直和马骏是宿敌,冯为了保全自己,无论如何不肯为冀运臣作保。不久,冀运臣同志就牺牲了。

那时候,阎锡山每逢杀人,都有洋鼓洋号齐鸣。听到冀运臣同志蒙难的鼓号声,我止不住热泪滂沱。痛心啊,民族大敌当前,国家竟不容如此优秀,如此赤诚爱国、奋发有为的青年生存!

冀运臣同志惨遭杀害的前后,我闭门读书的"自由"也已经不复存在。阎锡山派人来,明令我写文章吹捧他的《物产证券和按劳分配》,被我坚决拒绝。绥靖公署为此停我三个月薪水。我怕他们再不甘休,便离开太原,到了北平,下榻于王思华家和终生与阎锡山势不两立的辛亥老人郭唯一家。但不久,阎锡山又命李冠洋把我追回。此乃红军取得多次胜利后,为珍惜国力,与阎锡山协议谅解,下令回师陕北之时。

1936年的山西，风云变幻。我党为建立统一战线，争取山西走上抗日所做的努力，取得了显著的成效。这一年，阎锡山领教了红军的威力。这一年，绥远抗战开始，统治山西、绥远两省的阎锡山，与日寇的矛盾尖锐起来。于是，他进一步表示愿意接受中共的抗日主张，建立起“山西省牺牲救国同盟会”（简称“牺盟会”），特地从北平请回薄一波同志。

在中国共产党的领导下，“牺盟会”为推动抗日民主运动的发展，扩大抗日民族统一战线的斗争，起了很积极的作用。山西面貌为之一新，抗日救亡运动迅速高涨起来，全国各地青年，甚至海外华侨，都纷纷涌来山西，参加“牺盟会”，投身抗战，形势十分喜人。

这个时期，有一次南汉宸同志从北平赴西安，途经太原，尽管他的到达是秘密的，他还是约我到山西饭庄吃饭，单独见面。我向他倾吐在山西苦无方向，南汉宸却表示，我留在山西还有必要，勉我振作精神，准备迎接新的斗争。

这一年冬天，绥远省主席傅作义将军领导指挥取得绥东战役的胜利，并收复重镇百灵庙。这一胜利，对全国人民的人心起了相当大的鼓舞作用，博得舆论普遍赞扬。这一胜利，也为打“守土抗战”旗号的阎锡山粉饰了门面。我记得，当时南京国民党政府还特派行政院院长汪精卫率领慰问团，由阎锡山陪同，赴绥远劳军。阎锡山的得意状，太原的各家报纸刻画得淋漓尽致。

绥东战事结束后，傅作义同王靖国等来到太原，受到各界的欢迎。“牺盟会”在正大饭店隆重举行宴会，为他洗尘。我不是“牺盟会”的成员，但宋劭文代表“牺盟会”约我到会发言。宋劭文同时告诉我，王靖国是阎锡山的人，是阎锡山派到绥远去“追随”傅作义的，为了避免开罪阎锡山，发言时也不妨提提王靖国。那天，宴会上气氛热烈，宋劭文简短致词以后，就轮到我发言。我自然是一番慨然陈词，称傅作义将军为抗日英雄。傅作义对那天的宴会和赞誉颇为感动，向大家答辞致谢。对比之下，王靖国的态度果然淡漠得多。

后来，当我理解了“牺盟会”这个组织的性质之后，我才体会出，“牺盟会”欢迎傅作义的活动，是从统战的目的出发的。通过这件事可以看出，当时，我党为了团结、争取一切抗战力量，工作做得多么及时，多么周到，多么细致。

这次宴会，是我和傅作义先生个人交往的开始。在此之前，我和他并不相识，却得到过他的帮助。1933 年我在北平狱中时，周北峰请傅先生出面以同乡关系营救我，傅先生感到出面营救有所不便，但很同情我，就慷慨解囊，以 300 现洋相赠，作为对我家眷生活的资助。解放后，于 1949 年傅先生赋闲期间，他鉴于他的至交周北峰与我友情笃深，便常来访我，常与我约会，每每谈得很深，还请我介绍他结识郭沫若等文化界朋友。这一段过从，我得以了解到这位起义将领，于事成之后，内心的矛盾和解决矛盾的大体过程。此期间，蒋介石还在继续劝诱他归去，而共产党施政的英明，毛主席胸襟的宏伟，以及人民对共产党、毛主席由衷拥戴的事实，又在教育他坚信弃旧图新应是义无反顾的，在向他证实，他的抉择是正确的。他亲赴绥远力促董其武接受和平解放，为中国人民的解放事业又立一功。我通过以上与傅先生短暂、有限的联系，得识傅先生在几个时期精神世界中可贵的素质。

大约也是在 1936 年，太原成立“红军办事处”（“七七”事变后，更名“八路军办事处”）。周小舟同志是延安派来的红军公开代表。我和周小舟同志在北平师范大学有过师生之谊。他到太原后，常到我家，向我了解我所掌握的各界情况，以及我对阎锡山的看法和分析。

有一次，我特别气愤地和他谈到托派分子张慕陶的反革命言论和行径。我告诉他，张慕陶住在阎锡山家的东花园，亲密程度非同一般。他化名马云程，仿佛有一种特权，可以在任何场合，以任何必要的身份出现。小舟同志说："好，明天有个记者招待会，我要骂他一顿。"当时，周小舟还不认识张慕陶。

第二天，记者招待会上，张慕陶果然出现了，自报姓名马云程，起身提问。周小舟泰然自若地答道："这个问题的提法，很像是张慕陶的话。"接着，痛快淋漓地驳斥了一顿张慕陶的托派谬论，揭露其反动实质。马云程讪讪地说："我不是张慕陶，我是张慕陶的朋友。听你这样讲，我很同情他。"四座记者，谁还有不知道马云程就是张慕陶，爆发出一阵哄堂大笑。

进步记者们对周小舟同志的敏锐、犀利称道不已。他既痛骂了叛徒和反革命的论调，又宣传了党关于建立抗日民族统一战线的理论和诚意。周小舟巧骂张慕陶，一时传为佳话。

后来，周小舟回延安时，我请他将 1936 年出版的，我与王思华合译的《资本论》第一卷全卷合订本，带上四部，分赠毛主席、朱总司令、周副主席和老友成仿吾同志，他都一一为我送到了。

红军办事处设在太原新满城，彭雪枫同志担任主任。我第一次去拜访他时，留下了一个极深的印象，彭雪枫同志的办公室，与其说是办公室，还不如说更像战地指挥所。屋里几乎什么家具都没有，四壁挂满军用地图。他身穿整洁的军装，脚下一双行军的布底鞋，裹腿紧扎，军容威仪，看上去是一副立刻准备上前线的形象。红军办事处的振作姿态、战备气氛，与太原阎锡山幕下任何机关成群的烟枪赌棍、长袍马褂，形成了极鲜明的对照。共产党给山西人民带来了光明，带来了希望。

“双十二”事变蒋介石被扣的消息传到太原，我的朋友们奔走相告，兴奋到极点，特地在正大饭店聚餐庆祝。王炳南同志作为杨虎城将军的代表，李金洲作为张学良将军的代表，都到了太原，争取阎锡山支持并参加逼蒋抗日的阵线。老奸巨猾的阎锡山圆滑地回避表态，策划进一步投机。

当时，太原麇集着国内许多方面军事势力的代表。刘湘代表刘亚休、韩复榘代表余心清、冯玉祥代表郭春涛等人，数次在正大饭店聚会，讨论争取阎锡山的办法。李金洲特地到我家里会我，约我参加他们的聚会。我对于军界各种力量的背景既不熟悉，也无兴趣，但对于如何实现抗日的问题则有着十足的热情，因此，这类聚会，我是有约必赴的。

事变发生后，阎锡山严密控制的山西新闻系统对事变真相实行封锁。杜任之在他主编的一个小刊物上，发表了王炳南带来的西安事变文件，如张杨通电申明的八项主张等，群众得以了解西安事变的真实面貌。

西安事变的消息传到国外，正在日本留学的俊岩，便很快回国。受党的派遣，他以政治指导员身份参加牺盟干部训练团工作。抗战开始后，山西成立决死纵队、工人武装自卫队等新军队伍，俊岩是党最早派到工卫队（后改称工卫旅）的负责人之一。迥然不同于我一生停留在信仰的理论境界，俊岩则长期从事着武装斗争。

续范亭、战地动员委员会及其他

西安事变实现和平解决后不久，续范亭将军回到太原。

我和续将军本来并不相识。此前，我对他的了解，先一段来源于山西掌故，续西峰、续范亭兄弟对辛亥革命的贡献；后一段则来源于报纸新闻。1935 年，日寇窥视华北，民族危机日重，续范亭从西北亲赴南京呼吁抗日。他目击蒋介石靦颜卖国，悲愤至极，决心以身献国，激发人民反对蒋介石的卖国行径，奋起抗战，竟有中山陵切腹自杀之举，虽幸遇救，却仍一时震惊中外。

对于这样一位传奇式的英雄，我自然早有敬慕之心。他来到太原不久，经刘绍庭先生介绍，我们一见如故。直到抗战开始，太原沦陷，我们在汾阳分手，续将军成为我过从最密、最知己的朋友之一。

续范亭回山西前，是甘肃邓宝珊将军的参谋长。他在山西军政界，既有许多老朋友如赵承绶、许永昌等，也有宿敌如阎锡山之流。他所以要回来，是为了做山西军政界的工作，推动日益接近抗日前沿的山西省，及早成为抗日的基地。

1937 年，我们从太原撤退前，我和续范亭几乎天天见面，不是他和刘绍庭先生同来我家，就是我去刘家看他。或许因为我在上马街三右巷的赁屋，恰好是续将军的故宅，续将军来我家的次数更多些。他每来必和孩子们逗耍，以至于四十多年后的今天，我的孩子们记忆中，还保留着这位名扬中外的将军扮怪脸的本领。

我们彼此都似乎有一种相见恨晚之感，到一起总有说不完的话。对蒋介石的认识和对西安事变的印象，是他最经常的话题。此外，他对我手头的工作——翻译中的《资本论》和研究中的经济思想史，以及我过去在大学讲授过的唯物史观，兴趣也特别高。他坦白地表示欣赏马克思主义的观点。有一次，他还特地召集其老部下的军官几十人，开了一个座谈会，请我到会为大家讲辩证法。当时，我已经意识到，这位国民党营垒中的爱国英雄，必将在抗日民族战争中，做一番轰轰烈烈的事业。

一次，续范亭和我一起到澡堂洗澡。他见我注意他腹部的伤疤，一面抚摸着，一面无限感慨地告诉我说，陵园切腹时，他是决心杀身以谏的，决心献个人的身躯，换民族救亡的自由。那时他想，纵然不能说服蒋介石抗日，也让人民记他一笔账。因此，他心头念的是，“宝刀在握，立地成佛”。我崇敬这位志在河山、一心救国的英雄，但不赞成他的自杀之举。我对他说：陵园切腹是勇敢的，但也是消极的。像蒋介石那样的无耻之徒，难道是用这种手段说服得了的吗？我们固然可以记他一笔账，但是自苦太甚。对我这番话，他是很同意的。联系他平时的谈吐，看得出，在我和他交往的那个时期，佛家思想还在对他起着些微影响，但是，他的整个精神世界，早已经开始在经历一个巨大的、带有根本性的转变。

一天，我正在家读书，续范亭来了，刚进门，拉上我的手，就往外走，连声说道：“出去走走。”我只当他是拉我出去散步，可出了门，他让我坐上事先叫好的等在门外的洋车，却不说去哪里，我心里纳闷了。洋车把我们拉到一个宅子门前，进了大门，薄一波从屋里迎出，这才知道续范亭是拉我来会薄一波的。

那时，薄一波同志回到太原已有一段时间了，我还没有单独和他见过面。我只知道他是阎锡山请来的，是共产党人，但是，传说他与山西军政界最上层人物接触频繁，让我颇为不解。我全然没有意识到他负有党交给的使命，来山西就是为了搞统战工作的。

三人坐下，围绕着文化运动漫谈起来，这次从随随便便开始的一席谈话，给我留下了难忘的回忆。

谈到“五四”，薄一波同志说：“陈独秀是有功的。”我早年是《新青年》的虔诚的读者，对陈独秀的文章自然印象清晰，但是，陈独秀早已堕落成机会主义者了，因此，我未置可否。谈到胡适，薄一波又说：“胡适对新文化运动是有功的。”我便说：“要说别的事情，我懂得不多，但要说胡适有功，我不能同意。”我根据过去读过胡适《留学日记》的记忆，振振有词地说，胡适的文化观，是典型的半封建半殖民地文化观，并由此下结论，胡适对中国的新文化有过无功。薄一波作为主人，很礼貌，但对我的观点，始终不同意。

由于我的高自期许，初次交谈，竟至于发展成了辩论，这是续范亭事先断断料想不到的事。多亏了有他在场，为我们拉开话题，气氛才恢复正常。但是，谈话在其他方面也无法再深入下去了。

那天会面以后，告别出来，续范亭笑着拍拍我肩膀，说：“老弟还是少年气盛啊！”我听出是责备的口吻，心里很不是滋味。一连多少日子，我总在默默地回味那次见面、那次谈话。

薄一波有学问、有见解，但观点丝毫不露锋芒，实在不像一般的共产党人；见面话题不首先放在抗战，而放在新文化运动、白话文上，也不同于我一般的朋友。

和薄一波面对面地发表不同意见时，我尚能够理直气壮，然而，一跨出薄一波家的门，反觉得不安了，佩服他了，佩服他的政治家的眼光和风度。

我对抗日民族统一战线的认识，是从观察“牺盟会”的活动开始获得，而后通过二战区战地动员委员会加深理解的。许多年后，我与张友渔在重天重逢。回顾山西的往事，张友渔同志大为感慨地说，党在山西控制了抗战的方向，还抓了武装，建立了新军，薄一波比所有先于他回到山西的革命者功劳都大。对此，我早已是心悦诚服的了。我对薄一波的认识，是和对抗日民族统一战线的认识，同时建立起来的。

“七七”事变以后，第二战区战地动员委员会在太原成立。周恩来同志亲临太原，领导了动委会建立工作。

一天，在刘绍庭家中，南汉宸、程子华两位同志带来周恩来同志的指示，要我为动委会的成立起草宣言。周恩来同志对宣言的内容做了几点具体要求，要我第二天交稿。我开了一通宵夜车写成，次日，南汉宸来取走稿子，去请周恩来同志审阅。我对这个稿子的审批过程记得很清楚。周恩来同志对原稿只字未动，只加了七个醒目的字——“在阎主任领导下”，然后转给阎锡山批示。阎锡山也一字不改，单把周恩来同志加的七个字划掉了。动员委员会的成立宣言，就是这样形成和发表的。

这是我初次在周恩来同志领导下完成一项工作。他运筹帷幄的外交才能，令人叹止。

以后，在太原期间，周恩来同志还指示我为动委会起草过一系列文件，他在抗日民族统一战线中表现的伟大胸怀、高度的原则性，给我留下了十分深刻的印象，使我深受教育。

周恩来同志的才具，使阎锡山也大为折服。我曾听到他当众叹息：“要是我们有周恩来这样一个把式就好了，可惜我们没有。”

“七七”事变后，朱德同志以第二战区副司令长官的身份，也来到了太原，与各界都有接触。

我和王思华一起，出席过一次朱总司令召开的会议。那天，与会者中间，有四川刘湘的代表刘亚休（号光汉）、山东韩复榘的代表余心清等。朱总司令讲全国抗战形势，联系到各党派、各种势力的态度，甚至能够直接接触与会者的现状和思想实际。他说：“在座有许多老朋友。刘光汉先生，辛亥革命时，你是很革命的，现在怎么学起佛学来了？”……总司令的语言质朴无华，诚恳坦白。受到他批评的，感觉中肯；受他表扬的，倍感鼓舞。

继周恩来同志以后，朱总司令是我见到的又一位我党最高层领导人。他们的谈话都有一股内在的力量，使每一个有爱国心的人，都能在不同程度上，受到感召和鼓舞。

“战地动员委员会”（简称“动委会”），是共产党领导下的统一战线组织，负责人是续范亭、程子华、南汉宸等人。阎锡山为了增加他的亲信在动委会中的比例，对我百般排斥，删去我的名字。但是，“动委会”的许多文件，却偏偏出自我手，这是他无可奈何的。

由于山西形势错综复杂，“动委会”成员各自都有着不同的政治面目和政治背景，彼此不容易摸底。有一次，我参加动委会的会议，南汉宸为了让大家了解我，向大家介绍时说：“这位是谭派马克思。”（谭派是京剧各派中的正宗，在此比喻正统之意。）这一句话，使我感到温暖。我体会到，党始终在关心和注视我。

就在全国沸腾的抗战声势中，一小撮托派分子也没有停止破坏和捣乱，他们妄图阻挡抗日民族统一战线这一历史潮流。

张慕陶令人作呕的表演无休无止。他明知我历来骂他是叛徒、败类，明知我向来不愿正视他一眼，却居然还想在我身上作文章。

八九月间，我的家眷和刘绍庭的家眷一起离开太原，到了我平遥的老家。我只身留在太原，住在刘绍庭家。我的住处并不为一般人所知。

一天，阎锡山的心腹郝梦九来到刘绍庭家，说张慕陶要来看我。我表示，我和张慕陶素无往来，不同意见他。刘绍庭也认为没有必要见面。郝梦九假惺惺地说："张慕陶这个人鬼得很，你不让他来，他也知道你住这里。还不如见见面算了。"听这口气，我知道一次面对面的交锋是避免不了的了。

第二天，张慕陶来了，刘绍庭的秘书不请他进内院，只把他引进门厅边的会客室。一见面，张慕陶就开门见山，煞有介事地对我说："不要搞共产党啦！中共已经投降了，你知道吗？还是参加我们的列宁党吧。列宁党一直是反蒋的。"

我说："列宁党，你们要搞就搞去吧。我是个秀才，我跟你们搞不到一起。"

他说："在列宁党里，要是我搞组织，你搞宣传，那就好了。"

我强按怒火，说："我不会给你们搞宣传的。"

张慕陶恼了，说："我本来还对阎锡山说，你是半个马克思主义，现在看来，连半个也不是。"

我说："半个就半个，不是半个也罢，只要不反革命，不当民族败类就行！"

刘绍庭一直没有出场，但配合得很好，及时让用人进来，说："侯先生，请吃饭了。"

我闻声转脸出屋，把张慕陶一人甩在屋里。后来听秘书说，张慕陶起先还想等,坐了一会儿,觉得不是滋味,便怏怏然不辞而别。

我们就这样打发了这个不速之客。

我感到,在当时那种形势下,张慕陶对统一战线竟敢如此赤裸裸地进行挑拨和破坏,除了他的本性决定之外,也是有阎锡山作为背景的。

1937 年 10 月,太原失守前,我随“动委会”到了汾阳。邓小平同志也正在汾阳,他提议给负担保卫太原使命的傅作义将军拍一个电报,为军民、官兵鼓舞士气。续范亭推荐由我起草,电文写成发表后不久,续范亭就踏上了征途。

续范亭离开汾阳前告诉我,他计划到延安去一次。我当时也一心想去延安,但首先还需要安顿家眷,便将装有《资本论》第二、三卷译稿、原著、字典和史学笔记的一个铁箱,托交续范亭,请他先行带到延安。然而,由于战事紧张,续范亭的赴延计划一再推延。我那箱书和稿,他一直随身携带着。

解放后,我才知道这箱书稿的遭遇。南汉宸同志告诉我,他和续范亭带着这个铁箱,经过了一场又一场的战斗。最后,在离石的一次战斗中,我军被围。突围时,无法带走铁箱,连埋藏的时间都没有,他们只得将一箱书稿藏在老乡家的烟囱里。不久,我军打回离石,续、南二位特地前去寻找书稿,发现书稿已经化为灰烬。为此,他们二位难受了很多日子。事隔十余年,南汉宸向我叙述经过时,还一再向我道歉。

实际上,这时国内早已经有了王亚南、郭大力同志更好的《资本论》译本,拙稿纵然还在,也不准备问世了。所以对它失于战火,并无太多遗憾。只是,续范亭、南汉宸两位同志,对它爱护备至,视若珍宝,征战不离身,最紧急的关头还想到要保护它、寻找它，对我的劳动尊重至此，这番情谊才是我永生不忘的。

我和续范亭汾阳一别，从此不曾再见。续范亭那时是第二战区保安司令，虽有肺病、腹伤在身，为梦寐以求的抗日救国大业，他是万死不辞的。

后来，我到了国统区重庆，他一直在晋西北前线，我还听到过他的消息：他驰骋疆场，杀敌立功；他为山西新军，建树了卓著功勋；他到了延安，不断进步，最终从一位革命的民主主义者，转变成共产主义者。

在我和他短暂而相知的交往中，续范亭将军磊落不凡的气度，对民族革命事业的耿耿忠心，求真理的不知疲倦，对人民的炽烈的爱，对反动派刻骨的恨……都是我无法忘怀的。续范亭确实无愧于毛主席对他的赞誉，"有云水襟怀，有松柏气节"。

1947 年 9 月，续范亭将军在延安逝世。1948 年辽沈战役前，他的逝世，连同中共中央追认他为中国共产党党员的消息，才传到香港（我于 1947 年抵港）。虽说消息迟到了一年，还是引起了一番震动。香港《星期报》主笔采访过我，并署名"三流"发表一篇访问记，我还提供了一张与续将军合影的相片，同时登在文章之首。可惜 30 年过后，这张报纸找不到了，相片也没有留住，唯有续将军的傲骨雄姿，还印刻在我的记忆中。

1937 年太原失陷后，我离开汾阳，搭乘刘绍庭先生的便车，到了西安。但不久，我接到山西"牺盟会"所创办的"民族革命大学"来信，请我任教。"民族革命大学"设在临汾，我感到义不容辞，决定前往。

当我从西安赶回临汾时，已经是隆冬天气。学校开课了，学生多达五千之众，是北起黑龙江、南至广东，来自全中国，甚至于海外的爱国青年。民族革命大学也汇聚了一批进步教授，我的同人中，有李公朴、施复亮、江隆基，等等。

民族革命大学条件很简陋，因为没有大课堂，尽管是数九寒天，我讲授“民族革命统一战线”课程，也只能在露天的操场上进行。师生们生活很艰苦，平时，非打狗吃不到一点肉，教师薪饷微薄，学生取暖条件困难。但是，大家都保持着饱满的情绪。

1938 年的动荡

1938 年春，临汾失守前，我又重返西安。

在西安，我和八路军办事处负责人林伯渠同志和宣侠父同志，取得了联系。遵照宣侠父同志的嘱咐，我奋力写作抗日文章，发表在郑伯奇、谢华主编的《救亡》和于振瀛、陈建成主编的《大团结》等刊物上。后来，这些文章先后集成《抗日民族统一战线论》《抗战建国论》两个册子。那时，我的这两个小册子，是延安允许敞开进入的少数书籍之一。

当时，林老曾对我的时论文章表示肯定，我说：“我对党的精神并不了解，我是凭感想写的。”林老说：“这是知识分子的敏感。”在抗战开始前后的数年中，我对党的政策的确是比较敏感的。而这种敏感，完全来源于学术中奠定的坚实的信仰。可以说，我在山西期间的基本行动，全都是由信仰所支配的。

1938 年，我在西安度过了“七一”，这一天，对我来说是值得纪念的。

由于党的统一战线思想深得人心，在抗日民族统一战线得以奠定的西安城，所有拥护共产党的同志和朋友，抗战开始后的第一个“七一”都特别兴奋。

这一天，八路军办事处要举行党的生日庆祝会，事先宣侠父同志约我在会上讲话。

庆祝会在天黑后开始。办事处没有礼堂，来宾很多，会场只好设在庭院中。晚上，庭院里拉上了电灯，按当年的水平，那就叫灯火通明了。林老首先讲话之后，我如约发言。腹稿是早就打好了的，登台讲话本也是寻常事，可是，这天晚上，我的情绪激动得厉害，声音不时哽咽，因为，自从旅法回国以来，这还是我第一次在党的家庭中发言。

一支从延安出发的儿童演出队正在西安，小演员们也参加了这个庆祝会，还为大家演出了节日。我和大家一样，噙着泪，放声地笑，享受着只有在八路军办事处才能享受到的舒畅、自由和温暖。

忽然，我在演出的孩子中间，认出早年学长李舜琴的儿子李琦，他当时只有 10 岁。这群孩子，小小的年纪，就懂得以天下为己任，已经在为呼吁抗日救国奔走四方了，他们的精神很感动人。灯光下，看见小李琦光脚穿着一双破布鞋，我想，孩子前面的路还长呢，穿双好鞋，接着跟党走吧。会后，我给他 5 块钱，叫他去买鞋穿。这是我对老学长的感情，也是对孩子的祝福。解放后，他成了一位国画家，见面时，我们还常常谈到那个难忘的西安之夜，谈到那双破布鞋。这段美好的往事，在两代人心中，仍然恍如昨日。

正是由于看见生龙活虎的孩子们，我联想到还留在敌后的长女寓初，不免怅然。她和他们中间的大孩子年龄相差无几，我甚至想象着，她也站在他们的队伍里。几年以后，我在重庆八路军办事处接到一封信，那是寓初从延安捎来的。原来，我离开山西后不久，她就参加了革命队伍，在战场上出生入死。

夏日某天，林老交给我两封延安来信，一封出自王思华的手笔，一封署名杨松。两封信内容是一致的，都说，延安的同志们希望我到汉口与生活书店订合同，尽快完成《资本论》第二、三卷译事，同时还带来一本我们合译的第一卷合订本，说延安希望尽快再版第一卷。来信还告诉我，所有这一切，延安方面已经告知生活书店，只需我去面洽即可。

那时，我并不知道杨松为何人，林老也未作解释，但我知道这是党的指示，我一定要执行的。1942 年，在重庆《新华日报》上看到悼念杨松的文章，才知道，他给我写信时，是代表中宣部的。

我正从容地做着启程赴汉的准备，一天，原陕西省秘书长杜斌丞先生忽至，通知我国民党有暗害我的计划，让我当晚离陕。我找宣侠父同志商量，侠父同志力主我马上走，他指示我到汉口有事找潘梓年。杜斌丞和刘绍庭两位一起帮我筹划了路费，我独自走了。

谁知，我到汉口不久，就听说宣侠父同志在西安“失踪”了，后来证实，是被蒋介石亲自派特务暗杀的。事情竟发生在我离陕后十来天。其实，连我都能得到有暗害计划的通知，他难道就察觉不到敌人要对他下手的阴谋吗？当我去找他商量时，他一句不提自己，却为我离陕做了一番周密的考虑和安排。宣侠父同志就是这样置个人生死于度外，而悉心保护同志的。

许多年后，在香港，郭沫若写《洪波曲》时，曾特地找我了解我所认识的宣侠父，勾起了我对这位为统一战线献身的同志的回忆。

宣侠父同志器宇轩昂、才智过人，我在西安的半年时间，亲见他宣传群众，团结各派爱国力量的特殊才干。连我这样一个读书人宣传抗日，宣传统战，都被定入暗害之列，更何况侠父呢！正是宣侠父这样的致力团结抗战的栋梁之才被杀害，使我对于国民党抗战所残存的一点点天真希望，也荡然无存了。

记得，郭沫若果然把我的这番感慨写进他的大作里去了。

我到汉口时，那里的形势已经很吃紧，各种机关都正在疏散和撤退。

在汉口，遇到李公朴，他将我在临汾民族革命大学题为《抗日民族统一战线论》的讲稿要去，发表在救国会邹韬奋、柳湜主编的《全民抗战》上。

我与生活书店签订了《资本论》第二、三卷的翻译出版合同，形势却已经不容许我坐下来工作了。生活书店的张仲实先生嘱我先到重庆，再作计议。于是，我又从汉口溯长江，来到重庆，开始了一个新的奋斗阶段。

愧喜交加结束《资本论》翻译

1938 年 9 月，我由生活书店安排，从汉口来到重庆。

自从南京沦陷，国民党政府军政机关陆续西迁，又经武汉失守，重庆号称抗战“陪都”，成了国民党政府的“中枢”所在地。成千上万不甘日寇蹂躏的老百姓，逃难来到这里，重庆越来越拥挤了，这个城市体现出来的各种矛盾，也越来越尖锐了。这是一个乌烟瘴气的“中枢”所在地。权贵们纸醉金迷，难民们饥寒交迫；政府机关的墙壁上写着“精诚团结”的口号，遍布街市角落的茶馆、酒肆却一律张贴“闲谈勿论国事”的警告。这里听不见两军交战的炮声，只有警报和敌机轰炸，所以这里是后方。这里是国民党对友党友军策划一切罪恶阴谋的大本营，所以这里又是政治斗争的前沿。

就在这兼而有后方和前沿两重特征的重庆，我生活了八年。

这是难忘的八年。我们一大群文化、学术工作者，在周恩来同志为首的中共南方局领导下，紧密团结在一起，为争取抗战胜利，为建立新中国，为争取中国的光明前途，与蒋介石反动派作了大量的斗争。

抗战时期，共产党的存在理当是合法的。体现在国民党“中枢”所在地的重庆，共产党的“合法”存在，是特务监视下的存在。共产党坚决抗战，反对妥协的革命主张和正当行动，都不能全部被视为“合法”。迫不得已，党领导的争取抗战胜利，争取中国光明前途的斗争，只能半公开、半地下地进行。就连我们这样一些文化学术中人，为了参加这种斗争，也常常不得不过半公开、半地下的生活。

我一到重庆，就如约按张仲实同志所指示的地点，找到生活书店重庆编辑部，同时，和八路军办事处取得联系。

当时，由于《资本论》原著和我此前完成的译稿绝大部分都托付续范亭将军带到延安了，颇感手头难于马上开展工作。正在这时，柳湜同志来访，告诉我王亚南、郭大力合译的三卷《资本论》即将出版，征求我的意见，我的译本是否准备继续出。其实，我之从事《资本论》译事，唯一目的是想填补中国马克思主义理论宣传上的一大空白，丝毫不夹杂个人利益。一听柳湜同志这样讲，我立刻表示，我的译本就不忙出版了，并且当下就与柳湜所代表的生活书店办理了退约手续。

自从 1927 年我意识到自己有责任把《资本论》翻译出来，献给党，献给祖国受难的同胞，决定挑起这副担子，自从 1928 年着手进行翻译以来，无论在狱中，还是在阎锡山无形的囚禁之下，我立誓“匹夫不可夺志”，没有一时一刻忘记过自己的使命。整整十年，我生活、奋斗的宗旨就是完成这一使命。于今，突然得悉两位不相识的同志先我完成了这一重大使命，对于本人，一项长期为之奋斗的工作半途而废，固然不无遗憾，但对于国家，这个理论上的空白终于被填补了，无论谁完成了这项填补的任务，毕竟都是一样的。因而，我的内心，一方面抱愧，一方面也大有重负如释之感。

就这样，与柳湜同志一席谈话，我与《资本论》十年的机缘，从此告一段落。

人生是很短促的。付十年光阴译读一部《资本论》，代价不可谓不大。然而，如果要计量我的成果的话，我付出十年劳动，仅仅见到两个未完成的译本——而且是在文化发展阶段中被扬弃了的译本——这和我从事史学研究的进度和成绩相比（研究史学，我曾用两星期写出一本《中国古代社会与老子》，半年完成一部《中国古典社会史论》，一年写一部《中国古代思想学说史》，两年写一部《近世思想学说史》……），就数量上看，几乎是微不足道的，实际做出的成绩与我的初衷相距甚远，不仅誓愿未遂，贡献给公众的也实在太少。然而，通过十年译读，我个人所获的收益之大，却又远非卷帙多寡所能衡量，所以直到近年来，每当忆及译读《资本论》的岁月，甘苦愧喜往往交织一起。

《资本论》是凝结马克思四十年心血的一部煌煌科学巨著。我从这部巨著中所得到的，不仅在于其理论，而且在于其超群出众、前无古人的研究方式。《资本论》的理论和《资本论》本身所体现的方法论，是应予同等重视的。我个人在逐字逐句推敲中苦下了工夫，才得领悟此中意义。翻译较之一般的阅读，其益处既在于它更严格地要求我们去理解，去重述理论的全部由来，更深入地要求我们去领会理论的阐述过程，乃至理论本身的逻辑构成。在我年轻的时候，想做学问，身为中国人而要摆脱中国传统思想方式和研究方式的束缚，是非常难的，何况我这个蒙馆读经出身的知识分子。我常自庆幸，十年译读《资本论》，对于我的思维能力、思维方式和研究方式的宝贵训练。这方面的收获，决难以任何代价换取。

对于一部完整的科学理论，翻译中的理解角度，往往不同于阅读中的理解角度。我在历史研究中所注重的研究方法，相当程度取决于我对马克思的唯物史观理论的形成和发展过程的认识。我之所以一向欣赏乾嘉学派的治学严谨，一向推崇王国维近代研究方法，而未至于陷入一味考据的传统，一个相当重要的原因，便在于《资本论》方法论对我的熏陶。

为译读《资本论》下十年苦工夫，由此而奠定的对马克思主义的信仰，是一种对科学的信仰；由此所把握的方法论，则是科学的方法论。它无论是对我的政治观点和学术观点，都产生了深刻的影响，使我得益匪浅。早在北平、山西的那些年里，我已经探入史学境地，当发现，《资本论》使我如有利刃在手，自信敢于决疑，我曾是何等的喜悦。正由于此，我解除了《资本论》翻译出版合同之后，并没有片刻的颓唐或彷徨。要宣传马克思主义，我能做的工作，有责任去做的工作还多呢！

主编《中苏文化》

到重庆以后，我首先得想法找个职业，以维持一家生计。八路军办事处告诉我,《中苏文化》刊物正在进行改组,王昆仑作为孙科的代表、"中苏文化协会"的常务理事,正在为筹组新的《中苏文化》编辑部招兵买马。王昆仑是我在 20 世纪 20 年代北京求学时就熟识的,1936 年前后,他代表孙科到太原,我和他曾以私人关系会过面。我很容易地找到王昆仑,经他推荐,我担任了《中苏文化》主编。

《中苏文化》,是中苏文化协会的机关刊物。

中苏文化协会成立于 1936 年,那是中苏复交以后,国民党政府迫于日本帝国主义大军压境华北,为了同苏联拉关系,由国民党立法委员张西曼出面,与一些留苏学生发起组织的。抗战开始后,南京沦陷,它随同国民党政府机关一起迁到重庆。

由于国共合作,抗日统一战线的扩大,为适应形势需要,《中苏文化》杂志于 1939 年上半年,中苏文化协会在 1940 年年初,先后分别完成了全面改组。我党趁这次改组的机会,动员了不少知名进步人士参加进去,分别担任了各执行机构的主要领导职务。

中苏文化协会会长　孙科
　　　　　副会长　陈立夫　邵力子

1940 年改组后,形成了如下一套具体工作的班子:

研究委员会主任　郭沫若
　　　　副主任　阳翰笙　葛一虹
杂志委员会主任　王昆仑
　　　　副主任　侯外庐　翦伯赞
编辑委员会主任　西门宗华
　　　　副主任　曹靖华
妇女委员会主任　李德全

副主任　曹孟君　谭惕吾　傅学文

财务委员会主任　阎宝航

秘书主任　洪舫

除洪舫一人是国民党右派以外，其余各组织机构的实际领导权，都掌握在我们手里。就是一度为洪舫把持的秘书主任一职，以后，在斗争中也得到更换，由屈武、刘仲容先后继任。

这一套人马，为当时沟通"中苏文化"、宣传人类进步事业，起了一定的积极作用。

《中苏文化》刊物，直接隶属中苏文化协会的杂志委员会领导。由于中苏文化协会的存在，是为了适应国民党政府有赖于苏联反法西斯实力的客观需要，而且中苏文化协会的最高领导又是国民党官方要员，所以作为机关刊物的《中苏文化》，它敢于公开宣称"以促进中苏邦交，沟通中苏文化为宗旨"。在国民党统治下，这是一个颇具特殊性的刊物。因为有这样的背景，《中苏文化》可以公开报道苏联政治、军事、文化各方面的情况，也可以刊登抗战期间国内政治、军事、文化的真实消息。

经过改组后，《中苏文化》杂志受到党和周恩来同志的关注，成为国统区一个进步的宣传阵地，它起到了与党报党刊(《新华日报》《群众》杂志)相配合、相呼应的宣传作用。我有幸正在此时负责该刊工作。

主编《中苏文化》的工作，对我个人来说，是意外地得到了一个多年来可望而不可得的宣传马列主义、宣传社会主义的阵地。在这个刊物上，我们可以公开转载报道列宁主义故乡的革命和建设的伟大成就，苏联卫国战争的情况和公开发表斯大林的文章和讲话。有"促进中苏邦交，沟通中苏文化"这面旗帜，这一切都可以做得公开而合法。国民党顽固派即使不乐意我们这样做法，在日寇侵略步步深入的情况下，为谋求苏联的支持，也不得不顾全表面，不便过于公开地干预。所以说，主编《中苏文化》，是从事宣传的难得机会、难得条件。

《中苏文化》杂志宣传苏联，宣传马列主义，集中采用各种纪念日发行特刊或专号的形式。每逢抗战纪念日、孙中山诞辰忌辰、十月革命节、列宁诞辰忌辰、斯大林寿辰、苏联红军建军节，以至于高尔基的纪念日和苏联戏剧、电影日，我们都不失时机地或出版特刊、特辑，或发行专号、专辑，大事宣传。我们组织国民党左派、民主党派人士和社会名流们发表增进中苏友好的文章，有重大事件发生时，我们也邀请党中央负责同志撰写文章，毛泽东和吴玉章同志等都为我们专门撰写过稿件。此外，我们有意识地利用这个阵地宣传马列主义的一些基本原理，我们发表过列宁论十月革命的国际意义的文献，刊登过斯大林论列宁关于社会主义革命在一国取得胜利理论的文章。

在蒋介石的眼皮底下，既能公开发表共产党领袖的文章，又较为系统地宣传列宁主义，除了《新华日报》和《群众》杂志而外，可以说只有《中苏文化》刊物具备这种可能性。我们充分地利用了这种可能性，使它起到特殊的宣传作用。

但是，要把这种可能性变为现实，并不是没有斗争的。

国民党右派对官办刊物《中苏文化》“赤化”到这种地步，早就耿耿于怀。1942 年，中苏文化协会召开第三次年会的时候，作为秘书主任的洪舫首先在会上发难，攻击《中苏文化》赤色太重，“只宣传苏联，很少宣传中国”，胁迫我们压缩和削减报道苏联的篇幅。

对此，我们做了坚决的驳斥。我以主编身份发言，我说：我的编辑方针，是按照中苏文化协会关于办杂志的规定，即是以

“促进中苏邦交,沟通中苏文化”为宗旨行事的。刊物的性质和任务既已确定,在面对国内读者的时候,如果不多介绍苏联方面的情况,怎么沟通中苏两国的文化?反过来说,如果我们的刊物也同其他刊物一样,尽是报道国内情况,《中苏文化》还有什么特色可言?还有什么存在的必要?又怎么体现、怎么去实行中苏文化协会规定的宗旨?如果认为我执行上级规定的宗旨,以此作为自己的编辑方向是不对的,我情愿提出辞职。

由于我们强调了中苏文化协会所规定的办杂志的方针,最终,会长孙科也不得不出来打圆场,他说:中国的事情可以在国内别的刊物上发表,《中苏文化》作为一个中国杂志,亦应做适当的报道,不过,它主要是面对国内读者的一家沟通中苏文化的刊物,多刊登一些苏联情况,也合乎情理。经过孙科一番调解,这场由国民党右派所挑起的风波,才算得以平息下来。最后,洪舫只落得被孙科撤职的下场。从此,秘书主任一职先后由屈武、刘仲容接替,屈、刘二位都是国民党左派,我们彼此合作和配合得很好。

国民党右派攻击我们“不宣传中国”,实际上是指我们不宣传国民党的“正统”。在我们这些编辑人员的思想上,的确认为国民党顽固派是不值得宣传的,蒋介石消极抗日,积极反共,不能代表中国的人民大众。至于宣传中国人民的抗日斗争,我们则不但这样做了,而且可以说是竭尽了自己的力量。

宣传抗日的文章,须得大家来做。我个人从 1938 年到 1943 年,仅时论文章,就写了不下 50 篇。《中苏文化》较为注意动员和组织各方面的代表人物写稿,国民党元老、民主党派领导人、社会知名人士,都请他们写,撰稿人的面是比较宽的。这样,就使刊物起到了反映各阶层广泛反对消极抗日的退让政策,反对国民党顽固派的反共政策的作用，因此，它产生的政治影响是较为广泛的。

要宣传抗日，我们的基本做法也是通过各种纪念活动发行特刊、专号，每年都可以利用的机会是“七七”“八一三”“九一八”，等等。在这些日子，人们抚今追昔，在在都是议题，最容易出文章，国民党当局即使恼怒，也无可奈何。所以，凡遇这类纪念日，我们总要集中力量宣传一次，大造一次抗日和民主的社会舆论。

值得一提的是，每逢抗战周年纪念，我们通常要专门请蒋介石题词。在当时抗日民族统一战线的形势下，这是一种很容易理解的斗争策略。以蒋介石所居的地位，请他题词，是对他的“敬重”，以他消极抗日、积极反共的行为，请他题词，是将他的军。正如毛泽东同志所说，是拿鞭子赶着他抗日。在这样举国瞩目的纪念日，他不仅不能拒绝题词，还不得不提得冠冕堂皇一些。尽管蒋介石的题词并不代表蒋介石的本意，但他写了出来，对我们的宣传就有好处。我们不仅可以利用它来批判打击顽固派，还可以回过头来给他的消极、退让政策，制造舆论障碍。这就叫作赶毛驴上山，不走不行。

当然，国民党右派要反共，这是不以革命人民的意志为转移的，蒋介石反共反人民的既定方针，不会，也不可能受他本人一句漂亮的空话所限制。但是，这又有什么了不起呢？他的妥协投降、与人民为敌的政策走得越远，就越证明他是欺世盗名的骗子，就会使越多的群众觉醒，起来反对他。蒋介石，这个中国历史上的独夫民贼，不正是这样一步步自我暴露，自我否定的吗！

前些日子，我请人从北京图书馆借来几期重庆出版的《中苏文化》，发现一些专刊的目录上，蒋介石、林森、陈诚、阎锡山等一排名字，都被人小心翼翼地挖去，成了一行空洞。为此，我感叹不已。

经历了十年浩劫，解放前一些别的进步刊物，估计也难免留下类似的痕迹或斑驳的涂抹。这是什么人做的并不重要，我认为，其重要性在于它反映了一个问题、一种倾向，那就是有人对以往革命成功的历史，对保障革命取得成功的法宝都缺乏自信。这是一种危险的倾向。与其把它看成“左”倾幼稚病，还不如说它是小资产阶级的软骨病。他们那种极“左”的狂热举动，只不过是在掩饰由无知和贫乏而引起的虚弱罢了。

《中苏文化》在它存在的数年历史中，有着特别光荣的一页，那就是 1939 年 9 月 8 日，毛泽东同志为我们刊物撰写了一篇重要文章——《苏联利益和人类利益的一致》。抗战时期，毛泽东同志为国统区刊物撰文，据我所知，恐怕这是仅有的一次。

事情的经过是这样的：

1939 年 8 月 23 日，苏联和德国签订了互不侵犯条约。消息传到中国，引起我国各阶层舆论广泛的注意。民主人士中间，一片议论纷纷，普遍表示不理解。沈钧儒先生率救国会代表数人，曾往苏联驻华使馆，递交抗议书。为这件事，苏联对沈钧儒先生一直抱有成见，直到 1949 年中华人民共和国成立，此恨绵绵依然不消。

苏德签约后仅一周，9 月 1 日希特勒德国进攻波兰，英、法对德宣战，第二次世界大战全面爆发了。欧战的性质是什么？苏联会不会参战？会参加哪一方？……一时间都成了举世瞩目的问题。

就在这个时候（1939 年 9 月初），我们正面临要为《中苏文化》拟定十月社会主义革命 22 周年纪念特刊的计划。当时我感到，战争局势这样纷乱，舆论形势如此混乱，《中苏文化》不能只做泛泛的宣传，应该通过这期特刊，澄清舆论，端正人们对一些问题的看法。谁出面发言最有权威呢？毛泽东同志。只有我们党的领袖毛泽东同志最有权代表人民的利益发言。何况，十月革命节是无产阶级胜利的节日，要纪念这个节日，首先应该有我们党的声音。

这个计划定下来以后，我找八路军办事处作了汇报，请他们转告延安，希望毛主席针对形势为我们撰稿，至于写什么问题，请主席自定。

9 月初的一个下午，中苏文化协会会长孙科在中苏文化协会会议室召集各党各派人士，座谈对苏德互不侵犯条约的看法。孙科像这样亲自召开各党派会议，是极为罕见的举动，足见国民党当局，对当时剧变中的国际形势和混乱的国内舆论形势是密切重视的。

座谈会召开之时，我和潘德枫同志正在《中苏文化》编辑部办公室。那天，我事先接到徐冰同志通知，周恩来同志要到编辑部来。平时，周恩来同志很关心我们的刊物，经常来看我们的。我接到徐冰通知，就在编辑部等他。可巧，编辑部和会议室仅一板之隔，坐在编辑部，就像参加座谈会一样亲历其境，会上每个人的发言，都可以听得十分真切。

那天的座谈会气氛很激烈。周恩来同志在徐冰陪同下，一进我们的编辑部办公室，就听见隔壁发言人激烈的言辞。听说是孙科召集会议，周恩来同志就坐下来细细倾听。

会上，黄炎培先生、沈钧儒先生等不少人，从不同角度发言，表示不理解苏联采取对德签订互不侵犯条约的政策。在这类发言之后，东北救亡总会的于毅夫同志起来慷慨陈词，激昂地与黄炎培先生辩论。隔着墙板，我们也能感到会上的气氛顿时紧张起来。周恩来同志听于毅夫发言的时候，双眉紧锁，神情焦灼，嘴里轻声地喃喃自语：“幼稚！幼稚！”接着，我们听见，与会者之间彼此都说了一些不客气的话。最后，孙科也讲了一些不甚愉快的话，诸如“今天会上有托派”之类，作为结束语，话毕，孙科离席而去，座谈会到此结束。

这次座谈会，各党派人士基本上和盘托出了对形势的认识和对苏联外交政策的看法，集中反映了当时社会舆论的概貌。一系列的错误观点，诸如什么第二次世界大战是由于苏联不同英法签约，而与德国签约所引起的啦，什么苏德签约后，苏联红军即会参加德帝国主义的战线啦，什么苏联进军波兰，和德国一样是进行掠夺啦，什么诺蒙坎停战协定签订后，预期苏联就不会再援助中国抗战啦，等等，不一而足，周恩来同志都亲耳听到了。

周恩来同志把他听到的这些错误观点，归纳、总结出来，连同《中苏文化》杂志要求主席撰文一事，指示八路军办事处一并电报延安，向党中央、毛主席汇报，请求指示。

据八路军办事处的同志告诉我，座谈会后，周恩来同志专为统一战线中怎样处理与民主党派分歧意见的问题，对于毅夫同志做了严肃的批评和帮助。

9 月底的一天，八路军办事处打来电话，通知我们说，毛主席的文章已经写好，要我们按原定计划，在十月革命特刊中发表这篇文章。这一天，编辑部的全体同志高兴得像过节一样。

那个时代，报刊的印刷技术落后，每一期刊物都必须提前一个月付印。为交付印刷时间所限，接到八路军办事处通知时，我们刚把十月革命特刊的全部版面排满。周恩来同志知道了这个情况，问我：“拆版重排有没有困难？”我说：“没有困难。”

毛泽东同志的文稿，从延安分几次用电报发到重庆。接收第一部分电稿的那一天，我一直等候在八路军办事处。十月初，最后一批电稿送到我们手中，编辑部的同志通宵夜战，重排版面，毛泽东同志这篇题为《苏联利益和人类利益的一致》的光辉论文，终于得以按时与广大读者见面。

毛泽东同志这篇文章针对性极强，令人信服地分析了纷乱、复杂的国际形势，有的放矢地、雄辩地答复了国内舆论所提出的形形色色有代表性的问题，从而澄清了群众的思想，给正在进行艰苦抗战的中国人民，指出了国际环境中的光明面，提高了大家的勇气，增强了大家的斗志。不仅如此，这篇文章给“掀风鼓浪，挑拨中苏两大民族间感情”的反苏反共分子以沉重的打击，因此，又起到了团结人民的作用。除这些以外，尤其可贵的是，这篇文章就像毛泽东同志许多其他文章一样，以后的历史进程证明它具有伟大的预见性。

《苏联利益和人类利益的一致》一发表，立刻受到各界的普遍重视。在一派混乱的舆论中，这篇文章发表，恰如久旱之降甘霖，连不少不久前还持反对意见和怀疑意见的民主党派朋友，都心服口服地称之为“及时雨”。

《苏联利益和人类利益的一致》一文，是第二次世界大战全面爆发初期，毛泽东同志的一篇重要著作，可以看作为我党在这一世界形势的重大转折关头，一篇重要的声明性的文献。后来，它被收在《毛泽东选集》第二卷中。

我个人和《中苏文化》杂志的关系维持得相当长久。自1939年改组起，到1947年，我一直担负主编的责任。虽然我不能说自己有始有终地完成了使命，但还可以称得上把这个宣传社会主义的党外阵地，一直推进到时局允许我为它作出努力的最后一刻。

乡间基地——白鹤林和骑龙穴

1939年春末，孙科萌念以中苏文化协会名义建立一所高等学校，拟名之“中苏文化学院”。王昆仑等竭力促进，苏联也允予经济支援。为筹备中的“中苏文化学院”选址的工作，是由我负责进行的。

这一年，重庆遭遇日寇飞机惨绝人寰的“五三”“五四”大轰炸，山城数度陷于火海，成千上万的人在空袭中丧生。自此，国民党政府机关纷纷迁往远郊。孙科主持的立法院迁至北碚与歇马场之间的乡间，沦陷区迁渝的高等学校也有一些在北碚附近，于是，我也在北碚的乡下为“中苏文化学院”找现成房子。

有人告诉我说，歇马场以北两公里左右有个叫白鹤林的地方，那里有所“冯家大洋房”，在附近乡里颇为闻名。我马上赶到白鹤林，一眼望去，果然有幢十分醒目的三层大楼高高耸立着。楼房四周很空旷，前面有大片的水田和菜地，后面有不小的竹林，既有发展余地，又靠近公路和汽车站。环境和地点真是再理想不过了。再观其内部，这幢楼结构坚固，房间跨度大，每层正中都有非常宽敞的大厅，改作学校教学用，也极为合适。楼房裸露的砖在向人们介绍它的主人，房主在盖楼时定制的砖上，每块都烧有这字样——“冯敬敷，民国十九年造”。1930年盖得起如此格局的楼，可见得其主人是怎样雄心勃勃的大地主了。

我们几乎没有犹豫，就以立法院和孙科的名义，找房主冯敬敷商议长期租用这所楼。冯敬敷是个十分精明的人，一听来头，便答应了。

白鹤林的地点选定后，我们又在相距两三华里靠歇马场一侧的骑龙穴租下了一所地主的大院，准备作学院教职员宿舍用。这年夏天，我和潘德枫等把家眷搬到了骑龙穴。

做了这许多的准备，孙科本人当年还亲自到白鹤林视察，并听取了我的汇报，然而，创办"中苏文化学院"的计划却没有实现。1939 年年底，当第一次反共高潮到来之际，国民党政府教育部的阻挠终于得逞，至 1940 年春，建立"中苏文化学院"的计划正式遭到否决。我们近一年的努力，所余结果是保留下两处基地——白鹤林和骑龙穴。

"中苏文化学院"决定不办以后，我一家搬到白鹤林的楼里。我住一层，王昆仑、曹孟君夫妇住二层，三层作中苏文协的"堆书点"。不久，翦伯赞全家到重庆。伯赞本是中苏文协湖南分会负责人，到渝后，立即和我共事主编《中苏文化》刊物。他把家眷安顿在骑龙穴的大院中，一直住到抗战胜利。后来，经伯赞介绍，辛亥革命元老、司法院副院长覃振先生的部分眷属住进白鹤林大楼二层，我和覃振先生的相识与交往，从此时开始。

我们后来常常庆幸，一个孕育不果的"中苏文化学院"计划，使我们得到白鹤林、骑龙穴的天地。这块天地给我们带来的好处，实在一言难尽。

"白鹤林""骑龙穴"，其名之美，简直像神话中的仙境。那里也确乎是山水宜人，很有一番恬静的田园风光。但是，我无心赏悦大自然的美。伯赞和我长年安家于此，并非因为我们情致高雅，主要是因为我们穷。只有住在乡下，妻子躬亲耕作，种上一块菜地，一年四季才有可能免去一笔非同小可的开销。

白鹤林、骑龙穴，这两处名似仙境的村庄，对于伯赞和我来说并不是天堂。但是，在白鹤林、骑龙穴生活的岁月，却是真正值得纪念的，因为，在那里，同志们之间温暖融和，我们耕耘学畴也都有所收获。伯赞著名的《中国史纲》和大量的史学论文，都产生在骑龙穴的油灯之下；我的《中国古典社会史论》《中国古代思想学说史》《中国近世思想学说史》，也全是在白鹤林杀青。

白鹤林的宾朋邻里

白鹤林虽然远离市区，来访朋友们的足印却常常一日三叠。尤其到夏天，每当昆仑、孟君夫妇下乡住时，更是宾客如云，热闹非凡。

在众多的来访者中，谭惕吾等是比较特殊的客人，特殊之处不在其地位，而在其来访的目的。

那是 1941 年的夏天的事，王昆仑有一群朋友，几次下乡到白鹤林拉我给他们"讲课"。

抗战时，在朋友中间，我常常介绍马克思和列宁认识问题分析问题的方法。那个时代，人们既没有习惯，也没有可能开口闭口提"马克思主义"。马克思和列宁的观点，我是作为一种科学的认识论方法论提出来的，谈话中，常以"科学大师"作马克思或列宁的代词。久而久之，朋友们戏称起我"大师"。

谭惕吾他们一到，一拥入室，"大师，给我们讲点什么吧！"不管我手头有没有文章要写，有没有工作要做，他们不容分说，抓住就往外拉。于是，我便随着他们到院中，找一片树荫，一人一张竹椅，一杯茶，坐下便开讲。听众三五人，他们中间有王昆仑、曹孟君、谭惕吾、吴茂荪等人，其中每次必到的是谭惕吾。

讲什么好呢？他们并不点题，总是说：“随便讲点什么”。他们都是政治活动家、事业家，要分析时局，他们是不会来找我的。我判断，他们需要的是理论。于是，我给他们讲列宁的《国家与革命》，讲列宁对资产阶级民主与无产阶级民主的分析等。这些听讲者，个个都饱经沧桑，他们在听《国家与革命》时，竟那样聚精会神、那样认真，实在令我感动。

应该说，马克思主义对于他们并不是陌生的理论。在他们投身政治、投身社会活动的早期，作为一派政治学说的马克思主义，他们或多或少都有所识见。他们各人经历并不相同，但他们都围着三民主义兜了若干年圈子。我在1925年年底或1926年年初短期涉足孙文主义学会，劝说者和促成者便是王昆仑。“九一八”以后，王昆仑思想转变了，开始靠近共产党。1936年我在太原遇到他时，发现他的变化显著。谭惕吾是老资格国民党员，在抗日问题上，完全接受中国共产党建立抗日民族统一战线的战略思想。曹孟君则不同些，她在大革命时代就已经是共青团员。抗战最艰难的时期，昆仑、孟君、惕吾他们如此渴望进一步认识马克思主义，他们到底在追求什么呢？我想，他们是渴望从马克思主义理论中汲取思想上的战斗力量，他们是在重新寻求归宿。这难道是寻常的变化吗？

这些朋友们的半生历程，鲜明地折射出中国共产党在民主革命中伟大道路、伟大形象的光辉。

白鹤林和骑龙穴的基地，在日寇飞机猖狂肆虐的那些年，是极为宝贵的避难地点。郭沫若曾介绍郑伯奇借寓骑龙穴，孙科也先后介绍晏阳初、瞿菊农住进白鹤林“冯家洋房”，成为我的邻居。

晏阳初，四川巴中人，是现代中国平民教育运动和乡村教育运动一位著名的鼓吹者和实行者。他要借住白鹤林大楼，我从一层搬到三层，把房子让给他。

20 世纪 30 年代前期，我在山西由于受到阎锡山的黑暗势力的包围，时时警惕他的阴谋，注意他鼓吹的“农业社会主义”和他宣传的“物产证券”“按劳分配”。同时，我由于得到过陈翰笙的提醒，也曾留意过梁漱溟和晏阳初的“乡村建设运动”。

梁漱溟宣称其主张“从蓝田吕氏乡约而来”，将以一乡一村为单位“建设人类理想社会”。因此，梁漱溟的主张具有非常明显的复古主义的改良色彩。

晏阳初则不同，他的特点是，常常不以中国人的立场分析中国的问题。他在乡村教育中推行的“四大教育”，色彩比较洋，颇得国民党政府的赞助和优惠。晏阳初的事业在河北定县得到发展，政府允划一县之地为其“实验区”。想不到抗日战争把晏阳初的“乡村建设”活动推到了我的面前，使我得到一个机会，能将这位人物的形象和这位人物的主张结合起来，建立一点感性的认识。

抗战期间，晏阳初的“平民教育促进会”（简称“平教会”）和“乡村建设”人马迁到重庆，他于 1940 年年底搬到白鹤林，他主持的乡村建设学院即设在歇马场。1941 年年初，他在歇马场以官价向地主买田四百多亩，然后将田交给原来的佃户耕种。这位乡村改革家怎样处理租佃关系，是我感兴趣的问题。

四川重庆一带的农村，地主把田地租给佃户，租额是固定不变的，即根据某一丰收年的收成折算确定下来，不论遇到多严重的灾年，佃户都须按此定额交租，即使竭尽所获还不足数，也必须设法补足缺额。据我了解，"平教会"没有实行减租，也没有改变定额地租的办法，他们与一般地主的不同在于，逢歉年，允许佃户免偿缺额，至于交出全部收获的佃户将何以为生，则是无人过问的。晏阳初的"乡村建设"究竟有没有改善农民经济地位，有没有触动农村封建剥削关系，便不言而喻了。

晏阳初在白鹤林住了近一年。这一年中，我体验到了一种更甚于"鸡犬之声相闻，老死不相往来"的生活。说来近乎是滑稽，晏阳初和我仿佛有默契，彼此避免照面，以至于事实上我的确与他不曾有一次正面相遇的机会，不曾有过一回颔首之谊。

在白鹤林，晏阳初维持着相当高的生活水准。他的家庭雇有两个满口京腔的女佣，一个西餐厨师。据其家人说，他在家里很少说中国话，基本上不吃中国饭。相反，他的中英混血的太太却肯说中国话，也肯吃中国饭。晏阳初刚搬来时，我的孩子们兴奋异常，因为晏家也有几个孩子，他们以为从此有伙伴了。但不久，他们就失望了，因为晏不允许两家的孩子来往。尽管如此，孩子们之间还是偷偷地建立起友谊，直到晏家搬走，他们还秘密来往了好几年。是晏阳初不识童子之心吗？恐怕不是的。晏阳初拒人千里的态度或非偶然，因为他的生活标准、格调是远离百姓的。

1941 年夏天，白鹤林附近的一条河，水位涨得很高，有个农民不慎跌到河中，岸边的人狂呼救命而无人识水。正在河边散步的晏太太闻声赶到，毫不犹豫地跳进河水，救起那农民。这件事给周围的农户和佃户留下很好的印象。

我的孩子曾天真地问我："如果晏先生在河边，他会跳下去吗？"我简直不知该怎样回答，因为我没有办法去解除稚童心中找不出言语表达的那种疑惑。

我的妻子乐英为这件事也非常赞赏晏太太的见义勇为。乐英发过这样的议论，说：“晏阳初的戏，还不如让晏太太唱更好些。”

晏阳初在数十年间是入“现代名人”之列的。作为缘悭一面的邻居，我无权褒贬晏阳初，作为一位“现代名人”，我或可评价他的思想。

晏阳初认为，中国之大患，不在帝国主义的政治、经济乃至文化侵略，而在国民多患“贫弱愚私”等病。他认为救治中国不能求速，欲救国难，欲防制侵略，必先自疗国民之贫弱愚私诸病。他制定以“四大教育”（即文艺教育、生计教育、卫生教育和公民教育）为内容的乡村建设计划，旨在改造中国农村与民族。晏阳初在阶级矛盾、民族矛盾日益尖锐化的形势下提出这些主张，努力实施这些主张。我一向认为他搞的那一套与帝国主义的在华利益不相矛盾，与国民党统治利益更不相抵触。抗战期间，通过一年的旁观，我产生了一个新的认识。晏阳初自称欲救治国人之贫弱愚私而拒人于千里之外，他热衷平民教育、乡村教育，以“乡村建设”的倡导者自居，却绝不缩小与中国百姓之间的鸿沟。退一万步，如果说晏阳初心中真有一个乌托邦的话，我想，那也许是布施者构想的幻境，而这位布施者自己口袋里的钱，也不过是从美国人那里来的。

我对于晏阳初的认识，由于受到条件的限制仅止于此。我认为，晏阳初是现代中国一位值得研究的人物。既然笔下所述全是人世见闻的实录，因此，记录下我对这位名人的旁观印象，仍属必要。

后来，晏阳初搬到离白鹤林三华里左右的一处新建住所，瞿菊农因主持晏阳初的“乡村建设学院”院务，便继其后住进白鹤林“冯家洋房”。

瞿菊农，据说与瞿秋白同志有亲族关系，比秋白同志长一辈，但比秋白同志年轻。瞿菊农是无党派教育家，政治态度开明，一派学者风度，为人也极诚恳。他知道我信仰马克思主义，与我交往非常自然、非常热忱。我在研究著述社会史和思想史过程中，瞿菊农很热心地为我提供他个人的藏书和乡村建设学院的藏书。只有一件事，瞿菊农先生总难启齿表白，那就是王昆仑想帮助我摆脱经济困境，竭力推动瞿荐我到乡建学院去教一点课，瞿一直应允不下。观晏阳初与我之间僵得难以名状的关系，瞿菊农的为难之处也是容易理解的。

吕振羽气概壮烈

1940年年初，我在重庆与吕振羽重逢。振羽的到来，政治上，我们多了一位知己，学术上，就像添了一支兵马。

振羽同志在重庆期间，任教于复旦大学，居家于学校所在地北碚。北碚距离歇马场的白鹤林、骑龙穴二十余里，交通不甚便利，但振羽和我们常有往还。有时他偕夫人江明同志或别的同志一起来，有时也独自前来。振羽每来都同访伯赞和我两家。我们见面，话题所及，无论文章、学术、时事、朋友，样样都能披心腹、见情愫。关于李达同志在抗战初期的行踪，我大都是从振羽处得知。

振羽在渝期间，是《中苏文化》极受欢迎的撰稿人。我约请他写过好几篇文章，其中，题为《五四运动的历史意义和教训》

的一篇，发表在《中苏文化》六卷三期，这一期的出版时间是1940年12月，也就是“皖南事变”的前夕。

就在这篇文章发表后不久，“皖南事变”发生了，振羽奉命转移。离渝前，他特地到黄家垭口中苏文化协会向我辞行。他告诉我，他要去新四军，我极表赞成，也没有掩饰自己的钦羡。“皖南事变”之后而愿往新四军者，谁能不敬佩他的大勇！告别时，振羽神情庄严，嘱托我照顾他的年轻的弟弟持平。他把那次辞行当作最后作别，表示他此去前线，抱着不赶走敌寇誓不回头的决心。

吕振羽去新四军踏上征程前的庄严行状，给我留下的印象十分深刻。就在那一次告别之后，对振羽的一种新的认识从我脑际掠过。我觉得，振羽身上有一种特别的气质超乎学界朋友之上，那是一种英雄气概。

振羽的作风特别求实而不尚空谈。他的作别，令我联想起古之壮士，振羽的精神当然不是古之壮士所能比拟，但恰在此中我发现了他不凡的气概。这是深信必胜者宁以血荐而不肯坐待的气概，其中，并不掺杂什么浪漫成分。

20世纪60年代起，振羽蒙受15年冤狱，当时，不少人都感觉莫名其妙。直到他1978年出狱，才听说到许许多多关于振羽在狱中斗争的故事，多到一时耳塞。

振羽在冤狱中对党始终忠贞，对马克思主义坚信不疑，拒挡了一切构陷刘少奇同志的阴谋，对林彪、“四人帮”、陈伯达之流的邪恶势力表现出旋风般的仇恨，他经常在狱中高喊“打倒托匪陈伯达！”“打倒法西斯！”“打倒伪造历史的恶魔！”“中国共产党万岁！”“马克思主义万岁！”“一切真正的马克思主义者万岁，不朽！”他在狱中撰写了近二十万字的《史学评论》……振羽是做好牺牲的准备了。多么壮烈啊！欧阳修说："宁以义死，不苟幸生，而视死如归，此又君子之尤难者也。"振羽同志在冤狱中所表现的共产党人的高尚气节，不愧为我们党内和学术界敢于和林彪、"四人帮"的封建法西斯主义做殊死斗争的英雄楷模。

20世纪40年代，为捍卫祖国，振羽做过牺牲的准备；60年代，为捍卫历史的真理，振羽又一次真正做好了牺牲的准备。我感佩振羽豪气不衰。

对振羽的精神我感念已久。1980年春，中国史学会复会，全国代表聚会京西。在开幕式上，我见到了久别的振羽，这时，我们都已是靠推车代步的人了。我因病，满腹衷肠难吐一言。他受害最深，身体极差，声音却依然洪亮。

会后，振羽翻检出重庆时一首题为《歇马场访外庐未遇》的七绝，加上跋语，请江明同志代书再赠我。诗云："独步寻君歇马场，柴门深锁炊烟香。嘉陵急涛笼白障，半为琐事半文章。"跋语云："外庐老友：皖变前夕在渝，某次去歇马场访兄不遇，赋七言一首，不知兄尚忆及否？振羽。八〇・四・七"。诗中提到"琐事"二字，是个隐语。事实上，振羽其人是从不琐碎的。"皖南事变"前夕，他必定嗅出了什么气味，或者听说了什么消息，急匆匆独自赶往白鹤林相告，故有"嘉陵急涛笼白障，半为琐事半文章"之句。

捧着这件深情的礼物，我百感交集，很想回赠他点什么，病手病足却难自主。正迟疑间，振羽不及待，匆匆仙逝。我的千言万语已永无对振羽倾诉之时，即作悼念文字一篇，把我的敬意追赠振羽，更向后生者呼吁：毋忘振羽！

白色恐怖中的研究、著述

1941年,中国人民的抗日战争进入最艰苦的阶段。我一生的历程,在这时也踏上了一个新的阶段。我全力投入史学方面的著述,正是从这一年开始的。

1941年1月初,国民党背信弃义发动“皖南事变”,抗战期间的第二次反共高潮开始了。抗日民族统一战线濒临破裂的边缘,重庆的政治形势明显转劣。

为了防备蒋介石进一步搞政治叛卖,恶化局势,为了保护进步力量免遭毒手,周恩来同志在重庆,执行党中央的决定,亲自部署和指挥一批又一批党内外人士疏散撤离。

有一天,徐冰来问我:“香港你去不去?”我说:“香港我不去,要去就去延安。”

我完全理解形势的险恶,但我不甘心就此到一个更加远离前沿的地方去。后来,经过党组织研究,徐冰通知我,因为我对《中苏文化》杂志还有责任在身,决定让我留下。其余留下的同志中,有郭沫若、翦伯赞等,一般都有公开的职务。

同志们一个个走后,原先由于有党领导的宣传工作还稍稍显出点生气的山城,立刻变得死一样的沉寂。我还能为抗战做些什么呢?我沉不住气了。

“皖南事变”前,我常常去曾家岩50号,大约每两个星期总要去一次,多数是为杂志出版的事去请示。

曾家岩50号是重庆光明之所在,但被特务重重包围着,门口的摊贩、路口的店铺、左右毗邻的楼房,全都是特务的岗哨和机关。我有时从前门进去，办完了事，工作人员为安全计，常常引我从后门出来。“皖南事变”后，形势更紧张了，徐冰告诉过我，轻易不要再去曾家岩50号，以免不测。可是，沉闷的空气压得我透不过气来，左思右想，觉得还必须去找周恩来同志，向他倾诉心中的苦闷，希望他能给我布置点工作。

我见到了周恩来同志，他神情自若，依然是那样爽爽朗朗地谈着、笑着，令我不好意思说诉苦的话。但是，周恩来同志完全了解党内外同志们的苦闷，他关切地问道编辑部的情况，我不自觉地说出一句双关语，流露出情绪，我说，编辑部的工作是有限的。周恩来同志说：“形势不利于大规模地搞公开活动，但这也是一个机会。有研究能力的人，尽可以利用这个机会，坐下来搞点研究。抓紧时间深造自己，深入研究几个问题，想写什么书，赶快把它写出来。”他还说：“等革命胜利了，要做的事情多得很呢。到那个时候，大家就更忙啦，你们想研究问题，写书，时间就难找啦！”

短短几句话，说得我豁然开朗。周恩来同志就是这样的，在困难的时候他鼓励同志，往往不是讲大道理，而是用他自己对革命必胜的信念来感染你。那天的一席话，在抗战最艰苦的日子里，自然还不止是必胜的信念，周恩来同志早已成竹在胸，他是在向我展现他心中早已绘成的革命胜利后新中国的蓝图。还有什么语言的力量能比得上它呢！我顿时勇气倍增，立刻明白自己应该做什么，以及怎么去做。

接着，周恩来同志又和我谈学术界的情况，谈史学界的情况。他对我的经历了如指掌，此时，也清楚地知道我翻译《资本论》的工作业已中断，早已开始了一个研究新史学的阶段，便鼓励我致力马克思主义史学阵地的继续开拓与建设。

从那以后，我把《中苏文化》的工作做了一个安排，日常事务由郁文哉、潘德枫同志负责，我自己腾出较多的时间，在歇马场乡间从事研究和著述，半年以后，写成一部书，那就是《中国古典社会史论》。

《中国古典社会史论》的写作动机，是10年前就形成的。那就是中国史学界开始论战，苏联学者也把亚细亚生产方式作为“空白”史提出来讨论的时候。

10年以来，我常常考虑着一个问题：讨论中，有两种明显的偏差，一种是公式对公式，教条对教条，很少以中国的史料作基本立脚点；另一种则是，形式上占有了一些中国古代的材料，而实际上忽略了中国古代社会的基本法则。我总觉得，问题的本质在于没有找到研究中国古代的科学路径。也就是说，还缺乏正确的方法论，来处理中国古代浩繁的史料。

当然，作为一门专门学问，用一整套新的观点、方法贯通史料与理论，绝非一件轻而易举的事。郭沫若在王国维卜辞、彝铭学研究的基础上，从甲骨文和青铜铭文中，发现了中国奴隶社会的客观存在。我一见郭沫若的《中国古代社会研究》，立刻就沿着他开辟的“草径”（何等光辉的一条“草径”），研究起王国维的遗产和郭沫若的方法。循此，我渐渐掌握了一些殷周遗留下来的第一手史料，并用经典作家关于古代社会的理论，考核了这些存在数千年才初被人识的“新”史料，居然也颇有一些收获。

由于我没有直接参加到20世纪30年代开始的社会史论战中去，一直取“客观”立场分析各家之见的成与败，不曾急于发表自己的意见，所以，我赢得了比较充分的时间来摸索自己的路。到“皖南事变”之前，自觉对古代社会的研究路径，已有所心得，而且在史料方面也初步理出了自己的一套头绪。因此，当我根据周恩来同志的指示“坐下来搞研究”的时候，我首先就选了古代社会史的现成题目。

《中国古典社会史论》成书之初，是一个只有五个章节的册子，其中发现点较多，而材料不够丰富。但是，可以说，我对中国古代(奴隶)社会理论各个方面的主要论点，基本上都已经提出。这本书在当时引起学术界相当的重视，我个人理解，原因在于：郭沫若从甲骨文和青铜铭文中发现的奴隶社会，我在理论上又做了论证。

五年以后，即1945年，我又补充了几篇重要论文，如《苏联历史学界诸论争解答》等，汇编而成《中国古代社会史》，于此间，认识上有所深化，材料上也丰富多了。解放后再版时，这个本子更名为《中国古代社会史论》，这个书名才是比较恰当的。借本文的篇幅，似乎还有必要向年轻读者说明一点，我的文章中，“古代”一词乃“奴隶制”之谓。数十年来我习惯沿用“古代”的提法，已经不便再在旧著上做更改了。

《中国古典社会史论》一书，确定了我研究中国古代(奴隶)社会所遵循的三个基本原则，那就是：

其一，确定中国的古代，是“亚细亚生产方式”为主导的古代。

要研究一个社会发展阶段的历史，确定这一阶段的生产方式总是先决的条件。我在研究中，形成一个确定的认识，各民族所经历的古代奴隶制，有着不同的路径，即“古典的”和“亚细亚的”之别。“古典的古代”是革命的路径，“亚细亚的古代”是改良的路径。中国古代的奴隶制，是“人惟求旧，器惟求新”的“其命维新”的奴隶制。

其二，谨守考证辨伪的方法。考据学是一门专门学问，我从来反对虚无主义地对待考据学。在这方面,王国维先生和郭沫若同志,都是我的老师。

其三,力求把马克思主义同中国古代史料结合起来,做统一的研究。一方面是为了使历史科学中关于古代社会规律的理论中国化;另一方面,也是为了使经典作家关于家族、私有财产、国家等问题的研究成果,在中国得到引申和发展。

我的治学一贯朝这条路子走,是用了些精力的,但究竟做到了几分,则没有把握。我始终确信,这个方向是正确的。

完成了《中国古典社会史论》,我的工作转移到对先秦诸子思想学说的研究。

我和我的同时代人一样,早年所受到的正规教育中,经、史、子、集构成主要内容。其中,我的兴趣所在,偏于经、子两类,对诸子百家学说素有兴趣。

早在1934年,我在太原闭门读书的时候,因感奋于社会史论战中郭沫若历史唯物主义旗帜之鲜明,结合自己的研读和翻译《资本论》的体会,下了一些工夫,写过一本《中国古代社会与老子》,尝试将社会史与思想史结合起来。在这本处女作中,已经表明了我根据社会存在研究社会意识和思想的基本态度。时隔数年,我写《中国古典社会史论》时进一步感到,在亚细亚古代社会发展规律探明的前提下,对先秦诸子思想学说产生、发展的背景和实质,做出科学说明的条件已经具备。所以我又决定写一部古代思想史,从而使社会史与思想史贯通起来,建立一个古代研究的系统。

1942年的年尾,《中国古代思想学说史》写成,它是我思想史研究的第一个界碑。但是,它的出版受到很大阻力,国民党的检查机关,把它压了整整一年。

把社会史和思想史有机地结成一个系统进行研究，我认为是一个合理的途径。有了前一段研究的基础，在写完《中国古代思想学说史》之后，我准备马上着手研究中国封建社会史和中古各朝思想史，定下的计划是：先努力完成秦汉社会的研究，而后搞秦汉思想；先着手魏晋南北朝社会经济构成，而后研究中古玄学史；先研究了中国封建社会的发展，及其由前期向后期转变的特征，而后再探讨宋明理学思想。

新的工作刚要开始，周恩来同志向我提出，希望我根据时代的需要，研究一些中国近代史或近代思想史的问题。

我理解，研究近代历史与确定半封建半殖民地中国所面临的革命任务，这两者之间有着密切的关系。因而，接受周恩来同志的指示以后，我立刻调整了自己的工作计划，决定马上着手近代问题，准备在完成近代社会与近代思想史研究之后，再回过头来从事中古诸朝的社会与思想的研究。

我之转向研究近代思想，也得到了郭沫若的大力支持。《中国近世思想学说史》有几个章节写成后，都被郭沫若拿去，首先发表在他主编的刊物《中原》上。

《中国近世思想学说史》一书，差不多经过两年的写作时间，方才问世，这是一部跨越16世纪中叶到清末民初的两卷本思想史。

如果说《中国古代思想学说史》是试图用马克思主义的观点、方法理清古代重大变革时期——春秋战国思想发展的路径，那么，《中国近世思想学说史》，则是试图用马克思主义的观点方法，草创、研究另一个重大变革时期——明清之际思想发展途径的一种研究方式。

在20世纪40年代初，我这种研究思想史的方式本身，就已经决定这两部书是拓荒性质的作品。通过对中国历史上两个重要变革时期思想发展路径的清理和力图有所发现，通过对一系列疑难问题的涉足和做出自己的回答，我研究中国思想通史的基业终于得以奠定。

重庆的这段研究、著述生活，真让我备尝人间甘苦，点点滴滴的成绩都得来不易。

贫穷是最难打发的魔鬼，它死死咬着衣角，使我不能前行无顾。一群嗷嗷待哺的儿女还都需要受教育。《中苏文化》的工资实在入不敷出，顾得上他们吃饭、读书，就顾不上他们衣服鞋袜，孩子们常年只能打赤脚、穿草鞋，留下了根深蒂固的冻脚病，几十年都无法治愈。

家庭的困难，尚能超脱，研究、著述中须臾不可少的书籍，则无论如何也没有力量购置。所幸，我生活在一个团结的、温暖的革命大家庭里，处处有同志向我伸来援助之手。这里，且不说杜国庠忠厚长者的爱，郭沫若的慷慨相携，单说《中苏文化》杂志一位撰稿人叶文雄同志对我的帮助。

叶文雄同志，那时在北碚中山文化图书馆工作，他精于文字并且十分勤奋，业余时间大量从事俄文翻译。我是他所在图书馆的读者，那家图书馆有条规定：线装书概不外借。那是一个离我家最近的图书馆，但少说也相距二三十里路。叶文雄同志了解到我写作的需要和每天赶几十里路去看书实有困难，就全力以赴地帮助我。他按我开好的书单，从图书馆里偷偷地把书弄出来，背上几十里路，给我送来。不论严冬酷暑，总是有求必应，只要我开出书目，他便一定及时送到。那些年，我看过的书无法统计，叶文雄同志为我背过多少趟书，他为我付出的心意，更无法以数计。我不会忘记，自己写出的一篇篇文章、一本本书中，每一页的文字都有叶文雄同志倾注的汗水和他的情谊。

我研究到章太炎思想的时候，非常需要看他的遗书，图书馆里借不到，街市上虽有，我也买不起。这个情况不知怎么叫董必武同志知道了，他让徐冰送钱来，说明是让我买书的。我总算买下了一部《章太炎遗书》。这部书，很久很久地，都让我感到鼓舞和力量，我一直把它作为纪念品珍藏着。

在重庆那种白色恐怖和贫困之中，我能不断贡献出研究成果，若没有来自集体的帮助和鼓励，是绝难实现的。

周恩来同志对重庆学术工作者的引导

“皖南事变”后，尽管重庆黑暗得浑浑噩噩，空气很沉闷，但是，我们这些愿意跟党走的学术工作者，并不感觉孤独。原因在于，周恩来同志和大家保持着密切接触，使大家都能感到，党就在我们身边。

许涤新同志当时是周恩来同志的秘书，据他说，1941 年，周恩来同志不论白天怎样操劳，每天晚饭后，必定驱车前往民生路新华日报门市部，在那所房子的二楼上，会见民主党派和无党派人士。他之所以选择这个地点，是为了照顾会面人的安全，这所沿街的小楼比之于曾家岩 50 号，要相对安全一些。

我本人有幸在那个小楼上和在别的一些地方，数次聆听周恩来同志的教导。他帮助我认识到必须用运动的观点去看待统一战线这个斗争着、运动着的事物，帮助我在复杂的情况下，学习透过现象，全面分析、认识一些事件的本质。

这一时期，党为了帮助重庆文化、学术工作者提高理论水平、政策水平，特地组织大家成立读书会，进行学习和交流。我所在的小组，每两周举行会议一次，经常出席讨论的同志中间，有许涤新、胡绳、杜国庠、翦伯赞、王寅生等人。

周恩来同志很关心我们的读书会。每逢我们集会，只要他能抽空，总赶来参加。在敌人的包围下，他每次出席读书会，都给大家带来信心和力量。有时，因为形势不利，与会者显得不活跃的时候，周恩来同志出现在大家面前，总是谈笑风生，甚至讲点笑话。当我们讨论热烈的时候，他则通常是静听不语。在我的印象中，周恩来同志与会时，读书会的成员想说什么就说什么，想问什么就问什么，大家丝毫不觉得拘束。有时，他也发言，那是一种完全以平等身份发表意见、探讨问题的发言。事实上，周恩来同志的意见只要一经提出，总被大家接受、采纳，奉为原则。他的意见能有这样的力量，并不是由他的地位所决定的，而是由他在大量的学术问题上，就如同在政治问题上一样，都有着敏锐的洞察力、透彻的分析力、准确的判断力所决定的。

周恩来同志通过参加读书会，把握我们每一个人的研究方向和思想脉搏，从而能够及时地给我们做一些原则的指导。

我记得，当时我们这些同志，个个都把唯心主义哲学家冯友兰、贺麟视为对立面。每次聚会，一碰头就谈冯友兰、贺麟，分析他们的政治动向，研究他们的每一篇新文章。这个情况，所有的同志都认为是天经地义的。有一次，周恩来同志来了，我们颇为热烈地正谈论着这个话题。听了好一会儿，周恩来同志发言了。他平静而中肯地对大家说：民族大敌当前，在千千万万种矛盾中间，学术理论界也面临着错综复杂的矛盾。我们和冯友兰、贺麟在阶级立场上，矛盾固然是尖锐的，但毕竟不是主要矛盾。当前，学术理论上最危险的敌人，是国民党右派的妥协投降理论，我们斗争的锋芒应该对准陈立夫的"唯生论"。

一席话,切中我们每一个人的要害,说得大家心服口服。杜国庠同志由于公务在乡间,通常不特为参加会议而进城,可巧,这一次杜老在场,他显得特别兴奋,会后,久久地还对周恩来同志的讲话称道不已。

类似的斗争方向问题,时常要遇到。记得,雷海宗主编的刊物《战国策》,对我党态度不友好,《群众》主编章汉夫著文批判《战国策》,点了雷海宗的名,孙晓邨主编的一家经济刊物,有文章说了不利于统一战线的话,许涤新同理论界同志对此也进行了批判。我们都意识不到有什么问题,而周恩来同志则一一指出,从抗战的大局出发,这些都不是主要矛盾。

所以说,周恩来同志通过参加读书会,对当时重庆革命的理论和学术研究,进行了直接而具体的领导。抗战期间,周恩来同志不愧为重庆革命理论、学术研究的掌舵人。

在这样一种坚持团结、坚持进步的方针指导下,1942 年,杜国庠等人和我一起发起成立"新史学会",顾颉刚、张志让、周谷城等著名学者,都会聚到这面"新史学"的旗帜之下。

周恩来同志还特别注重培养良好的学术作风。他常常强调,学术上的是非真伪,要通过深入研究、充分讨论、详尽说理来解决,切切不要强加于人。强加于人不仅不能达到目的,相反还要失去群众。他的这些教导,当时对于重庆每一个靠近党的学术工作者,都产生过一定的影响。

学术研究的队伍中,存在观点分歧是在所难免的。重庆时期,就拿史学来说,同是马克思主义的信仰者,彼此的学术观点可能大相径庭,对具体疑难问题的歧见,更俯拾皆是,甚至文人中间几千年遗留下来的相轻陋习,不利团结的闲言碎语……也都存在着，但是，在我的记忆中，那时唯独不存在自己营垒内部以势压人的过火斗争。那时，即使对待旧学者，也大抵坚持了客观的、实事求是的、研究性的批判态度。我们这支队伍正是在这种有的放矢、实事求是、科学而深入的研究中成长起来的。这一切，不能不归功于周恩来同志对学术界深入细致的、高水平的领导。是他，一手造成了这个健康的研究环境。

我写《中国古代思想学说史》的时候，在选择人物的过程中，确实比较有意识地要表现自己与旧学者之间旗帜的区别与方法的不同。但是，从一开始，我就要求自己严格遵循科学态度，那就是，科学地剖析每一个人物，决不单纯为了区别旗帜而简单评判任何一个历史人物。

我们和旧学者之间，研究思想史的态度、方式乃至结论迥然不同，这是由各自的哲学观点的差异所决定的，所以做这项工作用不着任何的矫揉造作。用马克思主义的科学方法，有理有据地恢复被唯心史家歪曲了的历史本来面目，我们的论述越有充分的说服力，唯心史家就越站不住脚。学术上的斗争，我认为只能这样进行。

基于这样一种观点和态度，我细细研究过冯友兰先生《中国哲学史》所论及的每一个人物，在写《中国古代思想学说史》时，对冯友兰所肯定的人物进行过有针对性的批判，例如对孔子、孟子，特别是老子，都是例子。

当时，我用这种研究方式与旧学者的思想体系斗争，周恩来同志是赞成的。后来，这种方式一直沿用到解放后，我在编写《中国思想通史》第二、三、四卷时，对玄学家向秀、郭象的批判，对宋明理学家的批判，继续是针对冯友兰《中国哲学史》的。

这种批判，符合历史唯物主义与历史唯心主义斗争的需要，但绝不是随心所欲的。我反对冯友兰的唯心主义，也反对胡适的实用主义。胡适所论及的思想家、哲学家，我都逐一进行了分析和研究，胡适推崇墨子，我对墨子的评价也不低，我认为墨子在知识论和逻辑学上，是中国古代第一个唯物主义者。胡适捧戴震，我也肯定戴震。在《中国古代思想学说史》中，有相当的篇幅目的在于说明胡适对墨子评价过高的错误之所在。

20世纪40年代，赵纪彬同志在重庆评《中国古代思想学说史》时，有许多褒誉之辞，我受之有愧，唯有一句，他说我"对于一切成就，不苟异亦不苟同"，我敢自认符合实际。社会科学同自然科学一样，只能是老老实实的学问。马克思主义社会科学的党性和科学性应该而且必须是高度统一的。我在史学领域跋涉近五十年，最感庆幸的，莫过于自己一生不曾为了"需要"而拔高或贬抑历史人物。我对许多问题的研究是受信仰驱使的，但我自信与史学的实用主义截然无缘。

"文化大革命"中，"四人帮"的御用文人搞影射史学，手段之卑鄙，形象之丑恶，到了前无古人的地步。1979年，我曾写过一篇文章呼吁反对一切影射史学，这个主张我准备坚持到底的。有一点要说明，我并不是反对一切借古喻今。某一页真实的历史，对今天，甚至对明天，完全可能有客观的借鉴作用，但是，还望从事研究的同志，终究不要把自己的目的降为影射。

治史近五十载，比起许多朋辈和前辈，我的成绩是渺小的，观点和见解，或有偏颇；文字艰涩，又缩小了读者的范围；论点执拗，很少顾及舆论，更加容易造成同行学人的误会。这些都是我出息甚少的缘故。每当回想起周恩来同志1941年勉励我抓紧时间研究问题，他期望革命胜利后，大家要做更多的工作。几十年来，我为人民做的工作实在太少了。在重庆的时候，周恩来同志对我的文字晦涩难懂就有意见,他对王昆仑谈过这个问题。昆仑兄把周恩来同志的意见坦直地告诉了我,时过数十年,我连这个毛病也未能认真加以克服,今天,真正是追悔莫及了。

在抗战时期国民党统治的心脏所在地——重庆,周恩来同志,把我们一群渴望为抗战出力,有志于研究而困难重重的学术工作者组织起来,充分调动了每一个人的积极性,还为我们创造了一个学风正派、方向明确,大家同舟共济、人人脚踏实地的研究环境。这是多么难能可贵啊!如果说,我一生还曾取得一些成绩的话,一个极重要的原因便是,我受到过周恩来同志的指导,我在那个环境中得到过支持、得到过锻炼。

朋友们的理想、襟怀和情谊

抗战年代的西南各大城市,聚集着中国那个时代大多数的学者和文化人。重庆、成都、昆明、桂林,乃至一些县城和乡村,集中各种科学家和各类学者密度之高,是前所未有,今日也难再现的。日寇的入侵,把大家挤到一起,空间缩小了,彼此见面的机会多了,了解和认识随之加深,志同道合者之间交流频繁了,不同观点的矛盾也浓缩了。

那个时代像胡适那样躲到美国去做学问的人毕竟寥寥无几,消沉者不能说没有,但砥砺志气、发愤为中华民族振兴而勤奋工作、切实研究问题的人,毕竟占绝大多数。完全不窥国事、把民族存亡置若罔闻、绝对超然乎政治之外的学者,我没有见到过一个。

那个时代,凡是没有国民党当局作后台的学者和文化人,生活一概窘迫难堪。但是,正是那个时代的斗争,造就了整整一代人。那个时代是非常出人才的,社会科学领域还特别出成果。

我深有感受,抗战时期党为学术工作者创造了研究和写作的基本条件,我得以奠定中国思想史研究的深度与广度的基础,即在此时。周恩来同志亲自组织、领导了一支实力坚强的学术队伍,这支队伍也是一个团结的、生动活泼的集体。我个人从这个集体中获得过温暖、获得过力量。

我和学术界许多同志(郭沫若,杜国庠、翦伯赞、张志让、周谷城……)的结识,都是重庆这个舞台提供的机会。八年如火如荼的岁月,大家真正是同命运的。不仅抗战时同命运,解放后,虽说处境不一,但遭遇到一场史无前例的浩劫以后,依然是同命运。所以,我们这一代人的往事,很值得回顾。

1938 年秋我抵渝数月后,郭沫若和杜国庠随国民党政府军委会政治部下属的第三厅来到重庆。三厅不久被撤销,改组为“文化工作委员会”(简称“文工会”),由郭沫若任主任。文工会在城乡分设两部,城里的会址在天官府街,乡下据点在歌乐山金刚坡下的赖家桥。杜老是乡部负责人,长年住在赖家桥,郭沫若抓全面工作,夏天则居家乡部。

重庆山路崎岖,乡间交通很不方便,但当时重庆的学术空气活跃,朋友们之间的交往是比较密切的。

我第一次见郭沫若,是在天官府文工会所在地。

一见面,我急不可待地告诉他,1930 年成仿吾曾有设想,建议中共驻第三国际的代表团出面,把郭沫若从日本请到苏联,和我共同翻译《资本论》。郭老向我披露,他在日本时,确有翻译《资本论》的心愿,只是由于没有地方出版才作罢的。所以,他一向注意国内《资本论》译况。郭老说,他 1932 年在日本,从

《世界日报》上知道我和王慎明(即王思华)出版了第一卷上册译本。当时,我在该报发表过一篇杂谈翻译过程的文章,其中有一段,谈及对《资本论》第一卷第三章一条注释中所提的清代官僚王茂荫名字的考证过程。连这样一个细节,郭老都记得一清二楚。他告诉我,读了我的文章之后,他还曾托人向王茂荫在安徽的家族做调查,进一步核对我的考证。我对他研究问题的严谨、周密,不禁佩服之至。

初次见面的第一个话题就把我们两人的思想完全沟通了。

那天,我对郭老说,他的《中国古代社会研究》对我启发极大,我的兴趣已经转向史学,正在继续他做过的工作,研究中国古代社会史。郭老非常高兴,虽说他的名望那样高,我感觉他是真心诚意地欢迎我这个小兄弟,自告奋勇地前来与他为伍的。

我在古代社会史方面的研究中,得到过郭老不同寻常的帮助。

当时,重庆甲骨文、金文资料非常少。郭沫若在日本出版过几部重要的甲骨文、金文研究著作和资料汇编,这在重庆的图书馆里都找不到。能找到的只有王国维的著作,王国维的著作中固然有我所需的资料,但是,进入20世纪40年代,运用甲骨文、金文资料而不读郭沫若的著作,简直是不能想象的事情。

郭老深知我对殷、周史料的认识和他完全一致,视甲骨文、金文为第一手史料。我去向他求援的时候,他毫不犹豫地把他有关著作中,我最用得着的两部——《卜辞通纂》和《两周金文辞大系图录考释》——借给了我。

更重要的是,郭老完全了解,我对中国古代生产方式的认识和他很不相同,因此对一些共同注意的材料的理解和处理,和他也很不一样。可以说,他明知我会用了他提供的材料来佐证我自己的观点，对他提出异议，他却还是把他亲手搜集的丰富材料全盘端给了我。

这件事是郭老精神品格，襟怀器度不同凡响的突出表现。

我能在半年时间内完成《中国古典社会史论》一书，很大程度上，有赖郭老的这一支援。

也许是有敌寇当前，学者们痛感必须同仇敌忾的关系吧，抗战时代，不少朋友做同一门学问，彼此并不保守。

我的《中国古典社会史论》发表后，就接到过闻一多从西南联大寄来的一封热情的信。这位此前不曾见过面，此后也无缘相识的朋友，因为赞同我对周代城市国家问题的论述，信上特地抄录了他《诗经通论》中大篇的内容，来提供我补充论据。他信中抄录的文字，在他牺牲后，我再版《中国古典社会史论》时，全文引用了。

我一生中，最堪称知己的朋友，莫过于杜国庠。杜老对于我，远不只是朋友，更是似一位老师。学术、政治、修养等一切方面，他无处不可为我师。

我和杜国庠相见之前，也久有神交。

早年在法国的时候，一位朋友从国内带去一本德波林的《唯物论入门》中译本，译者署名林伯修。由于我当时自己正在译《资本论》，对国内理论翻译家特别感兴趣。我问成仿吾："你知道林伯修是什么人吗?"成仿吾说："是我们的朋友。"他还告诉我，林是广东潮州的知名学者。我读了《唯物论入门》译本，感到译者水平很高，便写了一封信，从巴黎寄往潮州，向这位"林伯修先生"讨教译事中常见的难题。数月之后，居然接到了回信。就这样，我和杜老早有过一段通信关系。

在重庆结识杜老时，他已经不再从事翻译了，那时他正全心致力墨子研究,是深受同志们尊敬的哲学史专家了。

论个性,杜老与郭老是很不相同的,郭老有诗人的热情和豪放,杜老则有哲学家的严谨和谦恭。郭老的精神世界充满诗人的浪漫气质,而杜老时时处处恪守墨家人格,是个一丝不苟的长者。

杜老对人很和易,但正如郭老所说,他也“不轻易交朋友”。杜老和我的相知相交是逐步深入的。彼此学术观点完全一致,是我们能深交的一个重要原因。

我在写《中国古代思想学说史》的时候,常常应约到赖家桥文工会去讲课,每次去都在那里住几天。闲时,便在郭老、杜老的屋里聊天。

在赖家桥,杜老和我交换过从先秦到近代一系列问题的见解,彼此发现是知音,越谈越深入,越讨论越细致。

有一次,我们谈到中国封建社会从劳役地租向实物地租转化的问题。杜老问我,分界线应该划在何时。我说,不好用一个年代或一个事件来划分,应该存在一个过渡期,那就是唐中期,肃宗、德宗时代。杜老对此是同意的。又谈到唐代思想史,我说,柳宗元是有唐唯物主义思想家的最典型代表,他也极表赞成。

后来,我们还讨论过封建社会的进步思想家——无神论者和唯物主义思想家的阶级性问题。论题所及,彼此见解在在都很一致。

重庆时代,我提出中国封建社会进步思想家代表庶族地主的利益。这个观点遭到不少人反对,但是在遭反对的同时,支持者的队伍也开始聚集,他们中间有杜老、杨荣国,赵纪彬、陈家康……这就奠定了我们后来长期合作的认识基础。

和郭老讨论屈原思想

学术界中，朋友们信仰相同而观点各异，是很普通很常见的现象。

就拿我和郭老来说，20世纪40年代，对周秦社会性质的论断，郭老和我大体是一致的。尽管我和他对古代生产方式问题的看法很不一致，然而，我写《中国古典社会史论》，在理论上论证了他从甲骨文、金文中所发现的中国奴隶社会。因此，当时学术界都公认我是站在他的一边的，是一个派别的。也正因为此，当1942年春天，郭老和我在《新华日报》上辩论屈原思想的文章一篇接一篇发表出来时，学术界的兴趣和惊奇差不多是同等的。

1941年，“皖南事变”后，重庆政治空气沉闷了大半年。11月，值郭老五十寿辰，周恩来同志指示搞一次大规模的活动，庆祝郭老五十寿，同时庆祝他创作生活二十五周年。这次庆祝活动，得到成都、桂林、香港等地学术界的响应，盛况空前，显示了革命文化队伍的力量；这次庆祝活动，冲破了国民党第二次反共高潮以后的高压空气，意义是很大的。

在此之前，我看到郭老一篇题为《屈原的艺术与思想》的讲演稿。我对郭老给予屈原的评价，有不同意见。

那时，郭沫若研究屈原，已经有二十年的历史了。我完全懂得诗人郭沫若之一向爱诗人屈原的道理，但是，我不同意史学家和思想家郭沫若对屈原的评价。于是，庆祝活动结束后，在1942年1月，我撰文《屈原思想底秘密》，恭恭敬敬地向郭老提出异议。

我的文章刚写好，就听说郭沫若完成了《屈原》历史剧。《屈原》一剧很快上演。我的《屈原思想底秘密》于2月也发表在《新华日报》上。

我的文章发表后，郭沫若立刻答以《屈原思想》（3月发表在《新华日报》），把论题的分歧点全面展开了。我又写《屈原思想渊源底先决问题》。4月份，《先决问题》一文刚发完第一部分，《新华日报》国际版负责人于怀同志（乔冠华）对我说："不要辩下去啦，国民党在拍手呢。"故此，《先决问题》一文在《新华日报》上只刊登了一半就中断了。

两个月后，我把郭老的《屈原思想》和我的三篇（将《先决问题》未发表的后半部分独立成篇，题为《申论屈原思想——衡量屈原的尺度》）汇成一个专栏，一并刊登在我自己主编的《中苏文化》第十一卷第二、三期上。

关于屈原问题，20世纪40年代我和郭老在认识上有三个共同的基点：其一，由于当时我们都认为封建社会始于秦、汉之交，所以一致地把春秋战国看作大转变的时代，封建制在难产中的时代。50年代，郭老改变了分期的观点，把封建社会起点提前到战国，又提前到春秋战国之交时，他仍然认为屈原是"奴隶制蜕变时代"的人物（见《人民诗人屈原》）。其二，我们都确认屈原是儒者。其三，我们都肯定屈原人格伟大，屈原诗篇不朽。

我和郭老的分歧何在呢？

分歧的本质在于我们对儒家思想的评价差别很大。

郭老认为，儒家思想是进步的。《屈原思想》一文中，有很长的篇幅，着力分析儒家对人的价值的观念、儒家伦理观、儒家天道观的进步性。郭老认为，屈原的悲剧在于：他怀有先进的儒家思想,他的理想与楚国当时的现实相隔太远。屈原的理想是以德政实现中国统一,而现实是秦国将要以刑政统一天下,因而,他失望,因而演出殉道者的悲剧。

我认为,从屈原名字与别号"平""均""正则"看,他的思想有进步内容,他追问百姓为什么受难,他以主张改造楚自居,他充满理想主义。但是,他的理想是在旧的奴隶社会所依据的氏族制度的废墟上,恢复美政。我认为,战国时代奴隶制国家的兼并,是适应了所有制关系转变的历史战争。屈原的诗,一面反映了人民在战乱中的痛苦,反映了人民的怨忧;另一面,也反映出他所理想的、所恋忆的是古旧的王制,他所追求召唤的是旧时代的魂魄。所以,屈原的悲剧是历史的悲剧。屈原思想的矛盾,所代表的不是他个人,而是时代的反映,恰好是反映战国历史的一面镜子。

由此可见,我们的分歧的核心在于:对于作为儒者的屈原,他"问天""招魂"所寓之理想,究竟是"以德政实现中国一统",还是前王之制的魂魄。说得再简单些,究竟是社会进步的理想,还是倒退的奴隶制残余的梦想。

关于屈原思想的辩论,演进为对儒家思想的评价,大大刺激了我加速全面转入古代思想学术史的研究。

对于历史剧《屈原》,我也是有不同意见的。在抗战最艰难的阶段,郭沫若借屈原之口,借楚国背景,揭露蒋介石政治腐败,抗战不力,一心反共,号召人民警惕。我完全理解,剧作家郭沫若服务现实的目的,这样做不仅是有利的,而且是必要的。但是,我不同意史学家郭沫若把他热爱的人物过于理想化,为儒家人物的头脑塞进法家思想,以至有损历史的真实。

当时,这场评价屈原的辩论没有涉及历史剧的真实性问题。

这场辩论，双方仅仅把问题铺开而没有深入进行下去，就论题本身而言，没有得出结论。如果有人要追问结果的话，可以说，结果是文学和艺术战胜了史学和哲学。今天，已经抹不去中国人心目中郭沫若所加工的屈原形象。史学和哲学严肃的面孔，显然不及艺术的魅力容易让人们接受。就如同《三国志》永远不可能赢得《三国演义》所能赢得的读者，史籍中的诸葛亮永远不及舞台上的诸葛亮出神入化。

有人曾和我开玩笑说："你何不也写一个屈原剧本?"我只有苦笑，我是一点艺术气质也不具备，一句台词也编不出来的。既然我创造不出一个能立于舞台的另一种形象的屈原，我所认识的屈原只能长眠于高阁，含恨于汨罗，而艺术的屈原将一代接一代地被人请进剧场。

作为一部诗剧，《屈原》是理想主义的作品，它的艺术成就不容置疑，是十分光辉的。

在一些存在分歧的问题上，郭沫若和我都各执己见，互不相让。辩论屈原思想时，可能因为时机不妥当，郭老曾经发过火。但是，他火他的，我坚持我的。过了几十年，火气早已经烟消云散，而彼此的观点，都不曾退让分毫。

郭老和我交往几十年，有些时期，甚至朝夕相厮守。尽管他性格外向，如他自己说，还有"大刀阔斧的作风"(《〈杜国庠论文集〉序言》)，但平心而论，郭老对我，一向若师若兄，不大计较我的冲撞。不仅如此，数十年相交，从来看不出他有利用自己革命文化学术界的泰斗地位，强加观点于我的意图。相反，1945 年应苏联科学院邀请访苏，在讲演中国史学界研究现状时，他还特别对苏联学界介绍了我的工作。

1942 年，在重庆革命的文化队伍内部，不同意郭老屈原评价，或对《屈原》剧本持不同意见的同志为数是不少的，但在《新华日报》上撰文辩论的仅我一人。用审时度势的眼光看问题，我当时出来和郭老辩论屈原，似乎很不合时宜。但是，那时候，革命队伍内部无例外地承认，我与郭老的辩论是学术性辩论，无一人把这个分歧往政治上、路线上拉。

对比之下，解放后，学术界的分歧意见动辄被上纲为"阶级斗争"，十年浩劫期间，更有血腥恐怖的文字狱遍及全国，我才体会出周恩来同志领导重庆革命文化运动时，他那种民主精神是何等伟大。

翦伯赞的风格

从1940年年初至1948年年底的9年间，我和翦伯赞一直没有分过手。特别是在重庆的6年，我们既是同事，又是近邻，过从最密，颇得交往之乐。

伯赞长我5岁。他才思敏捷，性格活跃，善于结交，谈吐幽默，个性鲜明。由于伯赞为人坦白正直，遇有不同意见时，言辞颇激烈，但他的激烈往往并无恶意。在重庆的朋友中间，伯赞是热情而忠厚，敏锐而善良，自信而随和的，所以最好相处。在统战工作中，他对于原则性和灵活性的分寸，掌握得相当巧妙、自然。

伯赞的口才和文才都很不凡。一件事经过他的口和笔，总能变得趣味横生。伯赞的文章以优美潇洒见称于世。那文采，最反映他的风格。他献给读者的历史著作，篇篇读来都能朗朗上口，而他自己做学问的态度，则异常缜密、精细，异常严肃、刻苦。

在重庆时，伯赞的生活很讲节律，事事都有计划，连写文章，他都规定自己每天必须完成一定的字数，工作安排得有条不紊。

伯赞在重庆是位忙人，他承担的社会活动和教学活动的任务都很繁重。由于他与国民党元老、司法院副院长覃理鸣(振)先生是小同乡，久有相互了解的基础，此时，伯赞仍然挂着司法院秘书的名义，帮助覃理鸣先生工作。经赖亚力同志介绍，伯赞定时为冯玉祥将军讲授中国历史。陶行知先生在育才学校安排了伯赞的课程。郭沫若领导的文工会和王昆仑实际主持的中苏文化协会，凡开课讲学，伯赞必在约请之列。在抗战最艰难阶段的重庆，由于团结在我党周围的知识分子、各界人士，乃至一批国民党爱国上层人士中学习气氛很浓，马克思主义学者个个都有用武之地。伯赞当然是很活跃的一员。与此同时，他也本着周恩来同志的指示，在加深研究，全力著述。伯赞从事著述的时间是挤出来的。这就是他为什么规定自己每天写一定字数文章的道理。

当年，伯赞夫人戴淑婉常常对乐英倾诉衷肠，她说，伯赞不顾哮喘病时发，晚间工作常过午夜。伯赞夫人贤淑无比，每夜必陪侍灯下做针线，从不离开一步。直到今天，每当忆及伯赞伉俪勤奋朴实的生活画面，仍然令我起敬。

伯赞为开辟和建设我国马克思主义史学阵地，贡献了毕生的力量，建树了卓著的功绩。

翦伯赞的史学著作党性强，而面目是活泼的、亲切的。他有一个原则，凡写的东西，一定要让尽可能多的读者读懂并接受，所以，他不仅注重理论原则，而且特别肯在文字上下工夫。他的作品能做到寓科学性、党性于优美而流畅的诗一般的文字语言中。凡读过《中国史纲》的人,无不有感于他锤炼文字的功力。抗战时代的进步青年,谁不以一睹《中国史纲》为快!不少人赞道:读翦伯赞的《中国史纲》,“简直是一种享受”。这是伯赞了不起的成功!他那种“语不惊人誓不休”的精神,那种倾注在文字中的心血,正是他对党的事业、对信仰赤胆忠诚的写照。

伯赞从抗战前开始,便致力用马克思主义统率史料,编写中国历史篇章,信仰所在,心血所在,字字可鉴。在我国马克思主义史学拓殖的历程中,翦伯赞同志是功不可没的。

我和伯赞在中国古代史分期、古代生产方式、封建社会土地制度等一系列问题上分歧很大,这是众所周知的。在重庆时代,歧见主要集中在古代史分期问题上。

1942 年,我在与郭沫若辩论屈原思想时,无意间说过一句冒失话,表示要奉陪西周封建论者辩论到底。言语中流露出浮躁情绪,轻率地抱有“速胜”信心。这一句话,把所有的西周封建论者都得罪了。伯赞是十分坦白的人,他气得简直要跳起来,一度不断地挖苦我。我看到伯赞的激怒,才意识到自己犯了操之过急的错误,才清醒地认识到,古代社会的分期问题,并不是解决了世界观和方法论便能统一认识的。从此,我放弃了短期解决分期问题的幻想。

抗战年代,我们在重庆的一班朋友们就知道毛主席是主张西周封建论的,知道延安理论界、学术界的见解也以西周封建论为主流。伯赞的纯洁在于,他虽自喜与延安同调,却并不表现有所恃于此。那时候,我们头脑中世故都很少。毛泽东同志是我们心目中革命的当然领袖,但是,无论伯赞或我,都从没有无原则地把政治搅和到学术争论中去,更没有想到过有将政治权威与学术权威划一的必要。所以在研究中,他和我都是毫无杂念、毫无负担的。

1942 年由于我的冒犯而引起伯赞震怒的小风波(了解内情的人不多,故谓之“小风波”),他和我很快就冷静下来了,并且彼此谅解了。此后,伯赞和我三十年相交,面对面可以无所不谈,却再没有提过半句古代社会分期的话题。我们彼此都珍惜友情,彼此都深察对方的见解基础坚实。从那以后,直到 1947 年范文澜《中国通史简编》出版前的几年间,关于古史分期问题,我心目中辩难的主要实力目标是翦伯赞(这一点,想来伯赞是深有所知的),我认为邓初民接受西周封建论也是受了伯赞的影响。每每论题及此,我心中的叙述对象,不由自主地会假想为翦伯赞,当然,也有与翦伯赞引为同调的吕振羽。

在一系列学术问题上,我和伯赞的分歧一辈子都没有解决,不能说由此没有产生一点隔阂,但是,可以说,他和我,一辈子都是相互了解的。他了解我的论点的特点,了解我的为人和脾气,就如同我了解他的思想方法,了解他的品格和性格一样。我们确乎是真正认识对方价值的。

伯赞曾不止一次对我说:“你不仅是历史学家,而且是哲学家。”前年,读到南京臧云远同志的回忆文章《从天官府到赖家桥》,无意中得知几十年前伯赞对我的工作的评论,我很感动。如前所述,为了我不恰当的一句话,伯赞当面揶揄甚至大怒,背后却不吝褒扬之辞。翦伯赞品格的质朴,往往就是以这样的形式表现出来的。

我所认识的伯赞,既是严谨的学者,也是出色的鼓动家;既是勇敢的革命斗士,也热爱生活,天真有如赤子。

今天,了解翦伯赞性格中还有天真一面的人已经不多了,我却是深有所知的。

在自己的同志面前，伯赞是个喜怒哀乐皆形于色的人，在我面前，他更从不掩饰自己。我记得，他将近五十岁的时候，还向我披露小孩一样天真的心里话。他说，他怕天黑以后的寂寞，他怕想到死的时刻的痛苦。然而，我的这位老朋友，他在世的最后日子，却被黑暗、被寂寞重压着，过分沉重地压迫着，以至于觉得生不如死……

这是我现在每想到伯赞的时候，最伤痛之所在……

作为一位刚直不阿的史学家，伯赞兼备精深的史识和高尚的史德。他忠诚党的事业，也忠诚于历史本身。当林彪、江青反革命集团为诬陷刘少奇同志而向他逼供时，他宁死不作谤书。伯赞用生命，铸下他的史德的最后一笔记录。

这是我现在每想到伯赞的时候，最敬佩之所在。

学者们的性格种种

在重庆的时代，朋友们相处，感情较单纯，彼此都不屑于矫饰自己的观点。所以，相互容易了解，也容易亲近。

复旦大学在北碚，张志让是复旦文学院院长，周谷城是复旦名教授。邓初民是朝阳学院名教授，抗战中期开始，基本住在重庆。他们都与我有很多的，甚至很深的交往。

从艰难环境中一同奋斗过来的朋友，感情不同一般的朋友。

张志让是救国会成员，周谷城是第三党（农工民主党）党员。他们学问都非常好，为人都极为正直，尽管两人个性不一样，我和他们的感情都很好。

张志让先生是著名法学家，对人诚恳。那时重庆各大学经常组织讲演活动，进步人士的讲演是特务注意的目标，有时讲演中，特务就在会场肆虐。有一次，张先生邀我到北碚的复旦法学院讲演，我由于翻译过《资本论》，头上总有一顶无形的红帽子。张先生很警觉，在整个讲演过程中，始终紧靠在我身边。虽然他没有吐露过一字想法，但我感觉得到他厚重的心。

周谷城学问广博，性格豪爽。每次到我家来，他总是声先于人，一路笑声进门，全没有大学者的骄矜气息。我和他在史学上，分歧点不少，但是，我们既不用避讳分歧，也不会因为分歧影响做朋友。我很佩服他中国史、世界史样样都能写通史，哲学、美学拿起来就能立论。这是很少有人能做得到的，若没有一定的功力，这是不可能做到的。

在重庆时，周谷城告诉我，他早年和毛泽东同志同过学。抗战时，他很钦佩毛泽东同志和周恩来同志的远见卓识。

周谷城在我心目中的形象始终是明朗的，他一直保持不隐讳观点的风格，这是很难能可贵的。解放后，他多次挨棍子。我在历史研究所也曾奉命组织过对他的批判，但内心一直同情他、惦记他。有一次，他在受批判的同时参加人代会，我在休息厅找到他，悄悄对他说："不要紧张，情况可能会变化的……"才说了这两句，豁达人世的硬汉子周谷城就流泪了。后来，我在会上遇见翦伯赞，翦伯赞也明显流露出他对周谷城的同情，他说，他也要找周谷城谈谈。

邓初民那时是真正的无党派人士，但思想相当激进。他比大家都年长，但性格比大家都年轻。他是政治学家，对社会科学各个领域都涉足。他名望虽高，却能不耻下问，在各个领域中，能博采众家之长。经历过抗战时期大西南民主运动的人，都不会忘记邓初民是反对蒋介石独裁统治的一门重炮。

四十年前，朋友们就尊称他邓初老了，可是，邓初老的精神面貌给人的印象，却从来没有老过。

他开朗、达观，与人为善，极重情感。

“四人帮”横行时，老朋友们都不便来往了，邓初老听说我偏瘫了，他自己八十多岁高龄，双目将要失明了，还一定让女儿、女婿、秘书搀扶着，来看我两次。那时，我“身份不明”，感谢他的情谊，激动万分。他却不像所有别的朋友那样，劫难之后相见，不免抱头痛哭，邓初老没有落一滴泪，从进门到出门，笑声不停。这一点，很使我感慨，邓初老之外，大概再难遇到比他更天真、更开阔、更质朴的人了！

话说回来，在重庆时代，有时候，朋友们之间也为这样那样的事产生误会。

1942 年的时候，翦伯赞一度因为《中苏文化》的工作安排问题，对我产生了误会。这件事本来与我无关，翦伯赞的误会也并没有被我察觉。

有一天，章伯钧请客，周恩来同志、各民主党派的朋友和学术界同人都出席了宴会。周恩来同志把翦伯赞和我拉到一起说：“你们那个《中苏文化》的问题，应该解决了。来，一起喝一杯！”翦伯赞应声端杯一饮而尽。我听口气，周恩来同志是调解矛盾，什么矛盾，我并不知道，觉得这酒喝了冤枉，便把酒杯轻轻一推，说：“没有的事。”周恩来同志抓住我，说：“外庐为什么不喝？好，你不喝，再罚一杯。”我只得从命。看我饮下一杯，他又说：“来，伯赞也来陪一杯。”这第二杯，翦伯赞和我一起干了。周恩来同志说：“好了，现在和好了。”周恩来同志指的究竟是什么事，我始终没有去问他，也始终没有问过翦伯赞。估计周恩来同志知道事情与我无关，所以并没有找我谈话。后来，我见翦伯赞显然解除了误会,见我格外亲热。想必是周恩来同志不仅做了调查,而且做了开释。

若问,抗战时重庆的学术界,在艰难环境中,有矛盾,有分歧,为什么却还能成为一支团结的队伍呢?

我想,第一,因为大敌当前,同仇敌忾;第二,因为有周恩来同志和我们在--起。

和李约瑟博士谈《老子》

重庆时代,我们也有一些国际性的学术交往。郭沫若、丁燮林(即丁西林)1945 年曾出访苏联。我个人与英国学者、苏联学者也都有过切磋。

有一天,冀朝鼎告诉我,有一位英国科学家正在研究中国古代的科学文化,想和我讨论先秦哲学中《老子》的科学观。冀朝鼎要我在某一时间到嘉陵宾馆去会那位英国科学家。我如约前往,会到了这位英国朋友。他就是著名的《中国科学技术史》的作者——被称为“誉满东西方”的李约瑟博士。

李约瑟博士当时的中文程度已经达到能阅读中国古代的哲学著作,能听懂,能简单表述对中国古代哲学的见解。

李约瑟博士对我说,《老子》说,“祸兮福所倚,福兮祸所伏”,反映了一种“对立的转化观”。我表示很同意。

李约瑟博士接着提出,《道德经》第十一章中有一句话:

“三十辐共一毂,当其无,有车之用;埏埴以为器,当其无,有器之用;凿户牖以为室,当其无,有室之用。故有之以为利,无之以为用。”

他说，他向不少中国学者提出过，《老子》这句话中，“有”和“无”究竟是个什么概念？他没有得到满意的答复，想听听我的看法。

一个外国人，跨进中国古代科学史的大门，在浩如烟海的故纸堆里，竟能一下子捕捉到认识老子思想的关键，对此，我非常震惊。同时，对于以往中国学者历来感到困难，因而解释历来含混暧昧的问题，一个外国学者如此下工夫，如此穷究不止，我也非常感动。

我对他说，我研究老子时，也十分注意老子的这一概念。历来一般人的解释，“有”是指实物，“无”是指空虚，都是就生产物的物理属性而论的。这样的解释是不通的。我自己是翻译了《资本论》以后，才豁然开朗地读懂这段文字的。

我说，老子所举三件制作成品——车、器、室，都是劳动生产物，都具有使用价值。既然有使用价值，为什么“当其无”，才能表现其有用呢？所以，“有”和“无”在此，不能从生产物的物理属性去解释。

我认为，“当其无”，表示的是某个特定历史发展阶段所具备的条件。“有”和“无”在此处应该理解为时间概念。

所谓“无”，就是指生产力低下，车、器、室等一切产品不属于个人的特定的历史阶段，也就是“非私有”的时代。在这个时代，车、器、室等劳动生产物，只单纯表现为有用物，由人们共同生产、共同占有，用政治经济学术语说，只有使用价值。故曰“无之以为用”。

所谓“有”，就是“无”的历史阶段的对立物，是生产品属于个人，也就是“私有”的时代。在这个时代，车、器、室等劳动生产物，在一定条件下可以变作商品，具有交换价值，而交换价值表现为利的关系。故曰“有之以为利”。

我对李约瑟博士说:对《老子》书中这一“有”和“无”的概念的认识,正是我研究老子经济思想乃至社会思想的起点。在这一认识和研究的基础上,我得出:如果说古代西方,亚里士多德最早发现商品概念,那么在古代中国,则是老子最先发现商品概念。

接受我关于老子经济思想研究观点的学者中,李约瑟博士是第一个外国人。他对我的解释,表现出热烈而浓厚的兴趣。

解放后,20 世纪 50 年代初,他重访中国,特地来看我。他的中国话有了惊人的进步,已经说得相当流利了。他告诉我,他在《中国科学技术史》第二卷中,采纳了我对老子“有之以为利,无之以为用”的分析和观点。

以上这段回忆初稿既成,多年来帮助我工作的黄宣民同志托赴英讲学的同事把校样带交李约瑟博士,请他核对事实。很快,宣民得到李约瑟肯定的答复。李约瑟在信上说:

“……我记得,当我把它编入《中国科学技术史》第二卷时,为此我曾受到不少批评,但我仍然认为侯外庐是对的。……”

这个情况,李约瑟反映得很实在。我对于“有之以为利,无之以为用”的解释,国内学界同人的看法也很不一致。同意我见解的朋友大呼其“妙”,不同意的朋友却认为我是在生搬马克思教条。

我对《老子》的兴趣开始得很早。早年的兴趣主要是想解疑,而不是想致用。对《老子》的兴趣不仅没有引我相信“无为”之说,相反偏偏地不肯逃避问题。只是,因循陈旧的方式来研究古远的问题,解疑是难以实现的。

早年读《老子》,本着“六经皆史”的原则,在某种程度上,我是拿它当史来读的。这种读法，有利于此后沿着《老子》否定孔、墨显学的痕迹，探得界定《老子》时代背景的依据。我很早就欣赏《老子》“道法自然”的精神，同时也竭力想归纳《老子》书中的“道”“德”“有”“无”之类概念的范畴。

以“有”和“无”为例。散见于各章中的“有”和“无”，具体含义不同，但又有其一致的内涵。要归纳“有”和“无”这两个概念的范畴，亦非易事。

历代各家《老子》疏义中，有关“三十辐共一毂，……有之以为利，无之以为用”的章句，我总感觉难以令人信服。我不满意前人的解释，却也提不出自己的解释。很长时期内，我常常想到，“无”为什么被规定为“有用”的前提？

许多年后，在法国译读《资本论》第一卷时，一旦领悟了马克思对商品、对交换过程、对亚里士多德价值观念的分析，我如梦方醒地意识到，多年不得其解的“有之以为利，无之以为用”，合理解答原来在于一种时代认识上（即上述我对李约瑟谈到的认识）。从这一解答的获得，我意识到用马克思的理论和方法，可以窥见老子思想背后的隐秘。

记得，20世纪30年代我在山西向父辈们谈读书心得时，曾把我对这一难句的诠解告诉他们。我的父亲和父亲的挚友郭生荣老先生、冀贡泉老先生们顿时不自禁地拍案叫绝。他们万万想不到，这样的千古难题，居然被马克思的方法一点而通。

用《资本论》诠解《老子》，并不是靠了马克思的某一句警言，而是靠方法论。

马克思在《资本论》第一版序言中说过，“本书第一章，特别是分析商品的部分，是最难理解的”，又在第二版跋中说过，“人们对《资本论》应用的方法理解得很差”。

如果说西方人理解得差，我作为中国人，受本国传统学术的影响，困难不可能比西方人少。我的有利条件仅只两点：其一，以寻求真理为目的，所以不存在偏见；其二，不以阅读为目的，而是以传达给同胞为目的，所以，不得不推敲理解《资本论》理论本身的逻辑。我的全部幸运在于，十年译读之后，伟大的时代驱使我将全身心投入新史学的踏勘，从而对马克思的科学理论的点点滴滴的体会，都有了用武之地。

自 20 世纪 20 年代末读《资本论》得解“有之以为利，无之以为用”，发现“有”和“无”包含两个历史阶段的概念，到 50 年代完成《中国思想通史》老子章的修订，个人对老子思想研究基本成形，一项循序进行的工作竟做了二十多年。摘取的果实虽小，然而在我个人从事中国思想史研究的经历中，用马克思的方法论指导研究、解决疑难，一向自视这是最宝贵的尝试之一。

几十年来，责备我“教条”的朋友实非个别，我向来绝少置辩，实在不是阿 Q 式地把“教条”当作美誉，而是期待严肃的理论探讨，甚至期待批评者以他们对马克思主义不断深化的认识，来解剖、检验我以往的工作。我真诚地企望着史学理论的进步。

以上这些，可以视为读了李约瑟来信引起的一些联想。

在中国民主革命同盟（小民革）中活动

1944 年新岁的一页，是在国际反法西斯战争的进军声中揭开的。苏联红军在岁首就传出克复列宁格勒的捷报，不久，把德军赶出国境，并乘胜追击到东欧邻国境内，国际形势非常鼓舞人心。然而，在此同时，中国的战场上解放区和国统区的两条战线的战争形势很不平衡。解放区利用有利的国际形势，已经开始了局部反攻，而国统区则面临日寇一场新的攻势，1944 年的中原战事开始不几个月，国民党丧师百万，失地千里，河南、湖北、湖南、江西、广西、贵州的广大土地，都由于蒋介石军队不堪一击而沦于敌手。在那样一个时间，那样一个国际环境的背景下，国民党政府军竟然还会有那样的惨败，这是任何一个有血性的中国人都不堪接受的事实。有不少人从中悟出一个道理来，国民党腐败到难以救药了，即使全世界反法西斯战争胜利了，中国也定然还有一场光明与黑暗之争。

这一年的三月，郭沫若发表著名的历史论文——《甲申三百年祭》，预示胜利的曙光薄明即将来临，也敲响警钟，保住胜利是何等艰难。我不了解郭沫若研究甲申成败的背景，但是，我当时就感觉到，从这篇文章立论的严肃看，郭老对这个题目一定下了不少工夫。

这一年，我还在继续写《中国近世思想学说史》。秋天，刘仲容动员我参加一个名叫“中国民主革命同盟”的组织。我把这件事告诉了徐冰。不久，徐冰、张友渔先后来找我，授意我把工作的重心转移到城里搞统战，正式参加“中国民主革命同盟”。对这个建议，我起初不无顾虑，离开党组织这么多年，作为党外的散兵游勇，以笔为戈，对民族敌人、阶级敌人或许还算冲杀过几回，但在精神上，我没有离开过对马克思主义科学的信仰，也离不开对党的依赖。不在组织中为信仰奋斗，犹有痛楚，因此实在无意要参加一个共产党以外的组织。

“皖南事变”后，我曾婉转地向周恩来同志提出过，“我的组织问题怎么办?”周恩来同志答复我：“暂时在民族运动中活动，还是在外边好，组织问题以后再说。”这一次，我对张友渔说：

“我不想参加什么‘同盟’，我希望解决组织问题。”张友渔向我解释，“中国民主革命同盟”的宗旨在于推动各民主党派，特别是国民党上层蒋介石的反对派人物，争取他们为抗战的胜利，为实现民主，能起积极的作用。他并且说：“你暂时在民主革命同盟帮帮忙，组织问题以后好说。”他还明确告诉我，根据周恩来同志的意见，我参加这个组织的任务是“帮助进行学习”。

如此，我接受了这项工作，一面继续中国近世思想学说史的研究，一面参加“中国民主革命同盟”的活动，投入了一种过去不甚熟悉的社会活动。

“中国民主革命同盟”成立于“皖南事变”前后。

1941年，王昆仑曾经拉着我参加过领事巷康心之公馆（也是屈武的寓所）的会议，与会者除现已知名的“中国民主革命同盟”的成员如王炳南、王昆仑、许宝驹、屈武、阎宝航、曹孟君、谭惕吾等人之外，还有郭春涛和邓初民。在我记忆中很深地保留着一个印象，郭春涛事后告诉过我，他和在领事巷开会的某些人合不来，邓初民更激烈地向我表示过他对领事巷会议的某些国民党“官僚”的看法。与会当时，我没有意识到这是一个组织的活动。

由于在中苏文协中主编刊物，我一直在不同程度上与王昆仑、阎宝航、屈武、刘仲容保持关系，后来才知道，“中国民主革命同盟”一向视《中苏文化》刊物为主要阵地。这一点，过去没有人明确向我说明过，现在看来，却也并不奇怪。我个人在主编《中苏文化》的工作中，一向自觉地以执行中国共产党的抗日民族统一战线的政策为己任，重大问题都请示曾家岩50号。我们（《中苏文化》刊物同人和我）的愿望与“中国民主革命同盟”的宗旨完全一致，所以，《中苏文化》刊物与“中国民主革命同盟”

是步调一致的。

1944年，当我带着明确的意识参加了“中国民主革命同盟”的活动以后，才对这个组织的性质、作用、成员和背景等构成其基本面貌的情况，真正建立起了解。

“中国民主革命同盟”是一个自觉接受中国共产党领导的秘密革命组织。这个组织不以发动群众为目的，而主要以推动国民党政府上层坚持抗战、反对投降，坚持团结、反对分裂，坚持进步、反对倒退为任务。

“中国民主革命同盟”是一个从来没有公开过的组织。当年，我们这些成员对这个组织的简称并不统一，有人称之为“民革”，有人称之为“同盟”。解放后，周总理参加我们一次会议时，他说：“已经有一个大民革（按：指国民党革命委员会）了，你们就叫小民革吧。”从此，人们就将“小民革”这个简称沿袭下来了。但是，直到今天，当年“中国民主革命同盟”的成员对“小民革”这个简称的意见，也还并不完全一致。同志们考虑得较多的两点是：其一，“中国民主革命同盟”与中国国民党没有任何承继关系，这一点是根本不同于国民党革命委员会的，所以，中国民主革命同盟与国民党革命委员会此两者，不宜在“民革”的通称之前，以“小”和“大”相分。其二，民主革命同盟诞生于1941年，国民党革命委员会诞生于1948年，以“小民革”区别于“民革”，不仅反映不出民主革命同盟的独特性质，而且更难于体现民主革命同盟是先国民党革命委员会七年成立的组织。我个人认为，在正式的历史记载中，不宜用“小民革”简称“中国民主革命同盟”，但是，应该承认，三十多年来，因为总理在我们心中的崇高威望，也为方便起见，多数同志沿用“小民革”的简称已经成为习惯。所以，在本回忆录中，我将根据习惯，以“小民革”简称代之。

据我了解，这个组织成立之初，成员大都是国民党知名的上层左派，以王昆仑、刘仲容、于振瀛、杜斌丞、许宝驹、屈武、谭惕吾等为代表。1944 年这个组织向文化界扩充，阳翰笙、沈志远与我一同参加其中，阳翰笙时为郭老主持的文化工作委员会秘书长，沈志远当时是生活书店编辑。在我们之后，又有梁希、涂长望等科学家参加进来。

我正式参加这个组织后不久，就成为它的核心成员。这个组织的成员，绝大多数都是著名的社会活动家，像我这样纯书生的核心成员，似乎是绝无仅有的。

作为“小民革”的核心成员，我平时接触最多的是王昆仑、许宝驹和王炳南同志。王炳南是组织中众所周知的共产党员，他也是我党与小民革密切联系的正式代表。王昆仑居国民党候补中央委员地位，在人们印象中，是出名的“太子派”人物，对立法院院长孙科做工作，颇有便利条件。屈武是监察院院长于右任的亲属，赖亚力是冯玉祥将军秘书，刘仲容在地方实力派代表人物白崇禧（国民党军队副总参谋长）帐下任高级参谋，刘仲华是李宗仁将军秘书，狄超白是李济深将军秘书……很多人与国民党上层要员或为亲戚，或为幕僚，有非同寻常的密切关系，而这些国民党上层要员，都在不同程度上与蒋介石存在矛盾。“小民革”成员有这种特殊社会关系，这是“小民革”的一大特点。

“小民革”的成员也来自各不同的民主党派。除上述著名的国民党左派人物外，还有许多救国会著名人物，如金仲华、闵刚侯、曹孟君、孙晓邨、吴觉农，有东北救亡总会的高崇民、阎宝航，有第三党（农工民主党）的学者潘菽……这个组织后期发展的一些科学家，后来成为 1946 年成立的“九三学社”的骨干。此外，还有一些知名的无党派人士和一批进步青年。所以“小民革”由各党、派、组织成员汇合而成，它本身具有统一战线性质的特征。

“小民革”来自各党派的成员，大都是有成就的政治活动家，他们有阅历、有经验，在各自党内颇具影响力。这样的一类人，个个都善于独立思考，很难有力量让他们盲从某一个个人、某一个党。这些同志中，在国民党内有立法委员以上地位的，不乏其人，拿着国民党政府高薪厚禄的更比比皆是。但是，因为国民党腐败，国民党笼不住他们的心。他们都是真诚的爱国者，经历了多者几十年，少者日寇入侵以来十余年的政治斗争的实践，通过自己头脑的比较、分析、判断，认识到在中国，只有共产党最有水平，最有抗御外敌的实力和争取民主的诚意，最能代表民族的希望。因此，他们走到一起来，支持共产党为抗日和民主所做的斗争，都参加到共产党所领导的民主革命统一战线中，走到最前面，心悦诚服地愿意听取共产党的意见，接受共产党的领导。

这些来自各民主党派的同志，所有这样的决心和行动，相当程度上，直接取决于我党政策和领导的英明。周恩来同志领导下的南方局，在国统区执行党中央统战政策的水平和艺术，我个人认为是卓绝的。周恩来同志身在重庆，与大西南蒋介石控制下的各方、各界广泛而深入的结交，意义绝不仅仅在于他所做的第一手调查研究，和他所取得的具体的斗争成果，而在于他身体力行，证明了共产党执行统一战线政策的襟怀和至诚。刘仲容晚年有一次和我谈起周总理个人人格与形象对他所产生的影响，他说：“很久以来，我一想到中国共产党，脑子里就出现周恩来的形象。”这句话，我认为很反映周恩来同志对于统一战线所起到的非凡作用。

“小民革”的核心成员经常碰头开会，每次都把自己所在组织的活动情况，在会上和盘托出。王炳南是“小民革”内公开的中共代表，一般来说，每一次会议他都参加。他倾听大家介绍情况，也把中国共产党新近了解到的重要情况告诉大家，互通声气。尽管炳南总用“我个人认为”如何如何的口吻谈话，但大家都特别重视、特别有兴趣听他的讲话，力求从他的讲话中体会中国共产党的意见。从这一层意义上说，炳南每次都能让大家满意，他甚至常将中国共产党对付时局的一些具体的策略意见拿出来公诸小民革同人，而且很善于简单、明了、透彻地向大家解释党的方针政策。

“小民革”同志在会上领会了中国共产党的策略方针之后，各自回到自己的党派组织和工作岗位，以自己的影响力，结合实际配合中共的斗争。这在当时，不是用纪律约束的，而主要是依靠每一个成员自觉进行的。

总体来说，“小民革”是共产党领导的民主革命统一战线的缩影。它是中国共产党与各民主党派之间的重要桥梁之一。

“小民革”不以组织群众运动为职责，而主要是以团结各民主党派积极努力，共同斗争，推动国民党统治集团上层实行抗战，实行民主为自己的宗旨。因此，在国民党的法西斯统治下，“小民革”不得不以秘密形式存在。

周恩来同志与“小民革”有十分密切的联系。他每次从延安回渝，都把中央很实质的方针、政策、计划，先于一般党员而向“小民革”核心成员交底，可见统战之诚意。

自我正式参加“小民革”的工作，至抗战胜利前夕，周恩来同志亲自参加“小民革”核心会议的次数很多。会议地址有时在王昆仑家,有时在许宝驹所在的中国实业银行,有时在中一路的“捍卫新村”罗静宜宅。

捍卫新村营建于抗战期间,故有此名。它是一批青砖和竹结构的中式住宅,个个院落独门独户,地处中一路上的山坡旁,相当僻静。罗静宜同志在捍卫新村买下一所房子,但她自己不经常住。

说起罗静宜同志,她与我爱人徐乐英的交往,别有一番渊源。20世纪20年代初,徐乐英在北京求学时,其兄徐永瑛在清华庚款留美预备学校(清华大学前身)与施混、冀朝鼎、罗静宜(时为女师大附中学生)等同志一起,组织过“唯真学会”中一个叫“超桃”的核心团体。因为这个关系,乐英几乎熟识“超桃”的每一个成员。她对罗静宜同志一向很敬重。她们一别十余年,抗战到了重庆,才得重逢,因此格外亲热。罗静宜与乐英以姐妹相称,她知道乐英在重庆城里没有住处,于是,她自己不住捍卫新村时,便把钥匙交给乐英,允许我们家庭使用这所房子。

这所房子四周环境比较安全,是一个再理想不过的秘密活动地点。自从罗静宜同志为我们提供了这一方便条件后,捍卫新村成为“小民革”经常活动场所之一。周恩来同志约定与会的地点,经常就是这所房子。

有一次,我们正在捍卫新村开会,罗静宜回来了。应不应该让罗看见周恩来同志在她的宅中呢?我的脑子里刚闪出这个问题,周恩来同志已经站起身来,谨慎地说:“我从后门走。”就这样,罗静宜只见到我在会朋友,而完全没有想到这个当儿,周恩来同志正从后门出去。其实,罗静宜早就是自己的同志了,周恩来同志在白区工作中,这种执行秘密工作纪律、以他人安全为重的作风,给我留下的印象很深。

人民不能接受的《中国之命运》

1943年蒋介石发表《中国之命运》。书中,把日本帝国主义的入侵归咎于中国共产党领导的第一、第二次国内革命,而只字不提他对革命的背叛,屠杀、围剿,不提"九一八"以来国民党政府妥协、媚敌的外交军事政策所造成的恶果。书中,蒋介石把抗击、牵制着六分之五日伪军的共产党领导的抗日武装、抗日根据地,诬为"军阀武力割据""破坏统一""妨碍建设"……相反,把将半壁江山拱手让敌的国民党,称为中国命运的"寄托","实行革命建国的总指挥部","中华民族复兴的大动脉"……蒋介石在这部书里,包藏不住内心的杀机,他预示,他将变本加厉地强加独裁于中国之未来。抗战还未结束,蒋介石况且如此,中国的命运如果操于他手,如何了得!爱国图强的中国人,岂有不忧愤之理!

一年以后,日寇在垂死挣扎之际,为解决陆路通向中印半岛的交通问题,在中原发起攻势。蒋介石在河南的40万军队,面对不超过7万的日寇,一触即溃,不战而溃,溃不成军。自此,日寇如入无人之境,历时不过半年,由郑州而洛阳,而长沙,而衡阳,而桂林,而柳州,而南宁,完成了它的大陆交通决战。

蒋介石的军队从河南到黔桂,在数千公里长的战线上,写下了无数耻辱的记录。在所有这些耻辱记录中,衡阳一战给人留下的印象最深。自从4月汤恩伯、胡宗南不战而逃丢弃河南,日寇南下,几乎是一路无阻。6月下旬到衡阳城下,才遇到第十军军长方先觉率部抵挡。一时,衡阳保卫战名噪天下。第十军的将士奋战了47天，8月初，衡阳还是沦陷了。关于方先觉，国民党初则报道他“下落不明”，继则宣布他“被俘”了。

“小民革”的同志从国民党内部掌握了可靠的情况，证明方先觉不是被俘，而是投降，方先觉的投降与蒋介石有关，蒋日正在进行一桩见不得人的交易。

不久，日本人释放了方先觉。国民党以空前隆重的礼遇和声势欢迎方的归来。此时，方先觉是降将的消息已经传到了社会上，群众非常愤怒。此时，由于衡阳失守，日寇的攻势又如狼奔豕突，深入内地而来，而政府却在拿降将充“英雄”。以后的仗，还怎么打得下去！

国民党军队从河南败到广西边境，百万之众竟战不过强弩之末的10万敌兵，丧师失地，弃城百十座，沦亡同胞近亿。对照这同一时间的欧洲各战场、北非战场，甚至于菲律宾战场，盟国正在迎接全面胜利，而国民党官方的抗战，却面临空前的危机。由此，民怨空前沸腾，舆论空前沸腾。可以说，1944年国民党军事上的惨败，国统区人民一致公认危机的到来，正是对蒋介石《中国之命运》最生动准确的解释。再也没有比这更雄辩的事实，能让亿万中国人觉醒了，蒋介石不是要一党专政的“统一”吗？不是说国民党“为革命的唯一政党”吗？不是说共产党的抗战是“武力割据”，要共产党“放弃武力割据”吗？抗战头6年的历史证明，若不是为了控制粤汉铁路，打通大陆交通，日寇不见得有必要大举进攻国民党防区，而一旦日寇的兵锋指向国民党，蒋介石的嫡系部队溃的溃、降的降，军政上下一片怨天尤人之声，怨盟国援助不力，怨军队装备不良，怨河南军民不治，称湖南农民为“匪”，宁剿百姓，不敢御敌，以致一败涂地。形势如此，中国人自然而然地都要想，中国之命运，岂能交给蒋介石为首的一小撮寡头手中?

于是,围绕如何挽救危机的问题,国统区的民主运动以空前规模蓬勃兴起。

我记得,日寇进攻广西前,李济深将军在桂林大声疾呼“铲除失败主义”,要求国民党当局“动员民众”,实行“民主抗战”。我在小民革以文化人身份,与沈钧儒、张申府等联名,首先致电响应。

当时,全国舆论一致要求以民主求团结,以团结争取抗战胜利。蒋介石为首的国民党顽固派是非常孤立的。

1944 年 9 月,我参加过一个各党派在重庆召开的规模很大的集会,讨论如何及早实现民主。国民党几位元老的讲话发自肺腑。冯玉祥将军呼吁改革,大谈民主就是人民做主人的道理,对于鱼肉人民的军队来说,失败是报应。孔庚先生说,就是秦始皇再世,再杀人如麻,也阻止不了民主的潮流,中国不实行民主,就要亡国。许多党派和人士都呼吁实行三大自由(即言论、人身、集会结社自由)以确保民主。第三党章伯钧主张召开国民会议,实行联合政府以挽救危机。更有青年们,或跪呈民主意见书,以示赤诚,或昂首宣称,为抗战胜利,民主实现,不惜流血牺牲。

这个会的气氛说明,各党派、各界人民都认清了蒋介石的一党专政、个人独裁的腐败政治,是军事上失败的根本原因,反映出我党在历次谈判中所坚持的主张,已为各党派、各界人民所接受。

同时,国民党内部对蒋介石的独裁统治的不满,也见于立法院院长孙科的言论和文章中。1944 年,他出于对国民党统治危机的忧虑,主张实行宪政,“施行民主政治”。国民参政会秘书长部力子，更直言反对蒋介石《中国之命运》中崇尚清朝旧制的倒退思想，疾呼清洗那种“不忠心于民主政治的人”。

民族资产阶级的代表黄炎培，此时也发出“要为民主拼命”的怒吼。

就连反共起家的青年党，它的领导人，以李潢、左舜生为代表，也反对国民党的一党专政，主张“切实调整国共关系”，“加速实现民主”。

在这样一种形势下，通过“小民革”的活动，促进各党派加强争取民主抗战的斗争，是大有意义的，也是大有可为的。

国共两党的代表大会期间

1945 年 4 月至 6 月，中国共产党召开第七次代表大会。同一时间，国民党在 5 月召开第六次代表大会。国共两党如此以旗鼓相当的实力，同时召开全国代表大会，唱对台戏，还是史无前例的事情，更何况，此时正当决定中国命运何去何从的关头。

在中共七大上，毛泽东同志发表《论联合政府》的著名报告。正如毛主席所说，《论联合政府》和 1943 年蒋介石发表的《中国之命运》，代表了中国抗战胜利后两个截然不同的命运，前者预示光明，后者代表黑暗。值此抗战胜利的前夕，两种中国之命运，有待中国人民来抉择。

我身在重庆，目睹国民党六大召开前夕重庆的高压空气，又由于我是“小民革”成员，“小民革”中就有国民党六大代表，所以对国民党六大会场上的斗争，也略有所闻。

国民党六大前，蒋介石对我党领导下的文化运动恐惧万般，下令强行解散郭沫若领导的文工会,对进步文化运动又一次进行扫荡。

4月初,重庆各党派百余人盛会慰问郭沫若为首的文工会全体同志。会上,王若飞、邓初民、陶行知、柳亚子等许多人都做了极为精彩的发言,痛快淋漓地揭露了国民党右派的法西斯本相,我特别记得翦伯赞那天与众不同的控诉和呐喊,他说,中国文化人已经书不能教,文章不能写了,他大呼不如由郭沫若带领"组织一支文化洋车队",他呼吁全世界文化界援助中国文化人,因为"我们快要饿死了"!那天的会上,与会者有吟诗的,有演讲的,都还维持着一种知识分子的庄严。唯有著名历史学家翦伯赞,他的呼喊全没有书生气,他在为千千万万不能与会的、挣扎在饥饿线上的人控诉,他的发言深深震撼了大家,在我心中,留下特别深的印象。直到他被戴上了"反共老手"的帽子时,二十多年前他的呼喊声还在震动我的心。

其后不久,国民党六大在重庆开幕。会上派系斗争十分激烈,最占上风的是CC派。代表大会有一个"检讨党政"的"质询"项目,不少代表向参谋总长何应钦追究豫湘黔桂溃败的责任,要求对汤恩伯等将领严惩不贷。何应钦在答复时,竭力夸大敌人兵力和实力,给人的印象是打也要败,不打也要败,命中注定非败不可。

就在这时,候补中委王昆仑杀出程咬金,他抓住方先觉问题起来质询说,舆论传说方先觉有投降行为,现被日寇放归,政府以"民族英雄"之礼相待,他要何应钦就这个问题向代表"说明真相","以正视听"。王昆仑言语不算失礼,而且还委婉地用了"澄清谣传"的字眼,却是一记杀手锏,正好打中蒋介石的痛处,揭了他的疮疤。蒋介石恼羞成怒,亲自出马,他语无伦次地当众大骂王昆仑,“我们国民党里有共产党”,“你老婆曹孟君就是共产党”……接下来全场大哗,右派们狂啸“枪毙”“枪毙”……演成一场闹剧。

王昆仑回家后,愤愤然不想再出席会议,我闻讯赶到昆仑家,正好遇见张治中在安慰、劝说王昆仑,大意是要他“忍辱负重”,继续与会。据吴茂荪说,张治中和不少代表一样,对“领袖失态”感到不满。张治中走了,“小民革”的同志放心不下,担心蒋介石会加害王昆仑。到底应该采取什么对策呢?王炳南、刘仲容和我饭都不吃,坐在昆仑家,想给他出主意。在政治斗争中,我是最缺乏经验的人,坐在那里干着急。

最后,王昆仑接受了炳南的意见,以大局为重,复出与会。说实在的,王昆仑闹国六大,揭露蒋介石的目的是完全达到了。

这件事情说明了一点,同是处在抗战胜利的前夕,共产党的第七次代表大会,以其团结进步、高瞻远瞩、迎接胜利的特点载入史册,而国民党的第六次代表大会,派系斗争白热化,蒋介石集团已经刻下了分崩离析、众叛亲离的痕迹。这一鲜明对照,是很有象征意义的。

王昆仑每年夏天居家白鹤林,与我楼上楼下相邻。这年夏天,国民党六大后,王昆仑早早搬到白鹤林乡间,他懒得再出去活动了。所以我们的院子,这年夏天特别热闹。

热闹的原因是多方面的,国际反法西斯战争,在欧洲战场已经战胜希特勒德国和墨索里尼,中国的抗日战争,胜利已成定局,所以大家的心情是舒畅的。就在这时,著名记者,在押“囚犯”萨空了,给我们带来了一种特殊的快乐。

记者萨空了,向来以勇敢正直、疾恶如仇、秉笔如执法闻名于全国。几年前,他在桂林触犯了蒋介石的“天规”,被捕下狱,押来重庆，关在大特务康泽手下的五云山集中营。

有一天，萨空了仿佛从天而降，突然出现在我家门前。他表现出一副偶然邂逅、惊喜万分的样子，我却看呆了。只见他的身后还跟着一个人，萨空了好像当他不存在一样，神态轻松极了，径直走进屋子里，随来的人没有跟进来，坐在大门外等候，倒还知趣。经萨空了解释，我才明白，抗战到了尾声，蒋介石拿这个与任何党派都无干系的新闻名人实在无奈。关下去太被动，放出来又怕他再骂，于是采取特殊措施，放宽监禁，允许他每周在北碚地区较大范围内“放风”一次，不过得有一名狱卒随从。我始终不了解萨空了怎么会知道王昆仑和我的住址的，猜想可能是从闵刚侯那里得到的消息。闵刚侯所在的朝阳学院分院，离五云山集中营只有几华里路，萨空了狱外云游，一定先见到过刚侯了。

第一次见面，王昆仑和我与他整整畅谈了半天。吃饭时间到了，我爱人乐英招待红烧肉拌刀削面，萨空了边吃边夸味道好，一连吃了两大碗。当然，为了通融随同狱卒，也得给他端一碗去。

从此以后，萨空了成为我们的常客。他和我两人之间，有一个共同的好友，那就是张友渔。谈到张友渔的事，萨空了如数家珍，简直像说书一样生动。当然，更多的时候，我们互相交换狱里狱外的情况、国际国内的形势。

从五云山到白鹤林，不仅路途远，还须摆渡过河，如此跋山涉水的困难，也挡不住萨空了找王昆仑和我摆龙门阵。

有一次，他对我说想见见石西民（当时任《新华日报》采访部主任）。我们约定日子，由我进城通知石西民同志。到了那一天，石西民早早地下乡赶到我家，然后，萨空了像往常一样，在狱卒“陪同”下悠悠然而来，狱卒眼里，又是一次邂逅，哪知道是我们早就安排好的。

萨空了在1945年夏天所获得的一点点有限自由，反映出蒋介石在全国一片民主呼声中，已经无可奈何了。

石西民与萨空了在我家见面后，重庆突然出现一种传闻，说周恩来与我在北碚会面云云。分析起来，如果说事出有因的话，特务密探们大概是把石西民错当周恩来了。

这个传闻传到孙科耳里，他很不放心。当时的孙科，一方面想和共产党、和苏联拉关系，另一方面又怕中苏文协他手下的人都被共产党拉过去。

一天，孙科特地把我找到他家里去，盘问我：“你和什么人来往？”我不假思索地说出两个人名：“王昆仑、郭春涛。”王昆仑是中苏文协中我的上司，又是“太子派”名人，合法性自不待说。郭春涛是国民党的立法委员，众所周知的反蒋派，和郭往来，在孙科眼里也不为过失。谁知，孙科突然提出：“侯先生还是参加国民党吧。”这个问题我完全没有料到会由孙科本人提出，瞬间，我意识到这既是拉，又是探，不回答是不行的。我便说：“等孙先生掌握国民党大权的时候，我就参加。”孙科听罢，笑了。

后来，听周一志先生说，孙科还专门找他了解过我的情况，周说，他给孙科的答复是，“侯外庐是相信马克思的，但对孙总理（孙中山）也不错”。孙科对我的疑虑一直没有解除，我之所以能在中苏文协继续工作下去，很大程度上是靠王昆仑从中斡旋。

抗战胜利前夕，孙科对我的怀疑，从一个很小的侧面反映出他的矛盾心理。

重庆谈判期间

抗战还没有胜利，蒋介石就摆好了架势，准备以全力对付共产党。抗战一结束，蒋介石挑起一系列局部规模的武装冲突，不公开的内战实际上已经开始了。蒋介石要打内战，人民反对内战，果然如毛主席在七大所预言，即使打败了日本帝国主义，中国仍然面临新旧中国两种命运、两个前途。只不过，战后初期的国际形势还比较有利于人民，苏、美、英暂时都不希望中国内战，中国共产党坚持和平、民主、团结的原则，蒋介石发动全面内战的准备也还没有就绪。迫于形势，蒋介石不得不电邀毛主席赴重庆进行和平谈判。

蒋介石提出谈判，不过是做个姿态而已，但企望早日实现和平的人民无不翘首以待中共接受谈判。人们都以为，天下之安危系于中国共产党。

“小民革”的同志大都是有经验的政治活动家，谁看不出蒋介石包藏着险恶的用心！所以，当毛主席将亲赴重庆谈判的决定，在公布于众之前先传达到“小民革”时，所有的人都深深地被感动了。

1945 年 8 月 28 日，毛主席飞抵山城，进行了 43 天和平谈判。这 43 天是惊心动魄的。大家担心毛主席的安全，毛主席则履险如夷，一面和蒋介石进行紧张的谈判，一面还要抽时间会见在渝的民主党派和无党派人士，并出席各种座谈会、宴会。

毛主席在渝期间，我有幸三次见到他。

第一次，是 9 月 1 日在中苏文化协会为庆祝中苏友好条约签订并生效而举行的盛大宴会上。这个为庆祝中苏友好条约签订而召开的大会，由于有毛主席参加，实际上开成了一个欢迎毛主席的盛会。为了开好这个会，中苏文协做了充分的准备，为保证毛主席的安全，事先还特地规定，所有知情人都必须守口如瓶，谁也不得向外界披露。

9 月 1 日下午的这个宴会，出席者有宋庆龄、冯玉祥、沈钧儒、覃理鸣、郭沫若、史良等知名人士，有中苏文协的全体正副会长孙科、邵力子、陈立夫，有各民主党派负责人，也有国民党的军政要员，如陈诚等，来宾达五百多人。中苏文化协会大大小小的会议室都挤得满满的。

这天，下着细雨，过往行人为文协若市的门庭吸引住了，不自觉地冒着雨停足伫立，围观的群众越来越多，百口同声谈论着毛主席，大家猜想他会来出席宴会的，都想一睹风采，警察赶都赶不开。

毛主席在周恩来同志和王若飞同志陪同下来了，门外欢呼四起，这是老百姓发自内心的欢呼。

毛主席进入会场，各界名人争先恐后围上去和他握手。在所有的与会者中间，我最难忘记冯玉祥将军和覃理鸣先生的激动的神情。我站在离他们不远的地方，亲眼看见冯将军拉住毛主席的手说，“来来来，为总理（孙中山）的三大政策的实践干杯”，干杯之后，背过身去，用手帕拭泪。我也亲眼看见覃理鸣先生握着毛主席的手，激动得只是流泪，却久久说不出一句话。在冯、覃二位的脸上，我读到这两位民国元老对中国共产党争取和平民主和团结，争取国家光明前途所抱的希望，和对蒋介石集团的失望。

毛主席与会总共一小时左右，在会场内外众多的政治家和老百姓中间,真正是万众瞩目的领袖。与此形成鲜明对照的是,会场上,陈诚和陈立夫连理都没有人理,面孔尴尬极了。蒋介石怎能容忍这样的场面出现在他的权力核心所在地,据说,第二天他把邵力子找去大骂了一顿。

我第二次见毛主席的机会,是参加毛主席召集的“小民革”部分核心成员座谈会,地点在张治中公馆(重庆谈判期间,毛主席有时住红岩村,有时住张治中公馆)。出席者中间有中共的王若飞、徐冰,“小民革”方面的王昆仑、许宝驹、屈武、曹孟君、谭惕吾和我。

那一天,毛主席与蒋介石谈判后来到张公馆,精神很好,毫无倦意。我们在屋外迎候毛主席,一见面,大家向他致意,毛主席说:“各位辛苦了,你们都是无名英雄啊。”这句话使我感到很激动。正式的谈话从我们对主席安全的担心开始,后来集中的一个主题是和谈究竟有无成功可能。我记得,毛主席饶有风趣地打了个譬喻说:“我看,国共两党结婚不成问题。”我说:“老头子和青年恐怕难成姻缘。”主席说:“不行的话可以刮胡子嘛!”这一天,毛主席一再指示我们,一定要做好统战工作。谈话间,我对主席说,读了延安的整风文件获益匪浅,主席谦虚地说:“闭门造车,出户未必合辙。”徐冰忙接道:“外庐是自己人,主席不必客气。”那天的座谈中,各人谈话方式不尽相同,但议题中心集于和谈的前景。

我第三次见主席的机会,是覃理鸣先生宴请毛主席时约我作陪。那是一个小型家宴,地点就在覃的府邸,除宾主之外,作陪的有周恩来同志、叶剑英同志、翦伯赞和我。从中一路到覃的府邸,有一段很长的下山的阶梯,主席和叶剑英同志走在前,周恩来同志、翦伯赞和我走在几步之后,一起从中一路下坡步行到覃家。这次家宴中，有几件事给我印象较深。其一，宾主之间似乎不拘泥于礼，从中可以悟出毛主席和覃理鸣先生相交甚深。其二，广西旧军阀杨希闵出现在覃府，并与大家同席，当时我感到非常突然。其三，席间，覃老先生说话较多，他介绍了不少有关蒋介石的情况，多有请主席警惕之意，也谈了不少阎锡山的情况，对阎锡山略露美言之意。毛主席谈话不多，只涉及和谈的主题，对阎锡山只字未做表态。

此后不久，听说覃理鸣先生为向主席引荐章士钊先生，又一次宴请毛主席。在重庆谈判期间，两次纯粹以私人身份宴请毛主席，毛主席两次均赴宴，当时，我未闻除覃理鸣先生之外，再有得此幸者。

和谈期间，主席在一切场合的谈话都是围绕和平的主题。我记得他说过一句很有名的话，给大家的印象极深，他说："中国今天只有一条路，就是和，和为贵，其他的一切打算都是错的。"他的那种断然截然的口吻，使大家非常信服中共对和平的决心。

和平谈判实际上是边打边进行的。整个9月，从粤南到冀北，到察哈尔、绥远，国民党不断地对解放区发动进攻。蒋介石丝毫和平的诚意也没有。

针对这个情况，9月我写了一篇小文章，题为《友道今释》，发表在9月30日《新华日报》上。在这篇文章中，我从语法、文字学和训诂三个角度，说明"友道"对于和平、民主、团结、合作的重要性。

首先，我用清代唐铸万的哲学名言，"裂一未可得半"，说明朋友之道要有一与半的相辅相成，说明"友道"一词的哲学含义。

其次,从文字学的角度来解释“友”字和“朋”字。“友”字金文作“[illegible]”,像两只手,可见携手同盟之谓友。朋友之“朋”,甲骨文作“[illegible]”,金文作“[illegible]”,像持系贝。古者五贝为一系,二系为一朋。“朋”字所表示的是二系的平等比例,所以古语有“朋比”二字的连用。“朋”字既初出于贝币,而后引申为朋友之义,顾名思义,应包含两层含义,即交易往来的经济关系是前导,尔后才有君子之交的利害关系。墨子有所谓“兼相爱,交相利”之说,友爱连称表明了精神关系,友利连称则表明物质关系。可见朋友之道是涉及功利的。只有在利害关系上互相尊重,自利而又利他人,才有友道实际存在的可能。平等的道理就是朋比的权利义务关系,尤其在近代社会,“民主”“平等”都是从商品等价交换关系中发展推衍而来的政治概念。总之,我用文字学说明“友道”的实际含义是义利两者兼顾的。

最后,我分析孔子说“以友辅仁”的道理。孔子称“友直、友谅、友多闻”为“三益”。也就是说,孔子重视直言不讳的,相互信任的和能帮助自己开阔视听的真朋友,而鄙薄那些柔佞谄媚的假朋友、坏朋友。《论语》中有所谓“攻乎异端,斯害也已”一说。清代乾嘉学者焦循做过一番训诂,他解释“攻”,是攻玉攻错之攻,解释“已”是停止的意思。焦循有独到的见解,他把这句话翻译成:与持不同立场的异端之见者互相切磋、互相观摩,有害之处就不复存在了。所以,焦循把执中之人(折中派)和执一之人(专断独行、唯我独尊的人)称作“异端”,而把能够包容异己的人称作为“圣人”。我认为焦循的说明是有道理的,并借用这个道理说明只有成己成人,彼此批评、比赛、竞赛,观摩,友道才能得全。

我记得,周健同志把这份报纸带到“小民革”,并且向大家朗读了这篇文章。文人用训诂、考据之法打着了蒋介石之流的顽固派,朋友们都高兴得手舞足蹈起来。

中共的诚意、人民的期望、舆论的鞭策,在蒋介石眼里一概视为子虚乌有。毛主席还在重庆,10 月 8 日,八路军办事处秘书李少石同志遭暗杀。10 日签“双十协定”,11 日毛主席回延安,重庆的同志们、朋友们才长出一口气,放下心来。

旧政协时期——和平希望的破灭

在和平谈判前后,中国共产党对于和平、民主、团结的新局面,对于实现联合政府的问题,我感到是有所实际构想的。当时常听中共的同志们有所谓“如果成立联合政府”,将如何如何的谈话。张友渔还跟我说过,如果成立联合政府,将来山西省阎锡山代表国民党,薄一波代表共产党,让我去代表无党派。我当时对这个设想并没有兴趣,因为我领教过阎锡山的阴险和狡猾,实在对他厌恶得很,不想再和他打交道。但是这个话题清晰地留在我的记忆中。我想,起码可以说明一点,对于“和平、民主新阶段”,党是有过实际构想的。今天回顾这一段历史、理解这一段历史的时候,我认为不应该超越当时的客观条件和客观形势,否认党对和平、民主、团结愿望的合理性。

“双十协定”墨迹未干,蒋介石就全面揭开战幕。10 月底,美军登陆华北,武装干涉中国内政开始。11 月初,《新华日报》报道了国民党大规模调集军队进攻解放区的消息。国统区连连发生反对内战的学生运动遭屠杀的惨案,全国人民的民主、反战呼声更加高涨。撕毁了“双十协定”的蒋介石,此时发动全面内战的准备并未就绪，迫于全国人民要求和平民主的压力，不得不召开被一再拖延的政治协商会议（即旧政协）。

旧政协召开之前，“小民革”为是否要公开的问题展开了一场空前激烈的争论。多数人主张公开。但各人对公开的必要性认识不尽相同，有的认为应该亮明旗帜，争取群众的支持，与蒋介石的独裁政治做公开斗争，有的不仅认为应该公开，而且主张必要时全体加入共产党。少数人不主张公开，理由是，“小民革”大部分成员都有其他党派身份，若公开“小民革”的组织，这些同志会有一身二党的问题。不过，“小民革”全体同志都希望该组织能在旧政协争取到席位。

1945 年年底，“小民革”召开了一次规模最大的会议，地点在徐淡庐同志主办的《商务日报》报馆，与会者过百，连难得到重庆来一次的杜斌丞、赵寿山等人也都出席了会议。

会上讨论的议题是公开与否的问题，推派出席旧政协的代表，以及选举“小民革”中央委员会。

关于公开的提议，我记得在会上被一致通过了，并决定国民党左派同志为便于斗争，可暂时不公开。在会上，讨论了王昆仑和我各自写的两份公开宣言草稿。后来这个问题似乎是不了了之。

在推派旧政协代表时，由于代表须没有任何其他党派身份的约束，选来选去，大家推我为“小民革”的代表。

最后选举出“小民革”中央委员，其中有王炳南、王昆仑、许宝驹、屈武、刘仲容、于振瀛、阎宝航、闵刚侯、金仲华、曹孟君、徐淡庐、吴茂荪、吴觉农、哀翰青等人和我，总共二十人左右。

会议后，“小民革”公开组织一事终未能实现，做出这个决定的过程我不甚了然，我个人认识还是从统战的全局出发的。

“小民革”推举的代表，后来由中共“社会贤达”名义，推荐参加旧政协，但结果被傅斯年到国民党政府去捅掉了。最后，旧政协中，“小民革”无一人参加。这和1949年新政协召开时，“小民革”成员大部分都列为代表，相当一部分被选进政协委员、候补委员，形成了鲜明的对比。

1946年元旦后，旧政协终于开场了。偌大个四亿五千万人口的中国，协商政治的代表人数寥寥，仅38人。

不久，民主同盟召集了一批人作为“民盟代表团顾问”，公布了洋洋大观的数十人顾问名单，把我列为教育文化方面之一员。据公布说，其中杜斌丞、周鲸文、彭一湖三人能参与政协会议。这个顾问班子没有搞过什么活动，我个人理解，这是民盟壮声势的一个办法。

旧政协一共历时二十天左右，同时还继续举行国共会谈。这段时间，在谈判桌上取得的成果甚少。我除了记得国共会谈取得协议，双方下令停止内战（只不过是一纸空文），在北平设立军调处以外，我简直记不得旧政协有过什么具体协议。只记得中共在会上提出过《和平建国纲领》（草案），民间有关大赦的呼声日趋高涨。

旧政协的协议也罢，成果也罢，为什么使人形不成记忆呢？原因在于会议刚结束，就发生了“较场口血案”。2月10日，重庆群众上万人聚集在较场口广场，准备庆祝政协取得“成功”的时候（当时群众确实是把政协召开本身就看成为成功的），蒋介石的特务暴徒悍然逞凶，毒打政协代表郭沫若和其他与会人士李公朴、马寅初、施复亮、章乃器等。庆祝大会未能开成，郭沫若的眼镜被打得粉碎，李公朴、马寅初伤势最重，都住进了医院。群众连个庆祝旧政协“成功”的会都不许开，这个政协，还谈何

“成功”！

旧政协结束后，重庆的空气不仅不见缓和，反而一天比一天紧张。“较场口血案”以后，特务暴徒又行凶捣毁《新华日报》社。

国共两党，谁愿和，谁要打；谁真诚，谁歹毒，不言自明了。蒋介石那副杀气腾腾的独夫真相，已经大白于天下。

在山城最后的日子

迫于中共的正义要求、各界强烈的呼声，蒋介石不得不释放了一批政治犯。2 月底 3 月初，廖承志、叶挺先后获释。

我和廖承志同志自法国一别，16 年未见了，知道他出狱，我到八路军办事处去看他。一见面，阔别重逢之喜激动得我半天说不出话来，只见他还是那副洒脱脱、乐哈哈的样子。

叶挺将军出狱后，和叶剑英同志一起住在离中苏文协不远的一家旅馆里。一天，我到旅馆去拜访他，见叶挺同志着一身灰布新军装，坐了五年零两个月的牢，面色不免有些苍白，但身躯笔挺，精神奕奕，朴素其表，英武其实，真不愧是铮铮铁骨将军。与国民党那班只会荼毒同胞，沙场上望日寇而披靡，回朝来还要耀武扬威，金玉其表、败絮其中的将领相比，世间真难有再鲜明的对照了。

谈话间，叶挺将军说：“在狱中，拜读了你的《近世思想学说史》，很得教益。”我说：“还请叶将军多多见教。”叶将军十分诚恳地说：“内容很好，道理也很透，就是引文篇幅似乎过长了一点。如果能对引文作一些解释的话，读起来就不会那么深奥了。”……

这是我平生唯一的一次与叶挺将军接触和谈话。我当时又是喜,又是愧。喜的是,我的文字能伴英雄于囹圄之中,解他的寂寞。愧的是,我的文字太不通俗,让英雄累神了。

没过几天,叶挺将军飞赴延安,与王若飞、秦邦宪等十多位同志一起,遇难黑茶山,惨绝人寰,痛煞国人。我在悲哀之中,还有一层不为人知的痛楚,叶挺将军前几天对我的指点,莫不是他临终对我的批评?

我笔下的文字风格,一生都没有改过来。一则由于早年自从学习白话文不久便开始翻译《资本论》十载,德文的文法对我的影响有如烙印,难以磨灭;二则也是自命文字服从内容,因而克服缺点不力,以至于因循至今。如果说我此生对自己的作品有所不安的话,有一点便是英雄叶挺初见所给予的恳切批评,后半生我没有认真克服而酿成的悔恨。

这年春天,国民党当局在阻挠旧政协决议实施的同时,迫于形势,不得不就准备召开的“国民代表大会”必须讨论的宪法问题进行协商,成立一个由各党派和无党派人士各占一定名额而组成的“宪法审议委员会”。既称“宪法审议”,便可见国民党准备将 1936 年官方拟就的“五五宪草”强加未来的联合政府。“五五宪草”历来受到进步势力的批评和反对,早已声名狼藉,而宪法问题直接关系到未来联合政府的纲领,因此,中国共产党很重视这个委员会,“小民革”也持同样态度。由于我在抗战初期几年对统一战线乃至孙中山先生新三民主义的理论做过研究,发表过不少文章,此时,中共经与“小民革”商定,推我以无党派“社会贤达”身份进入该委员会,遭到国民党坚决排斥。郭沫若同志以旧政协“社会贤达”身份被推定进入“宪法审议委员会”。郭老为了促成我参与这项工作，向国民党方面表示，他愿意放弃该委员会代表资格，让侯外庐代替。对此，国民党仍然坚拒。

郭老在文化学术界以及在民主阵营中的声望举世公认，若没有郭老作为社会贤达代表参与“宪法审议”，国民党是交代不了的，郭老推荐我代他参与“宪法审议”一举很策略，国民党的拒绝，他们排挤民主进步势力进入议事机构的顽固性，亦在意料之中。

经过一番斗争，我虽被排挤，但是，中共和“小民革”仍然授意我研究国民党的“五五宪草”，为嗣后“宪法审议”中必将出现的尖锐斗争做理论准备。为此，张友渔和徐冰不止一次找我谈话，指示这一工作的重要性。

如此，在 1946 年 6 月离渝之前，大约有三个月左右的时间，我集中力量研究了“五五宪草”、各国宪法、孙中山先生有关宪政的论述以及其他的宪政理论，并撰写了一批文章，配合当时的形势。这一时期的文章主要有《根据中山先生遗教研究中国宪政之途径》《中山先生宪法思想之理论与现实》《省宪是中山先生明定的遗教》等。与此同时，我还将抗战初期写的有关中山先生三民主义的论文若干篇，汇集成册，题名《三民主义与民主主义》，于 1946 年 5 月由上海长风书店出版。这本小册子的主题与上述宪政问题研究的宗旨是相互衔接的，旨在阐明政治上的民主是制宪的先决条件。

在重庆的最后几个月，学术活动还是很多的。

1946 年春天，“中国学术工作者协会”成立了，选出郭沫若为首的理事四十余人，其中有邓初民、翦伯赞、杨晦、张东荪和我等人。

春天，陶行知先生创办了一所“社会大学”，为渴望深造的有职业和无职业的青年知识分子提供学习机会，确切地说，是向他们宣传马克思主义的基本知识。学校的具体负责人是李公朴，中国共产党对这个阵地十分重视，全力给予支持，发动了大批团结在党周围的学者，到社会大学去任教，我被聘担任历史系教师。

春天，邓初民主编的《唯民周刊》创刊，每期并列三大讲座，《政治讲座》由邓老亲自撰稿，剖析抗战中和抗战胜利后的政治形势。《历史讲座》由翦伯赞撰写，宣传历史唯物主义基本知识；《哲学讲座》由我和一位年轻有为的广东青年罗克汀联名供稿，进行辩证唯物主义的基础教育。因为“小民革”活动太多，我分身不过，头几篇有关意识起源的内容是我执笔的，后来绝大部分的篇幅都出自罗克汀之手，我只不过挂名而已。

这年春天，在我的一生中具有重要意义的一件事情是，杜国庠、陈家康、赵纪彬和我，在中苏文协楼上，一起拟定了写《中国思想通史》的初步计划。我们决定用新的观点来清理贯穿数千年的思想史。这是一项巨大的工程计划。《中国思想通史》最初的构想和合作方案，就在这次商议中形成了。

5月，暮春的重庆，天气开始热了。月初，蒋介石政府还都南京时，周恩来同志率一支中共人马飞赴南京。接着，郭沫若飞上海。行前，为《新华日报》写了一篇杂感。题曰《重庆值得留恋》。大意是说，以往天天诅咒、人人诅咒的重庆，今天要离开了，重庆又值得留恋了，留恋这里如画的山水，留恋共同战斗过的人民。郭老的文章，说出了所有即将离去的同志们的心情。

那时，我和“小民革”的同志，学术界的朋友，也都在筹划着去南京、上海。正在准备中，我向李公朴推荐罗克汀，让他到社会大学去接任我的课程。

此前此后，我和李公朴还有过几次接触。最后一次见李公朴是在一家俱乐部。我说我准备走了，他说他还要去昆明联大料理一些事务，然后拟再经渝返沪。谈话间，他对民主运动的长期性、艰难性似很有准备的，那副天不怕地不怕的神态一如既往。过后，好像他先我几天离开重庆，俱乐部一别，就此成了永诀。

李公朴和我，相处的机会并不多。我们是抗战开始后认识的。整个抗战八年，无论在哪里，他都来去匆匆，但是我们曾不止一次深谈过，从学术到政见，研究的领域虽然不同，看法却非常接近。也许是由于我不具备他所具备的气质的缘故，我是很钦羡他的，特别喜欢他有感染力的个性。直到今天，每当一想起抗战结束后的日子，想到离开山城的那段时间，不知为什么，李公朴潇洒的须髯、如火的目光，总出现在眼前，仿佛有一件重要的东西丢失了，失落在大西南，再也找不回来了。

5 月底，冯玉祥将军和李济深先生得到蒋介石为他们东返专拨的一艘客轮——民生公司的“民联轮”。张友渔交给我冯将军亲自分发的几张船票，供我一家使用。临行前，徐淡庐来看我。徐淡庐是“小民革”中央委员中最年轻的一位，足智多谋、才华过人。我想，“小民革”中心迁沪宁，他怎么能不去呢？更何况他以往的活动已经非常显眼了，不宜留在重庆。我竭力劝他和我同行，把一张票送给他。徐淡庐同意了，草草安排了一下就和我家一起出发了。当时，我还负有一个使命，要负责中苏文化协会机构和《中苏文化》刊物复员南京的事务。因此，又设法为我的助手先锡嘉同志搞到船票，和我同行。

上船的时候，由于人多票少，我三个女儿都得临时设法，充当无票乘客。小女儿尚可怀抱，三女儿12岁勉强争取免票，二女儿16岁，已经是高头大马了，没票怎么也说不过去。怎么办呢？谁料这孩子平日老老实实，目不斜视，居然临“危”不惧，也不知怎么巧施妙计，从人缝里一钻，就上了船。淡庐和我全家皆大欢喜。

在民联轮上，除冯、李二位的全家外，还有王冶秋、谭平山、徐悲鸿、翦伯赞、徐淡庐……几乎满船都是重庆著名的民主斗士和他们的家眷。据说，重庆的军统大为恼火，一次放走了这许多职责要求他们注意的目标，很不甘心，却又奈何冯玉祥、李济深不得，只好眼睁睁地看着这条船起锚开航。

民联轮行速很慢，我和谭平山两人同住二等舱一间锅炉隔壁的舱房，整天就像烤烧饼，热得难忍。冯玉祥很会外交，每日午、晚都请一二人和他一同进餐，我和谭平山一起受到他一次款待。从冯玉祥的客舱出来，回到自己的舱房，更有如从天堂进入《神曲》中的“炼狱”。

在民联轮上渡过了七天七夜，我随身带着多数篇幅由罗克汀起草，后来我与他联名出版的《新哲学教程》的书稿，在船上为该书加了序言。

舱里的温度热得发烫，大家都愿意在甲板上消磨时光。轮船缓缓而行，身后留下了我此生未有机会再返一顾的山城。船头浪花四溅，泡沫飞起，又瞬即消逝。长达八年的抗战结束了，然而，和平也如同泡沫一般破灭了。新的中国的命运，还有待在战场上搏杀出来。

民联轮穿过神奇、险隘的三峡，江面越来越宽了，船上的人也越来越舒展了，唯独天一点也不见凉爽下来。重庆是火炉，汉口也是火炉，直到南京登岸时，依然是火炉。是的，无论在哪一层意义上，我们的确是从一个熔炉，奔向另一个熔炉。妙的是，民联轮上这一船的人，绝大多数已经抱定宗旨，不论神州再起什么样的风浪，大抵都是决心要同舟共济到底的了。

中苏文化协会复员南京

“民联轮”航行七天七夜，于1946年6月4日抵达南京。我这是平生第一次做江南行，域内最富庶的一角对我来说，到处都是生疏的。好在不少老朋友已经先我到了南京，同来的徐淡庐、先锡嘉二位又给了我许多帮助。

这天正是端午节，谭惕吾在自己家里准备了丰盛的一席，为我们“小民革”一行人洗尘。

徐淡庐在南京未做逗留，很快就去上海了，他决定去搞经济，我很想助他一臂，但除了能为他介绍几位老朋友之外，别无力量。于是，我写了介绍信，让他到上海去找我的朋友，金融家冀朝鼎和罗静宜。

初到南京，找房子是很大的难题。城里的房产早成了形形色色接收大员的囊中之物，官僚们“还都”不乏钱势，自然不愁没住处，我的家眷在南京要找个立足之地都是难极的事。多亏一位朋友相助，在牌楼巷新菜市的贫民窟地界，替我借了两间屋。这是一所距离市内铁路仅十步远的单薄的小楼。市内铁路当时是南京市区主要交通工具，其地位之显要相当于今天北京长安街上主要公共汽车线路。每小时数班列车往返通过我的窗下，汽笛尖叫，大地轰然共振，小楼终日颤动，门窗时时打抖。

这个住所尚有其可记忆之处，并不在于它的环境，而在于它留给郭沫若的印象。6月中旬，郭老自沪赴宁，一天与冯乃超乘吉普车来看我。他环顾左右，诧异形于言表，我却还深幸自己能得此安身之所。大概是因为环境之恶劣和我神情之知足实在不协调的缘故吧，郭老在他的《南京印象》中，特地记下了他对新菜市7号的印象，连同从我家出去，吉普车被美国兵拦截扣留的遭遇一起，写进了《疑在马尼剌》一节，喻南京无异于美国殖民地。

我离开重庆前，中苏文化协会曾召集过一次常务委员会议，会议决定，由我负责中苏文化协会复员南京的具体工作，在执行使命期间，代行主任秘书职务。因此，我比许多文协同人先走一步。临走，我只带了一位能干的助手，那就是文工会解散后由郭沫若和阳翰笙两位亲自介绍到《中苏文化》编辑部工作的先锡嘉同志，他也是“小民莹”的成员。

在南京，为完成使命，少不了先得“拜码头”，中苏文协的会长和副会长按理是应该拜访到的。在孙科、邵力子、陈立夫三人中，我决定访问邵力子。见到邵，他告诉我，孙科“很忙”，示意没有必要去“麻烦”他。关于他自己，由于此前担任过驻苏大使，看得出对把中苏文协继续办下去的诚意还是有的，但是，眼下虽身居“国民参政会”秘书长要职，却只能给我们一点道义上的支持，向他要房子，要经费，一概答复：爱莫能助。奇怪的是，另一位副会长陈立夫，一向对中苏文协工作是身在其位而不谋其政的，此时却托人带口信来，表示“关心”，表示准备“积极过问”了。我自然得尽可能回避陈立夫的“过问”，所以，马上到苏联对外文化协会驻华办事处找辅拉基金，辅氏无须请示，在我一提出经费的要求之后，立刻满口应允，并答应几天以后即予兑现。几天之后，我第一次从辅氏那里领到四千美元，作为文协复员费用。于是,一方面请邵力子转告陈立夫,经费问题已经解决,让他不必再“费心”;另外一方面,我赶快用这笔钱,顶下汉中路5号那座中西合璧的花园洋房,作中苏文协的机关所在。

不久,郁文哉、潘德枫等同志陆续抵宁,《中苏文化》刊物便正式在南京出版了。

南京是官场,很难坐下来做学问。我急于履行重庆时与杜国庠、赵纪彬、陈家康商定一起编写《中国思想通史》的计划,希望能尽快摆脱事务的羁绊,尽快开始着手计划内的工作。为此,我抽空到上海去了几次,把家眷先搬到上海,安顿子女上学,同时与杜老和赵纪彬同志具体制订编写计划。一段时间内,我不能离开南京的工作,等候文协正式的主任秘书刘仲容交接工作是我的责任。

为中苏文协的复员问题,特别是为陈立夫有插手意图之事,我到梅园新村找过一次周恩来同志。周恩来同志一贯关心中苏文协这个阵地,尽管1946年夏天他忙到极点,仍然还是抽时间听取我的情况汇报,并向我做出十分明确的指示:中苏文协一定要设法维持原状,请刘仲容及早出任秘书主任原职,加强孙科的地位,抵制陈立夫势力。同时,一定要设法维持左右两派的现状。周恩来同志指出,刘仲容适合担任这种职务。根据周恩来同志指示的精神,我在南京等待刘仲容复职的几个月中,一直是以一种守阵地的决心坚持下来的。

此期间,我和梅园新村的接触中,还有一些值得纪念的往事。我记得,我曾将生活书店新版的《近代中国思想学说史》上册(下册尚未到我手),托李维汉同志转交林伯渠同志。自与林老1938年西安一别,荏苒八年了,林老那种政治家而深涵学者气质的风度,特别令我起敬。书带走后,不久,齐燕铭同志来找我，说林老急着想要下册，正好下册已到我手，我便交他带了去。

我离开南京前，一次在梅园新村见到出席联合国大会后归来的董必武同志，董老告诉我，他在纽约见到我的内兄徐永瑛，永瑛在美共工作，不久将回国。我把这个消息带回家时，妻子兴奋极了。

刘仲容终于在这年初冬正式到职，此时，文协各项复员搬迁工作已经基本完毕，各委员会近乎是独立地分别在宁、沪两地开始工作，因此，我和刘仲容的交接很简单，连同陪他四处拜访在内，只几天就完成了，从此卸任，一身轻松。

1946 年 11 月，蒋介石的独裁政权一意孤行，坚持召开了旨在分裂的伪国大，国共两党谈判宣告彻底破裂。南京这个城市我连一天都不想再待下去，于是，一结束工作，便离宁赴沪，忙《思想通史》第一卷编写的事情去了。

《中国思想通史》和《新中国大学丛书》

关于五卷《中国思想通史》的编写过程，因有一系列学术问题，为统一题材，本回忆录拟专篇介绍。此间，仅就与写作背景有关的一些情况，做一个简单的说明。

写一部完整的中国思想学说史的愿望，在我内心，是较早就有所酝酿的。1942 年年底，我完成《中国古典思想学说史》时，就有意按时间的顺序，继续整理并写作秦汉思想史、中古玄学史、宋明理学史及至近世思想史。后来，因形势的需要，也因我个人对秦汉社会史的研究尚未完成，临时变更了写作顺序，先整理出 17 世纪以至清末民初的思想，写下《中国近世思想学说史》,而后,准备返回头去,从事封建诸朝的社会史和思想史的研究。从某种意义上讲,这个初步设想本身,就已经是关于思想通史的理想了。

抗战胜利前后约一年多的时间,我在以统战为宗旨的“小民革”组织中,忙于社会活动,没有完整的时间继续写作,但是,对封建诸朝社会史和思想史的研究和积累从未中断。也正是在此期间,写作《中国思想通史》的一个更重要的准备业已就绪——一个共同研究、共同撰写的集体,在长期交流、反复切磋中,最终形成了。

抗战胜利后,大家都抱着民主和平建国的愿望。生活书店高屋建瓴地提出一项计划,准备发行一套《新中国大学丛书》,旨在清扫旧的半殖民地半封建的文化学术阵地,为新民主主义文化事业,能够系统地有所“立”。

当时,商务印书馆王云五编有一套著名的《大学丛书》,包罗了许多名家著作,其中,有许多造诣很深,成就很大。哲学史方面有钱穆的《先秦诸子系年》、冯友兰的《新理学》等,有鲜明的时代标记。

生活书店把发行《新中国大学丛书》的计划告诉了许多学术界的朋友。于是,1946 年,抗战胜利后第一个春天,杜国庠、赵纪彬、陈家康和我四人在黄家垭口中苏文化协会楼上,讨论了这个问题。我们自信,有把握完成一部用辩证唯物主义和历史唯物主义为指导的中国思想通史,深度和广度比《大学丛书》诸家哲学史有所超越,观点和方法更科学,与《大学丛书》诸家哲学史判然有别。

讨论中的细节,因时间久远,已难于再现,1980 年,经与赵纪彬同志一起回顾,有两点我们的印象最深:

其一，大家一致主张着重在研究方法上体现马克思主义史学的科学性，为免于检查部门的纠缠，还不得不避免名词术语上的针锋相对。换言之，大家很明确，要以科学性取胜钱穆、冯友兰等的著作。

其二，马克思主义史学界内部存在不少分歧意见。我们四人商定，遇到分歧问题时，要坚持自己的观点。陈家康的意见是，先秦部分一定不要为大多数人的“西周封建论”所左右。他自己是主张魏晋封建论的，因为在我们中间他居于少数，就不准备参加这一部分的工作，但力主我们把秦汉封建论的论点和论证方法充分表现出来。也就是说，我们准备写作的思想通史，将是一部有个性的马克思主义史学著作。

第一次讨论，大家商定等复员沪宁以后，即行开始工作。这大抵可以看作是《中国思想通史》最初的计划。

《中国思想通史》第一卷的详细章节安排和分工的计划是这年夏、秋确定的，基本原则与重庆第一次会议的精神不悖，所变化的是，陈家康没有参加讨论。当时，陈家康是中共在上海的发言人，他已经忙得不可开交了。

陈家康对中国古代哲学，有着超乎寻常的兴趣、颇具水平的研究和见解。在重庆时，我们交换观点的机会很多。我知道他非常尊崇墨子，笔名“归墨”，就是表现之一。他尝有所流露，希望自己有机会从事著作。在重庆最初讨论《中国思想通史》编写原则时，他表示愿意承担魏晋玄学和隋唐佛学的部分。但是，大半年后，我摆脱南京的事务来到上海，开始全力投入写作的时候，我就看出，陈家康从事写作的机会，在一段时间内是不易获得了。果然，待到1947年，拟订第三卷魏晋部分的写作计划时，他连参加一次讨论的时间都没有，更不用说执笔了。玄学部分的任务一度决定交给赵纪彬，隋唐佛学议交杜老，但最后，这两章动笔时，还是归到我的名下完成的。

解放后，我和陈家康见面的机会很少，但我了解他对哲学史的兴趣似乎一直不衰。他出任大使，每次回国，都要在电话里和我讨论他在国外任上读书的心得。不论白天还是夜晚，只要是陈家康打来的电话，这种纯学术话题的讨论，往往长达一小时开外。他和我这样形式的电话交往，一直持续到 20 世纪 60 年代初。这或许能反映，他对学术的情趣始终不曾泯灭。

话说回来，1947 年夏天，生活书店在上海出版了《新中国大学丛书》第一批著作，我记得，其中多数是抗战中的作品，如翦伯赞的《中国史纲》、邓初民的《新政治学大纲》、沈志远的《新经济学大纲》和拙著《近代中国思想学说史》等。在这个版本的首尾扉页中，有发行人关于该丛书编辑缘起和发行宗旨的说明，很清楚地解释，这套丛书，是为配合“旧中国的扬弃，和新中国诞生的历史转变的大时代”，推动这个时代“顺着历史的轨迹向前迈进”，在学术建设方面做一份贡献。年轻的读者是非常敏感的，这套丛书很受他们的欢迎。在历史转折的关头，群众正需要学习用新的世界观认识世界。

1947 年，《中国思想通史》第一卷完成得十分迅速，未待生活书店的《新中国大学丛书》出版工作准备就绪，就已经脱稿了。为抢时间出版，稿交新知书店，所以《中国思想通史》第一卷在 1947 年 6 月初版时，未列入《新中国大学丛书》。1949 年，《中国思想通史》前三卷，在解放了的上海，由生活、读书、新知三家书店“联合发行所”出版的时候，无论书店还是我们几个著者，都没有忘记把它归入《新中国大学丛书》之中。只是，1947 年《丛书》发行人所写的编辑缘起和发行目的，到 1949 年已经明显地落伍了。“历史转变的大时代”竟然发展如此迅速，时间仅仅过去两年，“新中国”不再只是理想，而已是光辉的现实了。这使杜国庠、赵纪彬、邱汉生和我，感到一种难以名状的喜悦。

《中国思想通史》除了前三卷的初版问世时间使我们喜悦之外，全部五卷的写作集体的合作，也是令我们引为自豪的。

如上所述，《中国思想通史》初期的写作集体，形成于抗战时期的重庆。当时，重庆空间狭窄，学者高度密集，彼此结交和了解是容易的，但是像杜老、赵纪彬和我这样，能结合成一个研究、写作的整体，却并不容易，事实上也并不多见。

《中国思想通史》研究集体的形成，应该说，杜老有殊大功劳。因为，对全书有重要贡献的学者，有好几位都是杜老推荐的。至今在我的记忆中，1947 年杜老请来邱汉生（时任教于复旦大学），为第一卷校雠，不久就开始和我们合作第二、三卷的情景，杜老向我介绍当时未曾谋面的白寿彝（时为东吴大学教授）的史学史研究成就的情景，都还历历在目。杜老引来的朋友，都成为与我相知相交、终生不渝的挚友。这一点，常使我感叹，识人而知己者，莫过杜老！

杜老的道德和文章

杜老是广东潮州人，早年留学日本，在故里，他是妇孺皆知的名学者，大革命前担任过潮州中学校长。从外表看，杜老是谦和文弱的学者，而实际上，他是老资格的革命活动家，和他风雨同舟多年的郭老，特别称道他对国民党应付裕如的本领。

郭老曾经这样勾勒过杜老的外在特征，他说杜老“平时既不轻易言笑,也不轻易交朋友,但是他是很和易的一个人,从来没有看见过他对谁动过声色”。这是很真切的。只有和郭、杜二位同时长期有所相交的第三者,才能从这两句话中,品嚼出他们相互了解的深度和杜老的美德之所在。

认识杜老的人,都无不叹服他的道德风貌。杜老的精神境界,由于有共产党员的理想和高尚的道德相结合,近乎臻于完美的地步。

杜老对待生活的态度极端严肃,自我约束的准则定得很高。抗战时,杜老身边带一个侄儿,帮助他料理生活,也参加些文工会的工作。我在重庆所见的知名文化人中,有眷属而始终不带眷属的,似乎唯杜老一人。直到抗战胜利,1946 年的时候,才见杜夫人从广东赶到上海和他团聚。国和家,这两者的位置,杜老就是这样严格安排的。

在重庆时,杜老的清贫廉洁非常出名,多年之中,他身穿一件旧货摊上买的旧西装出入一切场合,总不见更新,却始终保持着整洁、庄重的仪容。

抗战胜利了,爱国如杜老,总该算对国家、对民族有功了吧,然而,到了上海,杜老却更穷了。我记得,他时常没有职业,过着除文章稿费之外几乎全无收入的一贫如洗的生活。

有一天,郭沫若很难过地对我说:“杜太太来了,杜老家里连一张床都没有,真是家徒四壁啊!”杜夫人到上海,杜老在虹口租了一间屋,屋里什么家具都没有,一张草垫席地,名之曰“榻榻米”,生活、起居、待客、读书全在这间斗室天地里进行。邱汉生同志还告诉过我,起草《中国思想通史》第二、三卷时,他亲眼看见杜老夫妇的晚餐,只是喝粥而已。凡到过杜老家的人,将他忘我工作、一丝不苟治学所做的贡献,和他过于窘迫的境遇相对照，无不慨然叹息。然而，杜老从不叫苦的，更不肯向组织伸手。在革命队伍里，他对于贫穷的态度，可以说恬淡到了超尘脱俗的地步。他不是“安贫”，他是忘我啊！

1947 年，在上海，杜老实在无法应付开支的时候，曾找我借过几次钱。第一次，他刚一开口，我愣住了，简直不相信自己的耳朵，竟然连话都答不出来。弄得他也很窘，讷讷不出于口地半开玩笑半自嘲：“我看得起你……”确实，以杜老的性格与为人，我毕生庆幸，能蒙受他不寻常的友谊、信赖和厚爱！

杜老待人特别诚恳、谦和，无论面对什么人，无论对方序齿长幼、地位尊卑，他都能绝对做到一视同仁。他虽不苟言笑，但是没有一点架子，所以，不但老成持重的学者们和活活泼泼的演员们都敬重他、能接近他，而且，任何一个初学者、初识者、青年人，和他在一起也都不会感到拘束。杜老并不是一团和气的人，不是和事佬，他原则性极强，看人看事入木三分，但由于他严于律己，宽于责人，他依然是团结的模范。他给人的印象是敬而不远。

杜老的理论修养超群出众，洞察力极强。在《中国思想通史》编写过程中，除他自己撰写的一部分章节之外，他提出过许多精辟的、带有指导意义的意见，绝大部分都被执笔者欣然采纳。然而，成书之时，他把别人推在前面。杜老是那种极为罕见的、真正拒名利于门外的人。

杜老以“守素”为号借以言志。在先秦诸子中，他最尊墨子。他对墨家学说做过大量深刻的研究，功力很深，他对墨子的肯定比我更高，尝说：“先秦诸子，只有墨子是革命的。”由此，郭沫若便戏称他为“墨者杜老”，杜老听了，只淡然一笑。他确实是身体力行恪守墨家人格的。

我毕生只遇到为数不多的人，能真正把中华民族最美好的道德和共产党员的修养结合在一起，自然地融会在个人一切行动之中。在这为数不多的人里面，杜老是非常突出的一位。他把这两者结合到完全没有矫揉造作的痕迹。

在学术研究上，杜老向来以一丝不苟的治学精神著称，他的每篇论著都是精雕细琢而成，都是长年探涉的辛劳和深思熟虑的思想的结晶。

杜老的学术研究领域很广阔，在思想史、逻辑学、因明学、古文献等方面，都有相当高的成就，其中，学术思想史方面做出的贡献最大。

具体而言，在先秦思想史研究中，他最精彩的成就在于对墨辩、名家和荀子的诸论述。墨辩和名家，史家向称难理。杜老力劈深探，为后人凿开混沌，取得了前人所未取得过的成果。杜老通过对于公孙龙子"坚白离"和《墨经》"坚白攖"的解析，提出这是战国时代两大对立学说，是唯心主义和唯物主义斗争的重要方面，这个发现是卓越的。杜老对于《墨经》中认识论和逻辑学珍贵遗产的诠解与评价，是尤见功力的独创。杜老对于《荀子·成相》篇体现奴隶制社会末期哲学思想总结的精辟论断，在学术史理论方面，是非常有价值的建树。

在中世纪封建诸朝思想史研究中，杜老对唯物主义、无神论思想宝贵遗产的发掘，和对明末清初反理学思想的评价，为中国唯物主义发展史的研究做出了重要贡献。他对魏晋玄学特点所做的批判性总结，他对玄学给后世影响的分析，都是极为精深的成果。

杜老研究思想史，上自先秦，下至当代，跨数千年的历史长河，始终如一地贯穿一个特点，那就是他毕生不遗余力地阐扬唯物主义传统，揭露、批判唯心主义错误。

在理论战线上，杜老有着坚忍不拔的战斗意志，他不仅不放松任何机会和有害革命的理论与倾向做斗争，还很善于斗争。

抗战胜利前后，冯友兰先生相继发表五种著作——《新理学》《新世训》《新事理》《新原人》《新原道》，提出一整套“新形上学”体系和新道统，宣传历史唯心主义。当时，很有一些人为冯先生的理论所迷惑。在1945年重庆的一次读书会上，张申府先生就说：“中国文化，要孔子、罗素和马克思三位一体结合起来。《新理学》已经是有代表性的杰作。”会后，杜老对我说：“我们应该批判《新理学》了。”并表示，“新理学者玩弄古董走到哪里，我不得不跟到哪里。”

1945年年底，他率先写出《论“理学”的终结》《玄虚不是中国哲学的精神》《玄虚不是人生的道路》三篇批判文章，并请人带到昆明交冯友兰先生本人。之后，杜老持续地用了相当大的一部分力量去剖析冯氏理论。我记得，他针对冯先生提倡新理学的“宇宙人生观”，十分精辟地指出，这种哲学是“教人安分守己，勿以贫贱得失介意，‘即以其所居之位，乐其日用之常’，一样地也可以做到圣人，便在精神上麻痹被压迫者，而松懈其斗志，直接地替压迫者维持其腐败残酷的统治，间接地阻碍了社会的革新。”（《玄虚不是人生的道路》）一年多以后，我在上海见报章报道，冯先生在北大不仅有“既不唯心，也不唯物，而是唯理的”自白，也有批评青年“无论如何，学生反对政府总是不对的”言论。对照之下，更感到杜老的文章是何等准确。当然，冯先生后来随着人民解放战争的胜利，他的政治态度是有转变的。新中国成立后，他是拥护共产党的领导、拥护社会主义的。

回首往事，杜老蔼然长者的风度，令我永远敬仰，杜老对我笃挚的情谊，每当念及，更令我缅怀，神驰，久久不能平静。然而，活在我心中的“墨者杜老”、学者杜老、革命者杜老的形象，远非我的笔力所能尽然描绘，这是多大的憾事啊！

《文汇报》办《新思潮》国民党下“戡乱令”

早在国民党政府1946年“还都”南京之前，就有过一个协议，《新华日报》也将在南京复刊。但是，“还都”以后，国民党要尽花招，《新华日报》未能在南京与读者见面。重庆《新华日报》又受到发行量、运输条件的限制，无法输送到宁沪等地来。这是蒋介石在扩大内战初期控制舆论的手段之一。

如果说蒋介石扩大内战日后注定要失败的话，那么，他控制舆论的企图从一开始就没有成功。上海一家不隶属任何党派的报纸——《文汇报》，此时异军突起，以公正姿态揭露内战真相，揭露国民党政府卖国行径。

1947年的上海，各家大报中，《文汇报》在民主阵线中，已经是公认首屈一指的佼佼者，深得群众的欢迎。

这年春节前，我得了一场副伤寒。初春，病还没有完全复原，郭沫若就来找我，说《文汇报》总主笔徐铸成先生委托他物色学人更新副刊。郭老说，准备除了星期天外，把每周六天的副刊版面全部包下来。我欣然接受邀请。经过很短时间的准备，3月1日起，全部以“新”字标题的副刊与读者见面了。阵容如下：

星期一　《新文艺》　郭沫若、夏衍等主编；

星期二　《新经济》　张锡昌、秦柳方主编；

星期三　《新社会》　李平心主编；

星期四　《新科学》　丁瓒主编；

星期五　《新教育》　孙起孟主编；

星期六　《新思潮》　侯外庐、杜国庠主编。

《文汇报》出新副刊的时候，蒋管区形势已经极为险恶。3月初，国民党政府强迫南京、上海、重庆的中共代表撤退，蒋介石本人宣布“政治解决已经绝望”，从而关死了和平谈判的大门。紧接着，3月派胡宗南以十余万人的兵力进攻陕甘宁边区，窜犯延安。当解放军放弃延安，胡宗南占领延安的消息传到上海时，反动派的气焰嚣张到极点。搜查、绑架、逮捕、失踪……每天都有恐怖事件发生。《文汇报》正是在这个时刻换上旗帜更鲜明的新副刊，加强战斗性，与反动舆论展开阵地战。《文汇报》所表现出来的勇敢姿态，正直的群众是非常赞赏的。

我记得，1947年3月1日是星期六，为新副刊打头阵的，是《新思潮》。首期《新思潮》上，郭沫若发表《春天的信号》，那是一篇非常好的散文。郭老呼吁人们注意历史的必然进程，“在方生之中看出它未来的伟大，而在既成里面看出它不久的死亡”。他号召人们，“合乎人民本位的便是善，便是进步，事虽小亦必为之。反乎人民本位的便是恶，便是反动，力虽大亦必拒之”。他寓意很深地大谈“我在故我思”的哲学，以极大的热情讴歌春天之必将来临。用这篇饱蘸热血、充满信念的文章做全部新副刊的宣言、序言，是很恰当的。

当时，胡适在散布“善未易明，理未易知”的观点，宣扬善恶不易辨明，真理不可知，有意识地模糊马克思主义与反动思想的界线。《新思潮》以宣传马克思主义的科学的历史观为己任，与胡适的真理不可知论做不调和的斗争。为《新思潮》撰稿的学者有郭沫若、杜国庠、胡绳、周谷城、蔡尚思、夏康农、周建人、石啸冲、楚图南、赵纪彬、邱汉生等，马寅初先生从杭州，向达先生从北平也都应征供稿。所以说，力量很可观。

正当上海马思南路“周公馆”（中共办事处）撤退的最后阶段，我的内兄徐永瑛同志从美国归来。永瑛旅美二十余年，离美前在美共东方部工作。长期参加美共合法斗争的经历，使他一时难以适应国内蒋管区的险恶形势。

他是先到香港的，来信说要来上海。为了保密，这个消息没有告诉孩子们。

春天的一个下午，狄思威路（溧阳路）寓所的前门有人按电铃（上海人的习惯，弄堂房子一概后门进出）。孩子们开门，见进来一个穿夹大衣、手拎皮箱，非常洋派的陌生人，打听这里有没有一家姓侯的。孩子们很警惕，几双眼睛盯住他，就是不开口。他一再坚问，重初说出自己的名字，永瑛深情地告诉他们：“我是你们的舅舅啊！”我和永瑛还是初次见面，见他和乐英兄妹俩久别重逢的喜悦，怎么能不深深地感动呢。这天，全家庆贺他的归来，高兴无比。

永瑛是位职业革命者，但他始终摆脱不了书生气。他少小离家老大回，兴奋得一心只想把阔别二十多年的祖国看个够。他说，“周公馆”知道他要抵沪，但他准备先逛几天再去报到。睡了一夜，第二天一早，就出门去了。我分析，“周公馆”既然知道他来沪，必定关心他的行止，就请梁泽南同志转告“周公馆”，永瑛已经平安到达，住在我家。

这天，他在外面逛了一整天，很晚还不回来。晚上 9 点，我们正着急，陈家康和王凝两位开车来了。他们比我们更焦急，在马思南路办事处等了他一天没等到，才到我家来找。大家都担心这位在国外公开的共产党人，一踏上国土就被捕。

陈家康到我家来找永瑛，是不无顾虑的。当时，我家附近经常有便衣特务在活动。陈家康有公开身份，是中共办事处代表，他在外面活动，国民党暂时不便下手，但是，他所到之处，所联系的人，却正是特务们所要追逐的目标。因此，在一般情况下，陈家康是不会亮相到我家的。然而，这次他来了。我马上意识到，他是出于不得已，才亲自出动来接永瑛的。

等到十点多钟，永瑛大摇大摆地回来了，进门就大谈其观感。陈家康急着要他赶快到马思南路机关去，他却说："不急，不急，我还想出去逛两天。"后来，还是陈、王两位连拉带推，才算去了马思南路。不久，他就到了解放区。

永瑛走了。永瑛用他生来的天真面目，在白色恐怖中，演出了一场异常惊险的喜剧。陈家康的出现是否被特务发觉？会带来什么后果？这些，我爱人担心了好些日子。这件事倒也叫孩子们懂得了，1947 年的世界，中国蒋管区，大概算得上最黑暗、最没有自由的地方了。

5 月，反动当局对高等学校进步势力的镇压演变为公开的"五二〇大逮捕"。紧接着，以"煽动学潮"的罪名，于 5 月 24 日强令封闭《文汇报》。

5 月 24 日一早，发行了蒋管区最后一份《文汇报》。这一天，恰好又是星期六，副刊又轮到出《新思潮》。这就构成了我记忆中由《新思潮》开始，又由《新思潮》结束的上海《文汇报》新副刊。

7 月初，蒋介石下"戡乱令"，革命与反革命之间方生未死的搏斗，进入了最激烈、最关键的阶段。我天天闭门赶写《中国思想通史》，但是，迫害早已紧跟身后了。

一天，谭惕吾从南京乘夜车赶到上海，直奔我家，给我带来要警惕中统加害的警告。

谭惕吾是国民党政府立法委员,“小民革”中央委员和核心成员。她在一次立法院会议上,和一部分立法委员对当局进行质询,提出反对镇压学生运动的提案。会上,国民党行政院副院长张励生(CC 分子),声色俱厉地说:“学生运动有共产党做后台。”当追问有何证据时,他说有侯外庐等“背后操纵”。会议一完,谭惕吾特地星夜赴沪,叫我离开。几乎同时,一位在南京与何肇绪同志有直接联系的姓王的工程师,也来通知我必须设法躲一躲,即使不离开上海,也不能住在家里。

此后,我挟着未完成的书稿,东躲躲,西藏藏,躲到哪里,写到哪里。我先后在同乡朋友、新闻专科学校校长陈高佣家,和一位上海港的老领航员金月石(“小民革”同志)家一共住了两个多月,“客居”之中,写完《中国思想通史》第二卷的前言——《汉代社会与汉代思想》一章。

10 月间,一位在国民党军界的朋友秘密地来通知我,上海警备司令部的黑名单里有我的名字。我问还有谁,他说,还有马叙伦、曹孟君。再问,他就不肯说了。情况至此,杜老力要我到香港去。

10 月底,我化名徐康,带儿子闻初同行,买了轮船的头等舱票,装成一个大商人,登船赴港。我之所以买头等舱票,是为在上船检查和吴淞口检查时,容易过关一些。上船后,发现头等舱除我以外,全部乘员都是外国人。借此,倒也一路平安。

香港一年

船抵香港,已是 1947 年 11 月初。在此前后,郭沫若、翦伯赞、茅盾等文化界的其他朋友，也纷纷来到了。一时间，香港集中了一大批由大陆蒋管区来的各民主党派负责人和左翼文化人。

我们在香港住了一年整，这是中国新民主主义革命在战场上最后决胜的一年。朋友们遥望着前方的炮火硝烟，手里各自做着一摊为迎接胜利、迎接解放的准备工作。

初到香港时，没有地方住。读书出版社经理黄洛峰挤出一间办公室，给我父子住。翦伯赞来了，和我一样，既没钱也没有住处，起初，也被安排借住在一家书店里。我们的生活是党组织包下来解决的。胡绳同志和冯乃超同志代表党组织与大家保持联系，对大家多有照顾。廖沫沙同志和夏衍同志主办《华商报》，成为左派力量的主要舆论阵地。

此期间，与我个人来往最密切的，要算郭沫若和狄超白。

狄超白是经济学家。我和他相熟，自重庆“小民革”活动始，直到他逝世，几十年中，感情一直比较好。在香港时，他对我和我的家庭是非常关心的。我的家眷来到前不久，他在街上到处看招租广告，为我找下一处房子，在九龙汉口道上，与他的住处不远。我家眷到后狄超白在我家入伙，每月交饭钱，午餐必到，亲如一家。

这一年，安娜夫人带着儿女从日本抵港，郭老常为家务所困。乐英和我同情他的处境，明知清官难断家务事，还是常常出面劝解，充任难以胜任的角色。以我口舌之拙笨，在调解中常无补于事，但郭老深知我的诚意。加之，两家住得很近，我们的家成了郭老的“避风港”。如此一年，郭老和我的关系，达到了情同手足的亲密程度。这一年时间里，无论国事、家事，郭老对我是无话不谈的。

从 1947 年年底开始，我应聘到达德学院教了一个多学期课，每周两小时。

达德学院设在九龙“新界”蔡廷锴的一所住宅中，院长陈其瑗。教授大部分是国内流亡来港的进步学者，学生大部分是国内流亡的进步青年和东南亚一带来的华侨进步青年，所以这所学校空气相当自由。同人中，有狄超白、邓初民、翦伯赞、沈志远、千家驹、梅龚彬、曾昭抡、陆诒、黄药眠、钟敬文、宋云彬等。我开了一门题为“新民主主义论”的课，教材就是毛主席的《新民主主义论》一书，在讲授中，引申讲些唯物史观和政治经济学的原理。

在香港，民主党派的活动十分活跃，与知识界的联络也十分密切。章伯钧为首的第三党自重庆以来一直谋求左翼知识界支持。邓初民、翦伯赞和我，一向是他们争取的对象。抵港后积极与我联络的党派不少，潘汉年建议我帮助马老（叙伦）工作，因此，我为他主持的中国民主促进会起草过一些文稿。其时，美国人民反对杜鲁门政府援蒋内战呼声甚高，1949 年年初，美国“远东民主政策大会”召开，纽约举行中国周，马夷初先生嘱我为民主促进会拟稿向大会致贺。

是年，中国学术工作者协会在香港成立华南分会。向官方登记注册时，由我出面，用我的名字登记。这个组织仅以联络同人为目的，并没有真正开展过什么活动。

1948 年春天，香港进步文化界活动的最主要内容是开展对“自由主义运动”的批判。

所谓“自由主义运动”，是解放战争时“第三条路线”的别称。“第三条路线”在中国久已有之，“自由主义运动”在抗战胜利后，最初是由司徒雷登、马歇尔等人提出来的。此时，正当国民党军事处境危急，“自由主义运动”在政府的推波助澜之下，又活跃起来，“自白主义”的宣传阵地扩大了，除原有的《大公报》以外，又出现《周论》《观察》和《新路》等。更引起大家注意的是，北平成立了一个“中国社会经济研究会”，出面组织的人中间，有一些较有影响的人士，如邵力子等。

香港的左翼文化界密切注意这一动向，《华商报》召集过座谈会，也向文化界广泛征稿。我针对这一问题写过几篇文章，其中有一篇题为《自由与自由主义》，分析清华大学两位有代表性的自由主义教授所走的道路，一位是王国维，另一位是闻一多。

王国维曾做过这样的表白：

“余知真理，而余又爱谬误伟大之形而上学，尊严之伦理学，与纯粹之美学，此吾人所酷爱也；然求其可信者，则知识上之实证论，伦理学上之快乐论，与美学上之经验论。知其可信而不能爱，觉其可爱而不能信，此……最大之烦闷。”

王国维宁可殉身“可爱”的谬误，而不愿皈依“可信”之真理，可见是抱着“自由主义”投水的。

闻一多则不然，他觉醒到温情的改良主义没有出路，便服从了历史的规律，转变为民主的斗士，旗帜鲜明地站到时代的前面，他牺牲在民主的敌人的枪口下，他是为人民争取自由解放的理想而殉道的。

我的结论是，自谭嗣同以后，中国的自由主义者面前，只有王国维和闻一多走过的两条路，中间再没有第三条路可走。对知识分子来说，绝大多数的人民能得翻身与否，这是最根本的问题。对这个根本问题，抱两行其便、依违其是的态度，政治上是不荣誉的，其中劣者，与时浮沉，其中黠者，则一如乡愿售奸。

身在香港，我听说一些相识的和通信的朋友参加了“中国社会经济研究会”,《华商报》一次组织笔会,我写了一篇极短的文字,拿龚定庵的一句话送北平的朋友们,劝他们在蒋家王朝行将倾覆之际,纵不能有大声音作,至少也应该保持中立。

1948年五一节,中共中央发布劳动节口号,其中第五项为“各民主党派、各人民团体、各社会贤达迅速召开政治协商会议,讨论并实现召集人民代表大会,成立民主联合政府”。

聚集香港的各民主党派和民主人士首电响应。

8月1日,毛泽东复电到港,电文中说:“实有召集各民主党派、各人民团体及无党派民主人士的代表共同协商的必要”。此乃通知开始酝酿集会,筹备新政协。

这一年夏天,在港各民主党派应中共所请,积极地都在酝酿施政纲领,我参与过很多讨论,民主促进会对我的意见特别表示尊重。

是年9月,徐铸成先生主持《文汇报》在香港复刊。郭沫若又一次出马为它组织七个周刊。今天,如果打开当年复刊之初的《文汇报》,还能看到“七种周刊预告”:

星期一　经济周刊　千家驹主编;
星期二　教育周刊　孙起孟主编;
星期三　新思潮　　侯外庐主编;
星期四　文艺周刊　茅盾主编;
星期五　史地周刊　翦伯赞主编;
星期六　科学生活　曾昭抡主编;
星期日　青年周刊　宋文彬主编。

我由于眷恋在上海与杜国庠同编的《新思潮》,此时独不愿放弃《新思潮》的刊名。两个多月后,我离港不久,杜老抵港,《新思潮》果然得以由他继续主编下去。

我记得，当时，金仲华、萨空了、狄超白、吴茂荪等人都在为《文汇报》工作。这支人马给报纸带来的新气息，令广大读者赞叹，这个阵容实力之雄厚，也令反动报界咋舌。

《文汇报》的新闻来得既快又准，它针对行将就木的南京政权一系列最后政策所写的社论、评论，篇篇掷地有声，其中有的甚至可以说到了近乎神机妙卜的地步，它的副刊全无陈旧气息，充满对新未来的信念。当年，南京政府放发了“金圆券”，香港《文汇报》用大量篇幅揭其内幕，分析其性质和前景，断然预言：金圆券只有三个月寿命。如此高超而大胆的政治经济评论实在不可多得！一时间，如暮鼓晨钟，广大舆论为之一震，《文汇报》从此越加洛阳纸贵。

在我离港之前，《文汇报》一直保持着一种相当独立的姿态，对节节胜利的人民军队，它既不称“共匪”，也不称“解放军”，而坚持不偏不倚地称“共军”。对此，我间或稍有不足之叹，但是，应该承认，这家报纸是深为大众所喜爱的，也是我和我的家庭所喜爱的。

自从《文汇报》在港复刊，我家里天天早晨都有一场抢报风波。我们订报种类不少，可是，孩子们连同我自己在内，每日晨起，伸手所向，首先都抓《文汇报》，早餐桌上，为谁先看《文汇报》，孩子们总是争吵不休。为此，有一日，徐铸成在我家便饭时，我妻在饭桌上对他笑怨不已。徐铸成推了推他的深度近视眼镜，环视我全家，乐不可支。他那种洋洋得意是完全可以理解，也完全当之无愧的。

由于《文汇报》为大众所爱，由于与报人徐铸成的友谊，一向我总感到，回忆在沪、港两地为《文汇报》编副刊，是一件非常愉快的事情。

我和徐铸成结识较晚。在上海时还只有神交,1948 年夏天,他抵港后,经郭沫若介绍,才得相识。后来,我和他感情很好。他身上不仅有报人所特有的敏锐,而且有一种对待真理认真的、探求不息的精神,为我所钦佩。我也向他介绍过我的一些朋友,其中有一位后来成为香港《文汇报》他的继任者,那就是金仲华同志。

初探鲁迅思想

在香港,我为《文汇报》副刊《新思潮》写的文章中,有好几篇是研究鲁迅思想的。这是我在 1948 年间除《思想通史》第三卷有关篇目之外,花了较大精力写的几篇文章。

对鲁迅思想,从抗战时起,我就做过一些探索的尝试,香港发表的数篇文章,见解多形成于重庆时代。

当时,我对鲁迅思想的注意,侧重在四个方面:其一,“鲁迅”笔名的索隐;其二,从阿 Q 看鲁迅前期思想发展的内在因素;其三,鲁迅的思想与中国思想传统,特别是与章太炎思想的承启批判关系;其四,鲁迅所处的时代和鲁迅思想发展阶段的关系。这四者之间是相互关联的。其中,前两者,多有歧见,较值得在此做一简单的说明。

关于“鲁迅”笔名的索隐,我在《文汇报》曾发表一篇专文论及。“迅”字,《尔雅 · 释兽》云:

“牝狼,其子獥,绝有力,迅。”

注云:

“狼子绝有力者,曰迅。”

“獥”即激，从犬言兽性，从水言水性。在文字学上，即孳乳而为激烈的意思。

因此，我的看法是，“鲁”既取自母姓，“迅”，古义为狼子，“鲁迅”由此可理解为牝狼的一个有大力的儿子。

问题在于，鲁迅为什么要自居狼子？这是否能给统治者以口实，说他野蛮、不善呢？

我以为，在鲁迅的作品中，凡“正人君子”和封建道学家，往往实际上都是不如狼的人，披着人皮而骂狼，自己却比狼更狠。

近代启蒙思想运动有一个逻辑规律，即先修改旧时代天经地义的命题，进而否定旧时代这个天经地义的命题。

鲁迅以狼子自况，从历史的逻辑上看，可以清楚地看出他前期思想上，印着初期资产阶级革命的勇敢的伦理标记。

所以这一笔名，既标志了鲁迅思想发展途径的特点，这和他前期思想所表现出来的背叛封建士大夫阶级的性质，是完全名实相符的。

对于“鲁迅”这一笔名的理解，我既有索隐的根据，便确信瞿秋白的论断是正确不移的，而不同意鲁迅另一位朋友许寿裳先生的解释（许寿裳先生此前有文章言及“迅”即快的意思）。

解放后，20 世纪 50 年代，有一次在宴会上与许广平先生同桌，我对她谈起自己对鲁迅笔名考释的意见，许先生笑着，连声说：“谢谢，谢谢。”这大概是名人的眷属在名人身后最模范的表态方式了。

在鲁迅的小说中，《阿 Q 正传》是我历来特别注重的一篇。《阿 Q 正传》是鲁迅前期小说创作中最成功的杰作之一。它不仅标志鲁迅小说的艺术成就，而且反映鲁迅前期的历史观、哲学观。将《阿 Q 正传》与同期鲁迅杂文相映证，可以分析出鲁迅前期思想发展的内在趋向和明显的阶段性特征。从《阿 Q 正传》中,我们能够找到鲁迅由革命的民主主义向马克思主义转化过程中,他的主观条件和认识基础。因此,可以说,《阿 Q 正传》是研究鲁迅思想发展阶段的重要资料。

在 20 世纪 40 年代,提出这样的看法,评论界的歧见已经不像二三十年代那样激烈了。其实,“创造社”最初对“阿 Q”提出异议时,我还只是一名大学生,只不过关心和注意这场文学“官司”而已。“太阳社”兴师之时,我正在法国,无从了解很多。钱杏邨(阿英)的“阿 Q 的时代早已死去了”的观点,我是回国后才得知的,给我的印象很深。比那更早,在国内有一种说法,谓“不革命便是反革命”,更是令我无论如何也抹不去记忆。对于文学家之间(尤其是革命文学家之间)的论争,我一向认为自己没有插嘴的余地。但是,鲁迅逝世后,特别是半壁江山沦亡之后,越来越多的同胞把鲁迅看作中华民族之魂。当大家都来作文章纪念鲁迅的时候,我终于也取得了发言权。

1941 年,为纪念鲁迅逝世五周年,重庆《中苏文化》第九卷二、三期出过一个特辑,我在那里发了一篇文章——《阿 Q 的年代问题》,谈出了积在心头多年的想法。

鲁迅在《阿 Q 正传》第一章序中,为给阿 Q“正名定分”,用了不少笔墨做“游戏”式的叙述(据胡风说,鲁迅先生对此,自己说过“游戏”二字的),并请“胡适之的门人”在阿 Q 头上寻出新端绪来。

叙述方式固然是游戏式的,“新端绪”却必定自有,只是“胡适之的门人”不可能考证出来而已。

我在《阿 Q 的年代问题》中,主要说明的就是我对“新端绪”的认识,即对于阿 Q 所处的时代的理解。

在文章中，我把阿Q的时代，名为“拆散时代”。

“拆散”一词，我最初是在学习列宁著作时接触到的。列宁评价农民战争是拆散有余而建设不足，我当时真为“拆散”这一概念的运用而兴奋。“拆散”，只包含摧毁的意思，并不包括建设的含义。这是对农民战争非常准确的理解。我实在找不到能概括只包含摧毁，不包括建设的两方面含义的字眼，足以代替“拆散”一词。因此，明知别人都不爱用，我还是长期地沿用了下来。

辛亥革命是资产阶级革命，农民阶级应是资产阶级革命的主力，因而，从农民的角度理解这个时代，可以名之为“拆散时代”。

阿Q，是辛亥革命时代的农民形象。通过这个形象，鲁迅在检阅辛亥革命的成绩。

《阿Q正传》是用高超摄影技术拍摄下来的社会图像。鲁迅不仅刻画了阿Q这个人物从形象到灵魂的全貌，而且托出了阿Q存在的社会背景。文学家注重阿Q的形象和心理，而我则偏重于注意鲁迅对阿Q的时代的认识。

列宁曾这样分析1905年以前托尔斯泰生活的俄国社会，“悲观主义、不抵抗主义、向精神呼吁，是这个时代必然要出现的思想体系。在这个时代，整个旧制度已经‘翻了一个身’，而群众是在这个旧制度下教养出来的，他们在吃母亲的奶的时候就吸取了这个制度的原则、习惯、传统和信仰，他们看不出也不可看出‘开始安排’的新制度是什么样子，是哪些社会力量在‘安排’这种新制度以及怎样‘安排’这种制度，哪些社会力量能够消除这个‘变革’时代所特有的无数特别深重的灾难。”（《列宁全集》第17卷，第34页）

这个分析无疑适合于辛亥革命时代的中国。这里所说的“群众”是指农民。

在俄国，托尔斯泰是一面时代的镜子，他的作品所刻画、所强调的，都是东方制度顽固的因循势力与“拆散时代”发生的剧烈矛盾。尽管他看不见“拆散时代”的安排，尽管他把希望寄托在回忆的幻境中，列宁仍然高度评价“无畏地、公开地、十分尖锐地、提出了我们这个时代最棘手和最讨厌的问题”。

在中国，鲁迅前期的创作，也像镜子一样反映了辛亥革命时代的中国社会，反映了东方制度存在于中国社会各方面所形成的顽固的因循势力与“拆散时代”的矛盾，无畏地揭露了中国既成“安排”之道是何等丑恶。

历史赋予辛亥革命的使命远远不仅是“驱逐鞑虏、恢复中华”而已，而且理应通过这场革命，“拆散”延续了两千年的整个旧制度，“安排”下一个新制度。然而，事实是无情的。

鲁迅辛辣的笔触，概括了这场革命暴露出来的两个基本问题：

第一，生活在最底层、受压迫最深的农民群众，他们最需要革命（不论主观上认识到什么程度），但是，由于他们在吃母亲奶的时候所吸进去的原则、习惯、传统、信仰，使他们在革命来到之时，依然麻木，依然蒙昧，以至于“凡是愚弱的国民（按：指农民），即使体格如何健全、如何茁壮，也只能做毫无意义的示众材料和看客”（《呐喊·序言》）。在阿Q的“优胜纪略”中，鲁迅把“不抵抗主义向精神呼吁”的东方制度“必然要出现的思想体系”，刻画得何等深刻、何等入理、作者以不见泪痕悲色的艺术力量，震撼了读者的心，可以想见作者本人更是怀着何等的痛切。

这是旧制度的观念形态在农民群众身上暴露出来的问题。

第二，辛亥革命后，鲁迅既目睹革命后在政治中心北京安排下来的一幕幕现实——袁世凯称帝，张勋复辟，一群“举人老爷”决定着议会里的民国议事日程，“新制度”在北京的议会里闹得烟雾尘天，也目睹革命后在地方“招牌虽换，货色照旧”（《两地书·八》），“内骨子是依旧的，因为还是几个旧乡绅所组织的军政府”（《朝花夕拾·范爱农》）。作者愤怒了，他愤怒的是这个时代政治社会制度的基本特征。

这是辛亥革命由妥协而至失败的基本问题。

鲁迅所揭示的这两个问题，正是辛亥革命留下的两个最本质的问题。问题不是 Question 吗？这正是阿 Q 时代——“拆散时代”所展现出来的现实问题！

这部小说完成 12 年以后，鲁迅说：“我先前，对社会的腐败，我是觉到了的，我希望新的社会的起来，但不知道这‘新的’起来以后，是否一定就好……”（《且介亭杂文·答国际文学社问》）

这说明了《阿 Q 正传》创作之际，鲁迅不仅意在表现群众看不见前景，事实上，同时忠实已极地表现了他自己也看不见“新的”前景究竟何在。然而，鲁迅在“拆散时代”，对于随革命而来的“新的社会”毕竟是怀抱“希望”的，只是，事实的残酷，使这希望背着疑问的重累。疑问不是 Question 吗？这正是作者对阿 Q 时代——“拆散时代”所预示的前景的疑问！

鲁迅心中，对时代及其前景的疑问，鲁迅眼中，辛亥革命以后政治社会制度基本特征所存在的问题这两者集合在一起，产生出了一个小说的人物。一般的人物是可以随意命名的，然而鲁迅心中的疑问和“拆散时代”客观存在的问题，显然不是“阿桂”或“阿贵”所能表现，因而最后定名“阿 Q”。所以，我认为，阿 Q 代表的是一位伟大的文学家、思想家对时代提出的巨大的 Question。

我从不欣赏学术研究中的猜谜的方式。在这里，实在也不敢断言鲁迅所用的阿 Q 的 Q，就一定是 Question 的简称，但是，我想，谁也不能否认，《阿 Q 正传》中，鲁迅通过阿 Q 和阿 Q 身边的画面，将中国“拆散时代”面临的历史问题、辛亥革命存在的现实问题以及鲁迅主观认识上，对资产阶级领导旧民主主义革命前景的疑问，尽然表达出来了！

《阿 Q 正传》是研究鲁迅思想发展的重要资料。

比较鲁迅和托尔斯泰，他们之间的重大区别在于：托尔斯泰的愤怒局限于农民的天真观念。在俄国的“拆散时代”，他仅仅寄托希望于回忆的幻境，从而否定了新的阶级力量的革命实践。所以托尔斯泰的抗议是消极的。而鲁迅在中国的“拆散时代”则不然，他首先寄希望于革命，而后，看到革命流产，“涂饰的新漆剥落已尽”，“旧相又显了出来”（《两地书·八》），才发出抗议，如《狂人日记》《阿 Q 正传》等，才发出呐喊，“聊以慰藉那在寂寞里奔驰的猛士，使他不惮于前驱”（《呐喊·序言》）。鲁迅以他《呐喊》时期的文学行动，更以他此后毕其终生的文艺活动证明了，他基于对“拆散时代”问题的认识而发出的抗议，性质是积极的。

鲁迅在创作《阿 Q 正传》的时期，对于“拆散时代”问题的揭示，对于辛亥革命具体安排下的现实和前景的怀疑，一方面表现了鲁迅对资产阶级领导的民主革命后果的失望和否定；另一方面，也反映了这时他还没有看见一支新的阶级力量——无产阶级的力量——能给“拆散时代”的“安排”之道，赋予崭新的意义。然而,应该说,正是由于能够提出辛亥革命最本质的问题,正是由于对这场革命最有特征性的问题产生了深刻的怀疑,才使鲁迅主观上具备了接受马克思主义的条件。这就是研究鲁迅思想由革命的民主主义向马克思主义发展的过程中,一个不容忽略的主观认识基础。

当时,我在《阿 Q 的年代问题》中提出的结论是:阿 Q 在农民失去独立活动的历史舞台之后,可以说在前景上死了,然而,在旧时代的挣扎中,阿 Q 并没有死,阿 Q 依然活着,犹如一块拦路的顽石。

1941 年,《阿 Q 的年代问题》发表后并没有引出不同见解,但文中的观点依然没有被朋友们接受。

以后,我在研究章太炎思想的过程中,进一步探得鲁迅思想与中国学术传统的关系。于是,1948 年在香港,又写下《鲁迅与中国思想传统》,继续关于鲁迅早期思想的论题。只是,此文阐述不充分,只可权作提纲。

关于鲁迅早期思想的渊源,学术界历来较多注重他接受西欧近代思想,如尼采主义、达尔文进化论的影响,却反而不甚注意鲁迅作为典型的中国式思想家、文学家,他与中国文化源流的近亲关系。

我在《鲁迅与中国思想传统》中提出,鲁迅直接继承并发展了章太炎思想的传统,更以章太炎为桥梁,把诸子异端思想以至魏晋"非汤武而薄周孔"的嵇康、鲍敬言思想,融会在他前期的文学作品中。

从思想发展趋势看,嵇康、鲍敬言思想的影响深入鲁迅前期思想的血脉之中,他始而有"掊物质而张灵明,任个人而排众数"(《坟·文化偏至论》)的理论,继而转变有"憎恶这熟识的本阶级、毫不可惜它的溃灭"(《二心集·序言》)的立场,都是合乎规律、合乎逻辑的。

从文章的风格看,不论章太炎还是鲁迅,受魏晋文学和嵇康思想、风格的影响都是十分明显的。特别是鲁迅的文学,继承、发扬尊异端非正统的传统精神,并加以近代化,形成了他自己对于旧社会黑暗的控诉、讽刺、揭露、战斗的独特的锋芒。

我在《近代中国思想学说史》中,曾粗略地比较过章太炎和鲁迅,"太炎和鲁迅的同点,在于拆散时代的怀疑,而异点是太炎走入悲观,以至于离开问题,鲁迅则由彷徨以至于提出问题"(1947 年版,第十五章第二节)。

鲁迅自受章太炎影响始,两人思想衔接的阶段,正是辛亥革命以前的一段,也即是农民在政治舞台上尚有独立活动地位的时代。他们的思想倾向,在反对传统,提倡个性方面,正体现了"拆散"旧社会的,反封建的战斗姿态,所以,鲁迅早期的个性主义的精神与章太炎一生的倾向实甚一致。鲁迅不同于章太炎者,在其后期的转变。当无产阶级登上中国民主革命领导地位时,鲁迅在新的阶级身上看到了革命的新前景和新希望,他与时俱进,抛弃了个性主义,接受了马克思主义,转变成无产阶级的战士。章太炎则在袁世凯称帝后不久就逐渐消沉了、退匿了,"弃俗就真",陷入唯心主义,随一个时代的结束而结束了他思想的生命力。

1941 年写《阿 Q 的年代问题》一文,我是为探测鲁迅前期思想的深度,寻究其转变的内因。1948 年我写《鲁迅与中国思想传统》《鲁迅其名索隐》时,主要意图是论证,同其他一切政治家、思想家一样,鲁迅的知和行,本身也是一个过程,能够反映本世纪前期中国历史的变迁。鲁迅的伟大,在于他能认识无产阶级肩负领导中国民主革命使命的必然，能随同历史步伐相依前进。我总认为在研究鲁迅思想时，不仅要追寻作为鲁迅思想发展必要条件的，存在于主观上的战斗精神，而且，必须认识到，“必要的条件”并不等于“决定的条件”。作为思想转变的决定条件，作为使鲁迅思想具备时代旗帜的特点的决定条件，是历史客观发展本身，而非其他。

1948 年 10 月 9 日，香港文化界在六国饭店隆重举行鲁迅逝世 12 周年纪念会，与会者达 160 人以上。那天的会，郭沫若担任主席，发言者有香港大学的马鉴教授和我。我应约向与会者谈了初步探讨鲁迅思想发展道路的见解。

那天的会上，郭沫若的位置在我左首，我记得他一直托耳助听，听得很仔细，会后，还对我的几个措辞问题，提出很具体的意见。由此，我也联想到，根据我的接触所知，20 世纪 40 年代，郭沫若对鲁迅的评价是诚恳的。我参加过的各次鲁迅纪念活动，他都是热心的组织者的一员。

香港纪念会后数月，我随许多民主人士到了东北解放区。在沈阳的宾馆中，闲来无事，我曾和许广平先生做过一交长谈，话题主要围绕鲁迅先生。我记得，那一次，我很坦白地告诉许先生，早年我在北京读书时，因为年轻，看问题很浅，对鲁迅先生，最注意的是他对康梁立宪主义的态度。那时，以天真的眼光，也曾发现一个问题——文学家并不了解鲁迅的作品，郑振铎先生认为阿 Q 的“大团圆”可以不做便是一例。不过当时，我是不知其所以然的。后来才明白，由于鲁迅先生是一位极深刻的思想家，所以，单纯从文学或艺术的角度是很难理解他的。许先生有感慨，也很客观。她告诉我，鲁迅先生晚年和太阳社、创造社的同志，日渐增进了了解。鲁迅先生对郭沫若在日本所从事的古文字和社会史的研究，有充分的肯定。她还告诉我，成仿吾同志在赴江西苏区之前曾访问过鲁迅先生，鲁迅先生对着他，也表示了对郭沫若在日本研究成果的赞赏。因为成仿吾是我早年旅法时进入党组织的引路人，所以，听许先生这样说，我特别由衷地感到高兴。

中国近代思想的终点和现代思想的起点，都体现在鲁迅思想中。解放后，我本希望有计划地重理鲁迅思想研究，却终未实现，这是非常大的遗憾。

谈到鲁迅思想，我总想说，中国理应拿出十倍于红学研究的热情来研究鲁迅的，而实际上，可能还不及红学研究之半。

我在鲁迅思想研究中汲取到的力量，对我毕生的事业都有激励作用。作为一个马克思主义信仰者，宣传马克思主义，坚持以马克思主义指导中国学术的研究，需要理论勇气。我个人成就甚微，只有对真理的信念从不动摇，理论勇气还算不乏。鲁迅先生的韧的精神和风范，是我最景仰的一种中国风格的战斗精神，一种虽不能至、心向往之的风范。

迎来解放

1948年11月初，辽沈战役结束，沈阳解放。当月，中共南方局通知我准备北上，到东北解放区去参加新政协筹备。

行期在11月23日。出发前两三天，我的行李——几件换洗衣服包成一个布包——就由组织上派人取走，为的是正式出发时可以不露形迹。行前数日，狄超白天天到我家给以关照。那些日子，我爱人徐乐英不停地唠叨，担心途中不安全，担心乘坐的船不可靠。狄超白看在眼里，终于忍不住了，严肃地批评她说："外庐不是你个人的，他是属于党的。"乐英从此不再作声。

出发那天下午，郭沫若和于立群到我家来会齐。临行，我在西装外面套上一件棉袍。这身打扮在香港过冬嫌累赘，到东北还远远不够。我们四个人空着手，若无其事地来到一位姓邝的港商家"作客"，吃了晚饭，等待天黑启程。饭后，乐英请我们临别赠言，我随手涂鸦四句，"于情不忍，于理无愧，于事有益，于国增光"，请她放心。郭老则大笔一挥，写下"不久即于光明之中再见"的豪言。

天黑了，邝先生领郭老和我乘小船到港外，登上一艘意大利轮船。其他朋友按照事先安排好的、各不相同的途径，也纷纷来到船上。

轮船当晚起锚，到了公海上，各舱室中的乘客拥上甲板，全都是熟识的朋友，大家额手称庆，"到解放区去啊"！

我们乘的那艘意大利船，是为解放区运送医疗物资的货轮。除运药品外，它还兼有送十几位民主人士去解放区去的任务。此行人中有许广平母子、曹孟君、郭沫若、茅盾、翦伯赞、马叙伦、宦乡、连贯等。

船上是非常欢乐的，周海婴为大家拍了许多照片，记录下一张张由衷的笑脸。唯一不足的是，大家都嫌船慢，都希望乘飞机，要快些飞到光明中去。

经过十天航行，船泊安东，我们终于登上解放了的土地。翦伯赞与连贯等在此转道，经山东去石家庄，其余的人，一起去沈阳。

抵达安东时，前来迎接我们的辽东省委代表中，有吕振羽同志。伯赞与我两人和他最熟，老朋友胜利重逢，真是欢天喜地。

一别七年，振羽变了，他身穿军装，胸佩中国人民解放军证章，增添了一种前所未有的英气。七年间，中国更是天翻地覆地变了，不仅抗日战争胜利了，而且解放战争全胜也已成定局，全中国解放之日已经在望。老友之间，还有什么能比这番重逢更激动人心！

我们到达沈阳的时候，平津战役刚刚打响，淮海战役战火正烈。国民党政府崩溃之日为期不远了。

在沈阳，我们受到中共东北局的厚待，住在一家宾馆，东北局的负责同志常常来看我们，李济深、郭沫若等则更经常和他们做长时间的谈话。在东北，我们对党的负责人的民主风度印象最深。

郭老和我提出想找点书看，东北局很慷慨，由高岗出面送给他和我一人一套昂贵的《清实录》。

由于华北地区平津战役正在进行，在河北平山的党中央与东北解放区之间还受到阻隔。新政协筹备会暂时没有召开的条件。因此，我们在沈阳期间十分空闲。

有人发现，沈阳的古董市场规模可观。朋友们中间，好古者居多，有的早就是收藏家，于是出售古物的地摊小肆成了我们许多人的日常去处，甚至在那里流连忘返。

对古物，我早有所好，但一向由于忙，更由于拮据不敢问津。此时，乘难得的空闲，手头又有些津贴（东北人民币），便随郭沫若、章乃器、吴茂荪一起也进了古董市场，有时，连曹孟君也和我们为伍。大家在地摊上寻觅，还着实有许多收获。我在沈阳所得的文物中，有两件珍品，其价值为鉴赏家所公认，一件是周代的臣晨鼎，另一件是张作霖的24两一对鸡血石。

有一天，我买到一方古印，篆刻荀子名言“公生明，偏生暗”

六字，出于名家之手。拿回宾馆，郭沫若爱不释手，我说："你喜欢，就送你吧。"他表示要写两联条幅回赠我。上联是"公生明，偏生暗"，下联要我选句，我选墨经名句"兼者是，别者非"，郭老想了想说："你看用'智乐水，仁乐山'怎么样？"我知道他爱儒家，从"智者乐水，仁者乐山"的含义看，却也不尽是偏爱，郭老的立意似乎还有所扩大，我表示无所谓。于是，下联按他的意思题为"智乐山，仁乐水"。这一件小事，反映了郭沫若对于古今学问的态度。

沈阳收集的文物，以上述三件为例，各自命运迥然不同。臣晨鼎于20世纪60年代初，和另外十件一起，赠送了历史博物馆；24两双印于1966年被抄家者裹挟而去，不知落于谁手；唯有用古印从郭老处换来的两联条幅，目睹了一场浩劫，幸存下来。

1948年年底，国民党反动统治的末日快到了，蒋介石为取得喘息时间以利再战，于1949年元旦提出和平谈判的建议，发起一场和平攻势。1月14日，毛主席发表《关于时局的声明》，提出实现和平的八项条件，第一条便是惩办以蒋介石为首的内战战犯。聚集沈阳的民主党派和各方人士，发表《对时局的意见》，声明拥护中国共产党的八项和平条件，签名者在50人以上。

1949年1月28日，是农历除夕。那天晚上，宾馆里朋友们彻夜不眠，饮酒的、赋诗的、歌唱的，联欢通宵达旦，我一向不敢在人前献丑的，这天，居然乘着酒兴，大唱起山西梆子来。当时，我们仅仅略知平津战况，谁都无法确知人民解放军什么时候将在北平举行入城式，但是，我们都清楚地知道：明天就是春天。不久，就可以回到故都去。指日可待，人民的新中国就要诞生了。

第二章

中国社会史的研究

自20世纪30年代开始,我对于中国历史的研究,主要做了两个方面的工作:一是社会史研究;二是思想史研究。我向来认为,社会史与思想史相互一贯、不可或缺,而"研究中国思想史,当要以中国社会史为基础"(请参见拙著《中国古代思想学说史》自序,重庆文风书局1944年版)。当然,我研究社会史,并非仅仅为了研究思想史,更重要的,还是为了探讨中国历史发展的规律性。这一点,我在1946年写《中国古代社会史论》自序时做了说明。在这本回忆录中,虽然我对自己各个时期的史学研究有所叙述,但我感到仍有必要把我的社会史和思想史研究工作,分成两个专题加以回顾。本章先谈我对中国社会史的研究。不过,要谈这个问题,还得从社会史大论战说起。

30年代社会史论战对我的影响

我这里所说的社会史论战,是指20世纪20年代末至30年代中期学术界关于中国社会史诸问题的激烈论争。像任何一场思想论战都不是偶然发生的一样,中国社会史论战的出现也有其深刻的社会原因。从根本上说,它是马克思主义与中国革命实际相结合过程中必然发生的一场思想理论斗争。

我们知道,大革命失败以后,革命处于低潮时期,马克思主义者为了探索革命的前途,解决中国向何处去的问题,开始了对中国社会性质问题的研究。所谓“中国社会已经走上了一个什么阶段?”就是当时引起广泛讨论的总题目。理论界对中国现阶段究竟是资本主义社会、封建社会,还是半殖民地半封建社会的问题展开了争论。既然要争论这样一个涉及中国国情的问题,就不能不回过头去了解几千年来的中国历史。于是问题又从现实转向历史,引起了大规模的中国社会史论战。

这场论战范围很广,持续时间很长,争论的问题很多。我记得,大家争得最热闹的问题有这样几个:一是亚细亚生产方式问题;二是中国历史是否经过奴隶制阶段问题;三是何谓“封建社会”以及中国封建社会的历史断限和特征问题;四是所谓“商业资本主义社会”问题;最后又从历史回到现实,认识近代中国是否半殖民地半封建社会问题。经过论战,有些问题解决了,有些问题并没有得到比较一致的认识,至今仍在争论。

参加这场论战的人也是多而杂的。当时苏联、日本的学术界都对中国社会史问题展开过热烈的讨论,其中一些有代表性的观点对中国理论界产生过影响。在中国,参加论战的不仅有史学界,还有经济学界、哲学界等方面的人。这里面有马克思主义者,如李达、郭沫若、吕振羽等同志;也有托派分子李季之流,还有陶希圣等一帮反动文人。因此,这场论战既有马克思主义史学队伍内部不同学术观点的争论,又有马克思主义与反马克思主义、革命与反革命营垒之间的思想政治斗争。总的说来,它反映了当时思想理论战线上的复杂斗争形势。

我要特别提到的是,在这场论战中,以郭沫若为代表的中国马克思主义者的一个重大功绩,就是他们在批判形形色色的唯心主义史学的同时,开创了以马克思主义为指导的中国新史学。新史学的出现,激起了巨大的社会反响,推动了中国社会史问题论战的高涨。我就是在论战高潮中,由于受到郭沫若的影响而开始转向史学研究道路的。

1930 年我从国外回来不久,便有机会读到郭沫若的新著《中国古代社会研究》。这本内容丰富而又新颖的著作很快吸引了我。尤其是他在掌握大量史料的基础上,运用历史唯物主义观点和方法,以其锐利的眼光,第一次提出并且论证了中国古代同样存在奴隶制社会,从而证明了马克思主义关于人类社会史一般规律的普遍意义,这一大胆的科学发现使我感到兴奋。中国的历史几千年,而几千年来的中国史书汗牛充栋,但是从来还没有一本书能像郭沫若的书这样对中国古史做出难能可贵的科学解释来。当然,我不是说这本书尽善尽美,它在某些方面还不够成熟,甚至还有明显的缺点错误。例如:它对于经济学的历史范畴之应用,关于亚细亚生产方式问题的解答,等等,在我看来,都是不能令人满意的。然而,毕竟是它首先成为马克思主义史学的拓荒之作,开辟了"科学的中国历史学的前途"(见拙著《中国古典社会史论》序言)。郭沫若在古文献、古文字和考古学方面的渊博知识以及他对古史研究中疑难问题的大胆论断,都开阔了我的眼界、启发了我的思考、唤起了我对古史研究的兴趣。因此,我在读完他的这本书以后,怀着衷心的敬意向他写信求教。如果说,大革命时期,李大钊同志曾经是指引我学习马克思主义理论的老师,那么,从 20 世纪 30 年代初开始,我已经把郭沫若同志看作是指引我学习和研究中国历史的老师。

我是怎样开始研究中国古史的呢?我在 1946 年写的《中国古代社会史论》自序中对此做过一个简要的叙述,其中说:

“我个人对这门科学探讨了 15 年，在主要关键上都做过严密的思考，对每一个基础论点的断案，都提出自己的见解。但是我自己从事这项研究工作是有依据的，一是步着王国维先生和郭沫若同志的后尘，二是继承亚细亚生产方式论战的绪统，我力求在这两个方面得到一个统一的认识。”

这里所说“探讨了 15 年”，是从 1931 年算起的。这一年，我在哈尔滨法政大学任教，开设了一门“中国经济思想史”课程，写了一部研究生质的讲义，其中关于“中国古代社会与老子”一章，曾由我的学生高锐锫译作俄文，想将它出版。“九一八”事变后，我从关外回到北平。其时正值中国社会史论战高涨，更加引起我对古史的兴趣。但我在此时，除了在北平几所大学继续讲授中国经济思想史之外，并没有直接在报刊上参加论战。这也不是没有原因的。一个原因是，当时在繁重的教学之余，我与王思华同志正埋头于《资本论》第一卷的翻译和出版工作，忙得不可开交；后来又因参加抗日宣传被国民党抓去坐牢，这样也就来不及撰写中国古史研究文章。另外还有一个原因，自认为科学研究应取严肃谨慎态度，在未充分做好理论准备、掌握材料以及作严密思考之前，绝不可放言高论。我认为，这场论战有一个最大的缺点，就是对于马克思主义的基本理论没有很好消化，融会贯通，往往是以公式对公式，以教条对教条。我看了当时群起攻击郭沫若的文章，想到一个问题，即缺乏马克思主义的基本理论修养而高谈线装书里的社会性质，是跳不出梁启超、胡适“整理国故”的圈套的。而要提高自己的理论修养，就应当先把外文基础打好，从经典著作的原著中掌握观察问题的理论和方法，因此，我自己仿效了鲁迅的翻译研究方法，把翻译《资本论》作为研究历史的必要的思想理论准备。此外，因了翻译《资本论》而涉及西方国家的各派经济学说,我又着手编著《经济学之成立及其发展》,作为研究经济思想史的参考书。论战的另一个缺点是,不少论者缺乏足以信征的史料作为基本的立足点,往往在材料的年代或真伪方面发生错误。因此,我认为对待历史材料应谨守科学的法则,善于汲取前人的考据成果,同时又有自己的鉴别能力,勇于创新。我之所以赞赏王国维考辨史料的谨严方法,钦佩郭沫若敢于撞破旧史学门墙而独辟蹊径的科学勇气,把他们当作自己的老师,原因在此。

我自 1933 年在北平出狱后,因了监狱生活的折磨,身体很坏,百病丛生,医生告诫我不要再搞翻译,于是我把《资本论》第二、三卷的翻译工作放弃一部分,换换脑筋,翻阅古籍,间亦写点读书笔记,做起古史研究来。但问题不是容易丢手的,只要取研究态度,一经拿起,那就须念兹在兹了。鉴于史学论战中,对于中国社会经济性质的不同看法,我于 1933 年写了一篇《社会史论导言》。

1934 年,我出版了《中国古代社会与老子》和《经济学之成立及其发展》两本小册子。至于我在这个时期所做的古史笔记已有 20 万言,可惜这些笔记被毁于抗战初期的战火兵灾之中。我后来写的《中国古典社会史论》,就是在过去研究的基础上形成的,但就材料而言,反而不如过去那么丰富了。然而,无论如何,学习和研究中国古史已经成了我的一项重要工作。

关于生产方式理论的探讨

社会史论战的几个主要问题,都涉及马克思主义的基本理论和方法论问题，而首先是关于生产方式（当时我称为“生产方法”）的理论问题。如对怎样了解社会性质的问题，或者说，究竟什么是决定社会性质的根本原因，当时不少论者的认识是很肤浅，甚至很混乱的。其中有“技术决定论”，也有“剥削关系决定论”，在论及现时中国社会性质时，还有“流通、商业资本决定论”，从而荒唐地把当时的中国说成是什么“商业资本主义”社会，等等。这些错误观点，在今天看来，都是常识问题，但在20世纪30年代，在马克思主义不能合法宣传和普及的条件下，它们是多少能迷惑人的。

在当时的马克思主义学者当中，虽然一般都认为生产方式是决定社会性质的根本因素，但对生产方式本身如何理解，并没有统一的认识，有些人的解释，据我个人看来，多少偏离了马克思的原意。

针对上述情况，我在1933年回到太原后，花了两个月的时间，写了那篇《社会史论导言》。根据我研读和翻译《资本论》的体会，力图从经济学和历史学统一应用的角度，讨论生产方式问题。我将稿件辗转寄往南京《中山文化教育馆季刊》，有如石沉大海，一直未能发表。

1938年我到重庆，这时中山文化教育也迁到重庆。我认识了在该馆工作的陈斯英，抱着侥幸心理请他设法查一下《社会史论导言》原稿的下落。没有想到，他很快就把原稿取出交给了我，真是喜出望外。我在原稿的基础上进行修订，把一些过时的属于批判性的文字删去，但仍保持原文的基本内容，于1939年，发表在《中苏文化》四卷第二期上，篇名改为《社会史导论》。

当准备在《中苏文化》上发表该文时，正好见到罗隆基在《再生》第三期上发表了关于怎样认识资本主义的文章，文中批评胡秋原、陈独秀、陶希圣，却把苏联实行的新经济政策也看作资本主义。于是，在公开发表《社会史论导言》时，我一开头加了四段文字，批评罗隆基的观点。不过，我于1945年将该文汇编入《苏联历史学界诸论争解答》一书时，便把这几段与主题无关的文字删去了。

我对生产方式及其在人类历史的地位，基本看法又可以归结为：(一)它是决定历史上特定社会形态的根本因素，不同社会形态的区别，就是由它的性质决定的；(二)它必须在一定社会形态中占有统治的地位；(三)它的内容可表述为：特殊的(历史上一定的)生产资料和特殊的(历史上一定的)劳动者(力)二者的特殊结合方式。用马克思《资本论》中的话来表述，就是："不论生产的社会形式如何，劳动者和生产资料始终是生产的因素。但是，二者在彼此分离的情况下只在可能性上是生产的因素。凡要进行生产，就必须使它们结合起来。实行这种结合的特殊方式和方法，使社会结构区分为各个不同的经济时期。"(《马克思恩格斯全集》第24卷，第44页)马克思接着就据此概括作为特定社会形态的资本主义社会的根本特点。他指出，"自由工人和他的生产资料相分离，是既定的出发点，并且我们已经看到二者在资本家手中是怎样和在什么条件下结合起来的——就是作为资本的生产的存在方式结合起来的。"(同上)

我在上面谈到的三点中，第三点就是对生产方式下定义的。在这里，我之所以在"结合的特殊方式和方法"之外，还对相结合的两个因素，即生产资料和劳动者(力)都冠之以"特殊的"，即"历史上一定的"这个词加以修饰，就是因为，马克思在对待历史上特定生产方式——资本主义的场合，把一般劳动者看成"自由工人"，而一般的生产资料则被看成和"他的"(原来和生产者直接结合的)生产资料相“分离”了的生产资料,即已是打上了历史的、社会的印记的生产资料,而不是单纯的物的因素了。换句话说,无论生产资料还是劳动者,都是作为社会历史范畴出现的,我认为,马克思对资本主义社会形态所做的高度概括,具有重要的方法论意义,可以看成研究前资本主义各社会形态的指针。

不管人们是否同意我对生产方式的理解,但我自信,我以上所述的内容本身,对于我们区别不同的社会形态,掌握不同社会形态的质的规定性来说,是站得住脚的,是符合马克思主义精神的。我以后对中国古代社会史的研究,正是以此为方法论指导。

我在《社会史论导言》一文中,就明确表示,不同意把生产方式归结为生产力和生产关系的统一,虽然,我同样坚持它们二者间存在密切的依存关系。作为学术观点,我至今没有改变自己的看法。记得1943年前后,郭老邀我到重庆郊区赖家桥“文化工作委员会”去做学术讲演,听众有好几十人。这个会由郭老亲自主持。会上,我发表了自己对生产方式问题的看法,当场就有同志站起来提出质问,说我的观点和斯大林在《联共党史》中给生产方式下的定义相悖。提意见的同志口气虽然有些逼人,但我完全理解,他是出于对国际共产主义领袖人物的尊重,故我只说了一句:“斯大林的说法我不懂”。接着那位同志还要求我进一步说明。会上气氛显得有些紧张。当时郭老没有发言,杜国庠同志站起来说:“人家已经表示不懂了,再问什么呢?”杜老的话,顿时缓和了会场的空气,帮我解了围。再就是1949年解放初期,我在北京师范大学历史系任教时,也遇到类似的情况。我在课堂上讲了生产方式问题,下面一些学生就纷纷议论,下课后,有的学生就反映,说我的说法不符合斯大林的提法，违背了马克思主义。不过那时，学术上的自由讨论空气比较好，并没有给我扣什么政治帽子。

在关于生产方式的理论探讨中，我自己也不是一贯正确的，也有过这样或那样的错误。例如，我在批评“技术决定论”的错误时，因受当时流行的观点的影响，对科学技术本身也是一种生产力，缺乏明确的认识，没有作出应有的区分。老实说，长期以来，我和理论界的许多同志一样，对这个问题比较模糊。直至20世纪70年代，邓小平同志把科学技术是生产力这一马克思主义观点恢复过来之后，我在认识上才有了提高。又如，我在抗日时期写的《关于苏联新社会发展法则的问题》一文（收入拙著《苏联历史学界诸论争解答》）中虽然承认所谓“发展是对立物的斗争”这一辩证法观点，适应于社会主义社会，但又认为这种“对立物的斗争”已经不表现于生产关系与生产力之间，而是表现于人类与自然的矛盾以及生产与消费的矛盾等方面，实际上否认了矛盾的普遍性，否认了社会主义社会的基本矛盾仍然是生产力与生产关系的矛盾。这个形而上学的错误观点，显然是受了斯大林的影响。1957年听了毛泽东同志关于正确处理人民内部矛盾问题的讲话以后，我的错误认识才得到认真的纠正。

对亚细亚生产方式与中国古代社会的研究

我研究古代社会的基本原则，就是力图把中国的古史资料，和马克思主义历史科学的古代发展规律，做一个统一的研究，以便探寻中国古代社会发展的特殊规律。郭沫若曾把他的《中国古代社会研究》看作恩格斯《家庭、私有制和国家的起源》的“续篇”。而我在古史研究中，则比较注重做马克思关于亚细亚生产方式的“理论延长工作”。

我认为，研究历史，主要在于解决历史的疑难，弄清楚一些带规律性的问题，因此，我在古代史方面，对其中一些争论较多、难度较大的问题是用过一些精力的，如对亚细亚生产方式的说明，氏族制的残存和家室的意义，中国古代城市国家的起源和发展，以及先王观问题等，都进行过一些探索。我想就此分别做些回顾，检点得失，也许不是无益的，而我更热切地希望得到读者的宝贵批评意见。

一、关于亚细亚生产方式

这个问题是在20世纪30年代中国社会史大论战之前，由苏联学者提出来的，当时在苏联多次进行过讨论，争论得很激烈。在中国、日本历史学界都跟着或多或少地讨论过，但是人们并没有认为它已经解决。我在翻译《资本论》时已经接触到这个问题，因此，当它被人们提出来讨论的时候，我就感到它是关系到研究中国古代社会的一个至关重要的问题。如果不懂得生产方式，不弄清楚亚细亚生产方式究竟是什么，就不可能科学地判明中国古代社会的性质。基于这一认识，我便开始了这方面的探索。近四十年前，在发表《我对“亚细亚生产方法”之答案与世界历史家商榷》一文时，我写了一段“附记”，记述了我对这个问题的研究情况，兹摘录于下：

“作者对亚细亚生产方法这一问题，从苏联学者论战以来，就列在我的研究课程表之中。十余年来，这个恼人的问题无时不在材料的继续提供之下，思索又思索，考核又考核，一方面是理论原则的材料整理，他方面是原则引用于东方古史上的决疑说明,缺一不可能解答这一问题。这正是一种博古通今的课题,谈何容易。我初步寻求出答案来是在战前一年,但并不敢贸然把自己的'理论延长工作'贡献出来,和世界学者商榷。就在我写《中国古代社会史论》的时候,虽然大体上根据自己的研究,说明中国古代史的发展规律,而并没有从原则全盘地拿出来的。因此就有几位朋友或面询或函问我为什么保留系统的说明呢?其实我亦不安的。此文是我在两年半以前(按:指 1943 年),用了一个月工夫写出来,更兴奋的是在我写完时,又发现了理论大师的遗著(按:指马克思《政治经济学批判大纲(草稿)》),佐证了我的假定。然而,我慎重着,率不发表到如今。其间我把此稿送交过几位朋友预先征求批评,但都没有否定的商榷,故初稿写竟,……我也没有修改过。现因《中华论坛》编辑敦促,重读一遍,决意把它发表,深望爱好历史理论的专家给我以严正的批评。"(《中华论坛》第一卷第七、八期合刊)

这段话,现在读来,连我也感到自己有点喜形于色,但它确实反映了我当时的心境,因为在这个历史难题上,我是经过长期的摸索和反复的思考才有所获的。我想,这种心情对每一个科学工作者来说,往往都是难以避免的。

为了首先从理论上弄清楚亚细亚生产方式的意义,我从《政治经济学批判导言》《资本论》《家庭、私有制和国家的起源》等经典著作中,查找了一百多条有关古代社会的论述,特别是马克思关于"人体解剖对于猴体解剖是一把钥匙。低等动物身上表露的高等动物的征兆,反而只有在高等动物本身已被认识之后才能理解。因此,资产阶级经济为古代经济等提供了钥匙"(《马克思恩格斯选集》第 2 卷,第 108 页)的话,给了我很大启示,使我对学习和领会马克思关于亚细亚生产方式的提法有了一些新的理解。当时我虽然还一下子得不出自己的断案，但是对于苏联学者所做的各种解释，诸如亚细亚生产方式是东方史里的一种独特的社会构成，或者把它当作“空白”史，以及所谓“变种论”“过渡论”等，我是有怀疑的。

为了探索中国古代社会的奥秘，我把马克思关于亚细亚生产方式问题的思想，同中国古代社会的历史材料结合起来做进一步的研究。

文字是从野蛮末期进入文明社会的一个标志。中国古代的文字记载，最早的是殷代末期的卜辞，我们不能超越卜辞而无中生有。王国维和郭沫若是研究这方面最有成绩的人。我只能步着他们的后尘，通过古文字来考察殷、周两代社会的经济构成。

依据生产方式即特殊的生产资料与特殊的劳动者(力)的结合关系这一理论前提，我详细考察了殷、周两代这两个生产要素的具体内容和发展过程，并在这个基础上，进一步研究了氏族公社如何转化为东方氏族贵族所有制的古代社会的情形，以及实现这一转化的自然条件——灌溉制度的经营等。我从研究中发现，中国古代从氏族或农村公社进入文明社会的路径，与西方不同。在西方，是“旧的公社的土地所有权，已经破坏，或至少以前的公社耕种制，已经让位给各家族单位分种小块土地的制度”(《反杜林论》，第220页)。在中国古代却不然，土地所有制形态转化而为氏族贵族所专有，独立的农民的土地所有权反而是例外。

关于古代不同路径的断案，在当时虽然还缺乏充足的佐证，但我自信把理论和实际结合起来研究的方法，是符合马克思主义的方法论的。

1943年，苏联汉学家费德林告诉我，苏联在前两年发现一篇马克思的遗稿，即《政治经济学批判大纲（草稿）》，或能佐证我的社会史观点。我听了很高兴，请他赶快找来给我看看，无论是原文本或是译本。不久，费德林就给我送来一个俄文译本，我请戈宝权同志译成中文。我认为，这是我们所能见到的马克思关于古代社会理论的文献中，一篇最详明的珍贵资料。我有幸在国内首先使用它。这份资料更加使我增加了研究中国古代社会史的理论勇气。解放后，日知重译了这篇遗稿，发表于《文史哲》1953 年第一期。它对于推动我国的古史研究，起了很大的作用。

第一，这篇遗稿对于古代（按：指奴隶社会）的生产形态，即东方的、古典的，是平列地论述的。这种提法，比别的文献讲的都明显、肯定。由此，表明亚细亚的（或东方的）和古典的生产方式，是古代社会“构成”的两种财产起源的路径，当是无疑的。

第二，这篇文章不仅讲了亚细亚的和古典的“古代”的相同之处，也阐述了二者的相异之点。它指出：“财产的第二种（古典的）形态也正像第一种（东方的），同样地产生了（它自己的）地方的、历史的等本质上的多样性——是更为有变动、更为具有历史性生活的产物，是原始部落之命运注定的及其曾经变态的产物……在这里，各人的财产本身绝不是在第一种形态那样——是常由自然路径成熟的。”马克思把古典的古代，用“常由自然路径成熟”这个特征表述出来，正说明这种“发育正常的”与“早熟的”东方形态之路径的区别。

第三，文章还通过对城市和农村的分裂、私有关系以及生产过程的占有关系等，详细分析了亚细亚的和古典的古代文明的具体路径的不同，指出了这两种“古代”的路径，都是由氏族公社的解体过程而生长起来的，只是第一种和公社密切结合，而第二种在后来把公社的氏族躯壳完全冲破了。

经过仔细的学习和研究，不但它论断的深刻使我惊奇，而且使我假定的中国古代属于亚细亚生产方式的断案，也得到了确实的佐证。同时，也使我对“亚细亚”的古代与“古典的”古代做了明确的区分。（这里顺便说一下，我在 1941 年写《中国古典社会史论》的时候，虽然也提到了“中国古典社会的亚细亚性”，但“古典”一词是古代奴隶制的同义语。后来，因为我对“亚细亚”的古代与“古典的”古代做了明确的区分，于是感到该书用“古典”二字不贴切，故于 1946 年修订再版时改为《中国古代社会史》，1955 年再版时，按白寿彝同志建议定名为《中国古代社会史论》。）从此，我才把经过多年探求的结果发表出来。我认为，无论是古代东方的国家和“古典的”城邦国家，它们的出现虽然有先后，但在本质上属于同一类型，即都是奴隶制社会，只是二者的路径不同。以希腊为代表的“古典的古代”是所谓“发育正常的小孩”，而“亚细亚的古代”却是“早熟的小孩”。

古代社会这两个不同的路径，如果用恩格斯家族、私产、国家三项作为文明路径的指标，那么，“古典的古代”就是从家族到私产再到国家，国家代替了家族；而“亚细亚的古代”则是从家族到国家，国家混合在家族里面，就是所谓的“社稷”。所以，前者是新陈代谢，新的冲破了旧的，是革命的路线；而后者却是新陈纠葛，旧的拖住了新的，是维新的路线。用中国古文献的话说，即是前者是人惟求新、器惟求新，后者是“人惟求旧，器惟求新”。我认为中国的奴隶社会开始于殷末周初，经过春秋、战国，到秦汉之际终结的论断，也就是基于这一认识而提出来的。在这里，我想顺便说明一下，关于中国古代文明始于殷末周初的断案，是我依据过去的历史材料得出来的。新中国成立以后，我国的考古工作取得了很大的进展，先于殷末的古代文化遗址不断出现，史学界不少同志正在积极探索夏文化的问题。关于古代文明起源的研究，已经出现新的成果。对此，我是很高兴的，希望有更大的突破。

一些朋友认为，我对亚细亚生产方式的说明，是我独特的见解，其实，并无什么特别之处，只是作为历史的决疑，有我自己的一些理解和体会，而且至今不悔，依旧确信不是闭门造车。现在有的人把亚细亚生产方式说成是原始社会。这种看法，早在20年代就已有过，也不是什么新的发现。只要不是孤守《政治经济学批判导言》的一句话，而把它同马克思的《政治经济学批判大纲（草稿）》和恩格斯的《家庭、私有制和国家的起源》等著作联系起来，结合中国古代社会的具体实际，加以细心研读，问题是不难理解，也不难解决的。前几年，西柏林大学罗梅君女士曾问过我，马克思所讲的亚细亚生产方式是不是一个独立的社会形态？它对第三世界如墨西哥、秘鲁等拉丁美洲国家是否适用？我对第一个问题的回答是否定的。亚细亚生产方式不能独立于基本社会形态之外，在中国古代，它只是奴隶制社会形态的另一种路径，也不能把中国两千多年的封建社会归结为“亚细亚生产方式”。如果把中国从古至今的社会都说成所谓“亚细亚生产方式”，更是荒唐的。至于它是否适用于拉丁美洲某些国家，因我对拉丁美洲的历史缺乏了解，不敢妄言。

关于亚细亚生产方式的讨论，从20世纪20年代提出到现在，经过了半个多世纪，现在国内国外还有争议。我认为，从事中国古史研究的同志，不应该回避这个问题，而要去了解它，依据马克思主义的立场、观点，方法去认真研究它。应当把关于这个问题的讨论继续下去。

二、关于氏族制的残存和家、室的意义

我对中国古代社会的研究，主要着重于社会的构成和性质。根据马克思关于生产方式规定社会性质的前提条件，照我的理解，生产方式即是“特殊的生产资料与特殊的劳动者的结合关系”。我所以肯定中国的奴隶社会开始于殷末周初，而不同意西周封建论，就是基于研究了殷、周两代的生产资料和劳动者的状况，以及二者的结合关系之后做出的推断。这些观点和论证，我在《中国古代社会史论》一书里都已讲过了。在这里，我想着重谈谈以下两个问题。

（一）关于氏族制在中国古代残存的问题。照马克思、恩格斯的意见，过渡期的氏族或农村公社的残存，是历史上的一般规律。从印度到爱尔兰，都无例外地顺序走过这样的阶段，即所谓“绝大面积的土地耕种，最初都是由氏族或农村公社来进行的”，才跃进了文明的大门。中国古代自然也不会例外，除非说中国的历史进程是跳跃的，否则，就不能说中国没有农村公社阶段。

问题是在于文明社会里，具体地说，就是中国进入文明社会之后，还存在不存在氏族遗制的问题，这便不是所有的学人都同意的了。过去有些学者，所以发生歪曲历史阶段的错误，原因之一，就是对这方面多不经意。我对这个问题的观点，简单地说，就是认为“氏族公社的保存”和“土地私有制的缺乏”，是中国古代社会的一个特点。而且到后来的郡县制下，也还是把氏族公社的单位保存了下来，产生了中世纪乡党族居的小农制。

我在研究氏族公社解体的过程中，感到中国进入文明社会的方式与西方国家不一样。古代西方是先经过氏族公社的共耕制，然后转变为“把农地分作各个小块”，成为小土地所有者的

制度。所以到文明社会时,“旧的公社的土地所有权”已经破坏,以氏族为基础的组织也被打破。例如雅典,从克来斯特纳起便否认了氏族旧基础,用新的组织所代替;也不再拿血族做标准,而是以地域为标准。而中国却不同,进入文明社会以后,由于氏族王公的旧邦维新路线,不但把土地转为王侯所有,没有土地私有制度;氏族公社也被保留在文明社会里。“不管政治上有如何繁多的风云”,公社的生活,却始终停滞了下来;不管国家怎样“不断的盛衰兴亡和王朝更迭,公社始终紧紧维系了农业和手工业的结合,就像马克思所说,把社会束缚在“限定了的小天地”之内,并“时常按照同一形态再生产出来”。

在我看来,中国古代社会氏族公社的保存,是维护氏族贵族统治的重要基础。公族的营垒(城市),所以能够维持对农村的统治,主要在于保存了这种过时的但是相当严密的氏族组织,才束缚了私有制和城市国家的发展。可以说,氏族制的保存,是束缚社会发展的一把枷锁。古代社会的变革,所以难于明朗化,所以走了长期转变的道路,是同它的存在分不开的。这种“死的抓住活的”矛盾,还使汉代以后的封建制留下了氏族土地所有制的残迹,即公社变为豪族地主。汉代社会保存了大量的奴婢和部曲,不能说与此无关。这种影响和作用,是学人多不注意的。

(二)关于奴隶以家室计算的问题,也是我多年研究的一个心得。为了弄清楚中国古代社会的性质,我对生产方式的两个要素,分别地进行了考察。我在研究劳动力的发展状况时,发现所谓古代奴隶即是拿家室作为计算单位的集体生产者。

根据卜辞记载,殷人在征伐其他部落的战争中,俘获很少,所谓斩杀数千而俘获不过数十余人。这些极为少数的奴隶,又多半用于人牲（代牛、羊祭），有的或作仆役，或作兵卒而没有达到典型的支配使用奴隶的阶段。由此，我推定支配殷代的生产方式，是氏族公社所用的畜牧和农业生产资料与氏族成员主要的共同劳动力二者间的结合关系，因而殷代的社会性质，至多是奴隶社会的初级阶段。

把部落战争中大量的俘获，转变为新的劳动力，开始于周初。文王时代的灭国，俘获是很可观的，被灭的崇人就是其中很大的一个氏族。武王克商的胜利，使殷民一大氏族投降为俘虏，其中不止殷族，还有与殷族同盟的其他诸族。这些被征服的氏族中的“族众”，便成为周族统治者的大量新劳动力的来源，促进了周代奴隶制的发展。

由大量俘获的旧氏族转化为新的生产者，无论从管理还是从组织生产来说，都不是一件简单的事情。它需要分散。家族单位就是由氏族集体俘虏分散而来的。这一点，张荫麟先生早已提出过。我的见解，主要是提出了“家”是奴隶主财产计算的单位，“室”是劳动者的构成单位，就是说，他们是以家室计算的集体生产者。这并非主观臆造。周代的“赐家”“赐室”，春秋时代的“分室”“兼室”的战争便都是赏赐和争夺奴隶财产的事件。不仅如此，这样的“室”还可以买卖，如“岁变籴则岁变刀（货币）、若鬻子”，“宜不宜，正欲不欲，若败邦鬻室嫁子”（《墨子·经说下》）。由此证明“室”作为奴隶的集体单位应是无疑的。

前几年，我看到山西侯马出土的“侯马盟书”，其中有关于“纳室”的盟誓。所谓“纳室”，就是夺取奴隶。这批珍贵材料证实了我关于“室”的想法。

周代奴隶以“家”“室”计算，正是恩格斯所说的氏族集团奴隶这个东方的特征，它是了解中国古代奴隶社会的一个秘密。

我所以断定,西周不是封建制社会,而是奴隶制社会,其中重要的根据之一,也是基于对这种特殊的劳动者的分析。

三、关于中国“城市国家”的起源和发展

我关于中国古代“城市国家”的研究,是在20世纪30年代探讨亚细亚生产方式的时候开始着手的。1941年,我在乡下著述时,便将它很快写成了专题论文,收在我的《中国古典社会史论》里,即后来再版的《中国古代社会史论》。

这个问题之所以成为我研究的一个重点,是因为我发现中国古代城市国家的成立和发展,与“古典的古代”具有显著不同的特点。我以为研究古代社会,要依据古代国家发展的一般规律,同时也要研究各个类型的特殊规律,只有对具体的事物作具体的分析,才能找出中国古代社会发展的客观规律。

但是,城市国家这个问题,也同古代的其他制度和思想一样,被蒙在一层厚厚的“封建”外衣里面。要揭开这种“秘密的形态”,还它以本来的面目,没有马克思主义的理论是不可能的。在这方面我同郭沫若同志一样,都是操着恩格斯《家庭、私有制和国家的起源》这一武器,所不同的,只是郭老谨守该书的前半部,而没有注意后半部希腊、罗马、日耳曼三个类型国家成立的基本材料。没有古文字的基础也是不可能的。用古文字考证历史的方法,王国维和郭沫若是先行者,不过在学术观点上,我和他们并不一致,论及具体问题时,再做适当说明。尽管如此,郭老对我的研究工作不但给予了大力支持,而且给予了热情赞扬,有一次他对我说:我一口气看完了你的古代城市国家,写得很好。我是从文字方面考证了奴隶制,你是在理论上进一步论证了奴隶社会。

我研究中国城市国家的第一个步骤，是首先弄清楚邦和封、城和国的意义，这是考察中国古代封国和城市国家的成立与发展的先决条件。根据王国维“古邦、封一字”的证明，郭老对“封”字原始意义的解释，说明“邦”在最初是用林木或树枝划分“疆”界，“封”在殷周之际，也是指以树木划分疆界。我以为“邦”“封”二字是一个意义，表示古代社会筑城的第一个阶段。而所谓“营国”，即是划分都鄙之制度，比较用草木封树的情况，已是进步的了，属于筑城的第二个阶段。

通过对殷末周初作邑作邦的了解，我以为封树所作的国（城），是氏族贵族所住的。古代社会所以作邦的第一意义，就是将被征服的氏族化为集团奴隶，并以疆界分割，使这些奴隶驯服。过去的氏族酋长或盟主所以成为国家的统治阶级，也就在于有了城市王国。由此，我得出古代的“城”“国”二字同义，筑城即是营国，“城市＝国家”。

我研究中国城市国家的第二个步骤，是着重考察它成立和发展的具体过程。为此，我从殷末开始一直延伸到春秋时期。根据卜辞“封邑”的记载，说明“邑”在殷末已在成立的过程中。但是作为古代社会的基础，生产资料（土地）和劳动者（奴隶）两个条件的结合关系来看，在卜辞里还不能证明已经定型，而是正向结合的过程发展。因此，我认为当作国家成立的雏形的“邑”，还只是处于初期的阶段。

周代国家的成立，据信而有征的文献，是经过先行的阶段之后，才具有一定规模的。这个过程，大体来说，可以公刘时代的“于京斯依”为起点。公刘发现了京这个地方，便依靠京地创设了原始的国家雏形，这是古代最早的野鄙（京师之野），也是氏族酋长或盟主开始具有统治阶级的地位（君之宗之）。太王、王季之“作邦作对”等于说是营国经野。从此，周人开始进入了分国分野的时期。文王继承祖业，开辟岐山，后又作邑于丰，这正是建国的过程。因为，“邑”在西周初年指的就是国。丰邑的规模虽不很大，却正是初期的城市国家，这是没有疑问的。武王在丰水河旁经营农业，经济上得到了繁荣，人口也繁庶起来，于是龟卜问神，封筑镐邑。牧野一战，击溃殷国，俘获了殷民，从此，周代国家才算奠定了下来。所以，我认为周代国家真正具有一定规模，进入文明阶段的是文王，而告大成者是武王。

古代封国，早在殷末周初即已发生，武王克商之前，周氏族已经征服了许多小氏族，作邑、作邦可以说就是封国。武王、周公时代大规模的封国，则是把作邑、作邦的事业向前发展了。不过，作邦、作邑与营国、封国所不同的，在于殖民这一点。由于武王、周公时代，不仅获得了大量的氏族奴隶劳动力，在使用上有了剩余，而且姬姓周族也繁殖了起来，人口增多。这样，势必通过殖民来向外发展（不是现代意义的殖民，而是把氏族奴隶赐给诸侯国去殖民启宇）。由此，西周时代产生了南至江、汉诸姬，东到齐、鲁、燕、晋的大规模封国运动。从东营洛邑以至春秋初年的所谓“诸侯城楚丘而封卫”，可以说是城市国家筑城建国的一串历史。

有些人（包括王国维在内）把周代封国，引申为封建的论据，在信史上是没有依据的。我认为周代封国所以不能认为是封建社会，主要在于它没有“以农村为出发点”的经济基础。就是在率领集团的氏族奴隶开疆启宇，建筑驾驭于农村的城市方面，它的经济技术条件也是非常之低劣的。

东营洛邑在西周殖民封国的历史上，具有特别重要的意义。其所以成为西周初年的中心问题，我以为第一，这个新“国”的成立具有划阶段的意义，显示了它已大大超过了所谓“旧邦维新”的阶段。第二，庶殷、殷余民、蠢殷这一大氏族俘虏很难于驾驭，仅用三监制不能够：“受民受土”，为驱使殷民服役，必须建立一个新的大邑。有了这个新的城市，周族便可以在国里实行宗礼，殷民便可以在田野勤力。这种使城市统治农村的严密制度，才真正具备了“都鄙有章”的国家。

在这里，我要特别提一下闻一多先生，他很重视我对于周代城市国家的研究。1945 年，他写信给我，并特意摘录了一段《诗经通论》中的材料，供我作补充。我在再版《中国古代社会史论》时，专门在书中引了闻先生的材料，作为对周代城市国家性质的说明。可惜闻先生的珍贵信件，没有保存下来，实在是一件憾事。

到了春秋时代，自殖民开启的诸侯封国，由于领土的扩大，人口的增加，在领土内出现了拿邑封大夫的现象。随着政权下逮，大夫们各自有了自己的都、自己的国，从而产生了春秋时代特有的畸形的国家形态，即“两政耦国”。所谓“耦国”，即是两个都城。春秋“耦国”或城市国家的多元发展，同西周时代是有区别的，但是大夫“有国”的现象，也还只是氏族制度的分化，并不是氏族制度的结束。“陪臣执国命”，我以为是很有些古典显族的意义，但也不是典型的显族，到了显族“有国”的时候，古代社会的国制便快完结了。

我研究古代城市国家的第三个步骤，是进一步考察了城市和农村的关系，因为根据马克思的理论，历史的矛盾可以总括在城市和农村两者对立的各时代形态中。

通过对古代封国的研究，知道了周代的城市和农村，是在封疆之内的叫作“国”，在封疆之外的部分叫作“野”，国又叫作都，野的范围便叫作“四鄙”,这正是历史上第一次城市和农村的划分。古代社会的这种都鄙之别,并不只是在于君子住在国里、庶民住在田野的简单分居,而是在于城市握有对农村的支配关系。之所以形成城市和农村的这种特殊关系,我以为正是由古代氏族贵族的土地国有和氏族奴隶的集团劳动者二者结合的生产方式所决定的。由于土地的国有形态,和生产者也是国有形态(贵族宗子所有),在上的氏族贵族掌握了城市,在下的氏族奴隶住在农村,这就使两种氏族纽带所结成的密切关系,却不容易联结在土地上面,像古典国家那样向第二阶段(显族阶段)发展,而是形成了城市和农村特殊的统一和古代氏族贵族的专政。这种城市和农村的不可分割的统一,正是马克思所说的“亚细亚的历史”,我认为,中国古代“城市国家”所具的这种亚细亚特性,是最值得学者注意的。只有朝着这个方向去研究,才会更加接近真理,而不会增加错误,这可以说是我多年研究的一点心得。

四、关于古代先王问题

我在研究中国古代氏族贵族专政理论的时候,着重探讨了关于先王的问题。“先王”思想是中国古代史里一个很特殊的问题,也是中国思想史的源头之一。“王”字在卜辞里虽然常见,但以往的学者对于“王”在古代史中的地位,并没有理出头绪。

我发现殷、周两代称王和尊王显然是不同的。殷代的帝王宗教观是一元的,即先王和“帝”都统一于对祖先神的崇拜。这种一元性的宗教观,是殷代氏族成员基本一致,没有分裂,人与人之间一元性的反映。而周代的帝王宗教观却是二元的,在先王以外另创造了一个上帝，再由上帝授命于先王，使先王“克配上帝”。西周由于作邦的理由，使先王和上帝分离为二，但由于周代的维新制度，保存了氏族制的遗绪，又使先王和上帝结合在一起。这种在意识上既分裂又统一的神秘宗教观念，正是周代思想的秘密。这个秘密，产生了中国古代先王思想的特殊历史，是古典的希腊所没有的东西。也正由于这个秘密是中国古代思想史的最初发源地，从而又产生了中国古代诸子的先王思想。而宗教先王之所以重要，就在于城市(国)和氏族(家)结合成为“邦家”。

从西周到宣王中兴，产生了变风、变雅，首先表现在人们怀疑上帝和先王是一体的。尽管宣王用武力维持住了周代的氏族专政和宗教，可是它再也没有周初那样兴盛了。大骂天命、诅咒上帝的事实，确已表明周初的思想到此时已发生了动摇和变化。

到了春秋时代，由于有了中国古代奴隶制下的显族的土地私有的要求，有了国民阶级反对贵族阶级，企图推翻“维新”政治进到古代社会的正规历史的要求，在这样反抗氏族贵族专政的历史中，普遍支配人类意识的先王思想，首先受到了怀疑和批判，开始出现了宗教先王向理想先王的转化。孔、墨称道尧、舜，就是把西周的宗教先王抽象成了理想先王。不过，孔、墨的先王观，却是有区别的。孔子是把先王加上理想上不可及的人性，墨子则是把先王看成平常的人；孔子把先王作为文明的绝对的创造者，墨子却把他作为人类理想的代表者；孔子只是想继承先王的意志，墨子却是把先王的法仪当作自己的主义；先王在孔子思想里还保留了氏族贵族祖先神的形式，而在墨子思想里则不但没有氏族贵族祖先神的影子，而且反对氏族。总之，先王在孔子学说中是作为道德理想来拟人托古的，而在墨子学说中则只是普通的耕夫、渔夫、陶工。而且愈到周道衰微，氏族制形将灭亡的时期，孔、墨两家在先王问题上的差异愈大。孔子的后学儒家是把先王更加神秘化，而墨子的后学墨家则把先王完全放弃了。

从孔、墨称道尧、舜先王之后，理想先王成了战国诸子是非论争的对象。老、庄首先反对西周先王说。老子的《道德经》不提先王，作为理想的人格是圣人，而意义亦与孔、墨的圣人相反。孔、墨的圣人与仁义相连，老子则说，“大道废有仁义”；孔、墨的圣人与理性相连，老子则认为“智慧出有大伪”。庄子更露骨地否定先王。他说：“与其誉尧而非桀，不如两忘而化其道。”庄子不但在理论形式上摈弃尧、舜，而且抬出超是非的“前先王”黄帝来，反对捏造的“真先君子之言”。老、庄的超先王思想，是对孔、墨理想先王的批判和否定。

子思、孟子学派则把孔子的先王观抽象成为形而上学的纯粹形式。《孟子》里尧、舜先王，除道德之外，还表示为一种形而上学的天地万物的普遍妥当性，在周道愈是衰微的时候，他便在理论上愈是把周制形容得非常神妙。孔子作《春秋》，“其事则齐桓、晋文”，还相对地称道管仲相桓公的霸政，但孟轲却说“仲尼之徒，无道桓、文之事者”。这可以说是把儒家的先王观更加升华为普遍妥当的形而上学的一个线索。庄子否定先王之道，认为尧、舜是以仁义黥劓人的，所以主张人类的人性最好依从于自然。孟子却是把仁义规定为形而上学的最高范畴，认为先王之道是合于当然道理的一种人类性的形式。从哲学的意义上来说，老、庄是拿自然天道观来超越先王；而思、孟则是在自然天道观的影响之下，把先王与自然天道的形而上学融合起来。

先王观到了荀子和韩非子时代，有了极大的转变。荀子指斥子思、孟轲拿阴阳五行的理论来建立先王万能论，是“呼先王以欺愚众”。他主张法后王(后王主要是文王、周公,因为周道可以考察得到)。这是与当时出现的富人秉政的局面紧密相连的。到荀子时代,除孟子所说的王、霸两个阶段外,发生了第三个阶段的东西,即是富者。富者,“委之财货以富之”,是战国末期的显族。富者的产生,说明没落的氏族贵族的土地财货私有制,已经到了革新的时候,需要冲破氏族联盟,消灭氏族宗法,另行建立以富兼人的政治。所以荀子反对高谈千世,而提倡周道。

荀子反对儒家的先王观,是中国思想史上的一个大变动。在他以前的人,很少不受西周宗教先王传统的束缚,他们总是把先王与天道连在一起,把历史上产生的新情况完全看成和先王的创作一致。这种观点到了荀子才有改变,把历史相对地归还于自然史的过程。这可以说是荀子的历史先王观与宗教先王或理想先王所不同的地方,也是他进步的地方。

荀子的学生韩非子更进一步,否认周道,主张法治,不遵循先王。他对过去称道尧、舜先王的人,批评得非常厉害,把他们比作“巫祝”。他主张法治,反对那种否认报偿的氏族的主观人治。他认为只要能够按照法律(“抱法”)来运用权力(“处势”),即可以把国家治好,而不必再效法古先王的制度。

韩非子批判先王的理论和反对氏族政治的主张是相为表里的。中国古代的国家和法权学说的先王思想,就是经过战国的批判活动,到了荀、韩,才在秦末告一段落的。由此说明,研究中国古代思想史,倘不了解中国古代社会史,特别是维新路径的亚细亚的特点,是不可能真正懂得古代思想史的发展规律的。所以我强调研究中国思想史,必须以研究中国社会史为基础,把二者结合起来,才会有所收获。

我在古代史方面的一些其他问题上,如中国古代变法的特殊路径,国民阶级在中国古代的难产和形成,以及土地国有的大生产制等,也都是用了些精力的。由于篇幅有限,就不一一回叙了。关于我在思想史研究方面的一些体会,我将在撰著《中国思想通史》的回忆中说明。

封建社会史研究中的几个问题

20 世纪 40 年代初,我在写了《中国古典社会史论》和《中国古代思想学说史》两部书以后,本拟继续撰写中古诸朝(封建社会)的思想史和社会史,恰好这时周恩来同志要求我根据现实的需要,研究一些中国近代史或近代思想史的问题,我接受了他的意见,变更了自己的写作程序,着手撰写《中国近世思想学说史》。在这本书的写作过程中,我研究了自明中叶至清末民初三百余年的社会史,对封建社会晚期和鸦片战争以后的近代社会性质提出了自己的一些见解。但就整个社会史而言,我认为汉以后至近代的社会颇易辨析,不少问题学者间已有定论,而难度最大的是古代至秦汉的社会史。关于古代史的研究,前面已经讲了。对秦汉史的研究,我是在 40 年代后期开始的。1947 年在《大学》月刊发表过《汉代社会新论》一文。1950 年由北京师范大学出版了我的《汉代社会绪论》的小册子。在秦汉史研究中,我接触到中国封建社会史的一系列重要问题,如封建制的法典化,土地国有制、农业和家庭手工业相结合的自然经济、封建社会的阶级结构、农民战争的特点,等等。我曾经设想分成十来个专题来研究,撰写一部像《中国古代社会史论》那样的比较完整的专著。

1954年,我在《历史研究》创刊号上发表了《中国封建社会土地所有制形式的问题》一文,提出了我的封建土地国有制的论点。我的观点引起学术界的讨论是很自然的,但在1957年以后我因此而受到政治上的严厉批判,"文化大革命"期间竟被列为所谓"三反罪状"之一,则是始料所未及的。

1958年,我与几位同志共同撰著《中国思想通史》第四卷,结合这一时期的思想史研究,我仍然写了几篇有关中国封建社会史的论文。后来,白寿彝等同志积极建议并促进我把这方面的论文汇集成册,于1979年出版了《中国封建社会史论》一书。这本书与《中国古代社会史论》相比,无论在广度还是深度上,都显得薄弱一些,但它仍能反映我研究中国封建社会史的基本观点,不失为《中国古代社会史论》的姊妹篇。

中国封建社会延续时间很长,要研究的问题很多,下面主要谈谈自己的几个主要观点:

一、关于封建制的法典化与历史分期问题

对于从古代奴隶社会怎样转化而为中世纪的封建制,特别是对于划分这两个不同社会形态的界线,在学术界历来就有不同的看法。我认为,在历史发展的长河中,前后社会形态的内在联系不允许截然割开。马克思说过,"社会史上的各个时代,正如地球史上的各个时代一样,是不能划出抽象的严格的界限的"(《马克思恩格斯全集》第23卷,第408页)。以古史分期而言,不但封建制的经济因素萌芽于古代社会之中,而且在封建化的过程中,也还保留着奴隶社会的残迹。因此,我把中国封建制发生到形成的过程,划在战国中叶至秦汉之际。具体一点说,就是从秦孝公时代进行的某些带封建性质的社会变革,经过秦的

统一,到汉武帝的“法度”,才真正开始有了法典化的封建制度的表现形式。

我这个认识,不是没有依据的。因为特殊的生产资料和特殊的劳动者的结合关系,决定着某一社会经济构成。但生产方式取得支配性地位的标志,则常常是通过上层建筑的法律形式折射出来的。“政治是经济的集中表现”。马克思论社会变革的绝对分期年代,总是以一种法典为标志的。如梭伦变法之于古代,罗马军事化的法律之于中世纪,拿破仑法典之于近代。甚至对于印度殖民地的形成过程,马克思仍是以英国女王的一次立法作为依据。

按照马克思主义的唯物辩证法观点,任何事物都有一个产生、发展的过程。封建经济因素受胎于古代奴隶社会的母体之中,并且随着这个社会的缓慢的解体而逐渐地生长起来。依据古代文献,这个过程,是以秦孝公时代的商鞅变法开始的。所谓废井田、开阡陌,就是推翻氏族贵族的国有土地,使土地不合法地私有,产生小土地经营制,使生产者由奴隶逐渐转变为隶农,以维持劳动力的再生产。商鞅变法,废封建,置郡县,实际内容却是废除西周以来城市和农村的关系,开始建立以农村为出发点的封建制的萌芽。至秦始皇统一六国,废除分封诸侯的制度,实现土地的私有和买卖,则是中古小单位生产制代替古代社会构成的表现。经过汉初一系列的法律形式,如叔孙通制礼、萧何立法、张苍章程等,到了汉武帝的“法度”,封建经济构成才达到典型的完成。这是在古旧制度的残余依然同时存在之下,封建制经济作为主导而统驭了社会。

我还特别研究了中国历史上秦汉之际的社会制度。我发现秦汉的制度和其后历代的制度,不论在经济,政治、法律方面,还是在意识形态方面，都非常近似。这种因循的性质，导致中国封建制社会的缓慢发展，由此也说明，秦汉制度是为后来的中世纪社会奠定了基础，当是无疑的。

近年发现的云梦秦简，大部分是秦的法律，可以很清楚地看出是整个封建社会法律的出发点。从这些秦律还可以看到，秦代社会还保存着相当浓厚的奴隶制关系。

关于中国奴隶制社会与封建制社会的分界线问题，现在学术界存在种种分歧。作为一个学术问题，应当充分展开讨论。但是，这种讨论应当是平等的，相互尊重的，不能以势压人，搞学阀作风。我至今还记得我和陈伯达有过一次颇不愉快的争论。1953 年，我在西北大学工作，当时因苏联编纂百科全书有关中国哲学史等条目，要求中国学者执笔。组织上为此把我调来北京数月，撰写部分条目。那时，我住中南海中宣部机关，陈伯达也住在附近，因而经常见面。一次，他找我谈话，记得胡绳同志也在场（当时他任中宣部秘书长），话题中心是中国古史分期问题。他先要我谈看法，我知道他主张西周封建论，和我的观点分歧甚大。对于不同的学术见解，我素来不喜欢口舌相争，主张文字相见，若相互面析，即使熟朋友也容易面红耳赤。何况，我和陈伯达是初交，对偌大分歧，实在不想多说什么，只表示我不同意西周封建论，认为从战国中期到秦汉之际都属于奴隶制向封建制的过渡期。没有等我稍做说明，他就听不下去了。问道："那么，你认为秦始皇当权算不算封建制？"我说："封建制的开始或奴隶制的结束，都不能以秦始皇一个人划界。"陈摇头道："你说秦始皇不属于封建帝王吗？"这几乎是用课问小学生的方式要我回答复杂的学术问题，实在恼人，于是我干脆回答："不属于。"他听了哈哈大笑，接着说："你走得太远了！"事实，我说秦始皇不属于封建帝王之列,是句气话。我从未否认秦始皇是封建帝王,同时又认为秦统一中国,虽然为封建制度奠定了基础,但只有到了汉初法典化过程的完成,才算封建制度最终确立的标志。这个观点,在我的有关著作中都提到了。

对于封建社会的历史分期,我也是以若干重要立法为依据的,如以唐代实行“两税法”作为划分封建社会前后期的标志,以明代的“一条鞭”法作为封建社会进入晚期的标志。我认为,“两税法”是中国封建土地所有制形式相对变化的结果,它反映了均田制的破坏,庄园经济的发展。这正是封建社会从前期向后期发展的一个重要转折。至于“一条鞭”法,则是对于明中叶以后土地商业化或私有化的反映。

二、关于封建土地国有制

在史学界,无论对西周社会性质持何种见解的学者,几乎都肯定西周存在过国有土地制度,然而,对于秦汉以后的封建社会是否存在土地国有制问题,见解不一。主张封建土地国有的人不是很多,而我是其中的一个。

我的封建土地国有论,是在马克思和恩格斯所提示的,自由的土地私有的法律观念的缺乏,土地私有权的缺乏,甚至可以作为了解全东方的关键这一思想的启发下,结合中国的历史实际而得出的结论,我所讲的“国有”即马克思所指的“国家(例如东方专制的帝王)”或“君王是主要的土地所有者”。这是封建社会中长期占支配地位的土地所有制形式,但它不是唯一的形式。20 世纪 40 年代末和 50 年代初,我在论及两汉社会时,曾经比较了欧洲的和中国的封建社会的不同特点,认为中国封建社会早期就建立起中央集权的专制主义,正根源于皇权垄断的土地所有制形成。历代党争以及历代君主直接利用宗教而无皇权教权之分的根源，都可以从这种经济基础上得到说明。我依据史实指出秦汉帝王对于豪族地主既可以赐田，又可以把他们占有的土地没为“公田”，说明皇帝是最高的地主，豪族的土地占有权是不固定的。而且随着土地国有制的所有形式，在主要的手工业生产方面（例如盐铁）也实行国家管制，从而使整个经济基础服务于封建专制主义。

20世纪50年代末，我发表了《关于封建主义生产关系的一些普遍原理》（载《新建设》1959年第4期）一文，这篇文章后来经过修改，作为《中国思想通史》第二、三、四卷《序论补》，我着重阐述了马克思主义经典作家对于封建土地所有权、占有权和私有财产的实质，以及建立在封建土地权力上的社会品级结构等论点，指出这些普遍原理同样适用于研究中国的封建社会，并结合具体史实进一步论证了封建土地国有论。

但是，长期以来，有的同志因我提出封建土地国有制的观点，而指责我否定封建制度的存在，甚至进而推论出否定土地改革的必要性，这实属一种误解。我想，只要是认真的读者不至于产生这样的误解。因为，第一，我之所以提出封建土地国有论，正是为了阐明中国封建专制主义长期赖以存在的真实社会经济根源。第二，我讲的封建土地国有，根本没有涉及1840年以后的半殖民地半封建社会，即便在整个封建社会中，我也并不认为封建土地国有制的所有形式始终占支配地位，我明确指出过，自明代嘉靖、万历以后，随着土地私有制（自由买卖）的发展，土地国有制的所有形式渐渐不占支配地位了。这和否定土改有何相干呢！我做学问重在独立自得，不怎么喜欢与人争长论短，也很少写文章答复别人的批评。但在20世纪50年代末以后，我在这个问题上受到的压力越来越大，当时在“左”的气氛下，是不容易申辩的，后来，到了“文化大革命”时期，给我扣上了许多政治帽子，乃至学术界一些赞成我的封建土地国有论的朋友也因我而受株连，挨了棍子，现在说起来，也还是令人痛心的。至今我仍认为，封建土地国有论问题是可以而且应该探讨的一个学术问题，各种不同意见，完全可以展开讨论，相互争鸣。我欢迎持不同学术见解的同志对我的观点进行毫不客气的批评。

三、关于豪族地主与庶族地主

在中国封建社会史的研究中，有些学者将地主阶级划分为大、中、小阶层。说实在的，我是不赞成这种方法的。我以为，单纯以占有土地数量以及地租额的多少来区分地主阶级中的不同阶层，并不足以揭示封建生产方式的本质，尤其不足以揭示中国封建社会的基本特点。依据马克思主义经典作家关于封建主义普遍原理的论述，如：封建制度中，私有财产是特权即例外权的类存在；王权就是私有财产的权力；形式上的不平等的等级法律是由各种不同的社会地位构成的整个阶梯等，我把中国的封建阶级大体上划分为三个阶层：皇族地主、豪族地主（即豪门、豪强）、庶族地主（或细族、寒门）。因了封建的品级结构是和倒行逆施的土地权力密切结合一起的，所以皇族地主占据了封建社会整个阶梯的顶端，豪族地主最早是由先秦六国世族转化而来的，这个阶级集团从秦汉一直到后来都很巩固。这种豪强地主之所以有它的根基，是因为它附着在村社的村落的自治体上。这种村社是古代制的残余，古代叫“乡党”，秦汉叫“乡曲”“闾里”，是一种家族的血缘关系更固定的地望形式，它占有依附性的宾客、家兵、部曲，荫附或徒附人户，成为一种政治、经济、军事与宗法关系紧密结合的特殊强大的封建势力，如马端临《文献通考》所说的："虽朝代推移，鼎迁物改，犹卭然以门第自负，上之人亦缘其门第而用之。"故其历久而不衰。我把它称为"品级性"地主。庶族地主是指那些社会地位低下、等级微贱的富有者。他们有占有土地权，也能支配奴隶和招引客户，但不享有免役权，一般要负担国家的课役。我把它称为"非品级性"或"半品级性"地主。

无论是豪族地主和庶族地主，都是封建专制主义的重要社会支柱，都在不同程度上依附于皇权。当然，二者是有分别的，我在研究秦汉社会史时，曾称前者为"身份性"地主，后者为"非身份性"地主。后来我在写《中国思想通史》第二、三、四卷的《序论补》时，读了列宁《十九世纪末期俄国的土地问题》一文，译者在该文的一个注中，把"身份"解释为"品级"，我觉得符合中国传统习惯，于是用了"品级性"地主和"非品级性"地主的提法。所谓"品级"是指特权者的身份，是特别的与国家相联系的职能，而"非品级"则指不入于官品或品题的等级的寒族或细族。我曾经申明过，我所采用的非身份性或非品级性，不是说庶族地主等于具有农村资本主义的富农概念，而仅仅是说他们带有非身份性或非品级性的色彩，也可以说是"半身份性"或"半品级性"的地主。这和列宁在《十九世纪末期俄国的土地问题》一文中关于资本主义土地所有权的发展，"即在于由身份性之转变为非身份性"的提法是有所区别的。

我认为，在封建阶级内部，皇族地主、豪族地主、庶族地主之间的关系，是一种三角关系。豪族地主既有支持皇权的一面，又有对抗皇权的一面。他们支持皇权是为了得到皇权的支持，借以取得更多更大的封建特权。但是，他们又惧怕皇权对其兼并土地、依附人户的限制,因而常与皇权发生矛盾。庶族地主则更多地拥护皇权,以便反对豪族地主之武断乡曲,阻碍其自身的发展。皇族地主也需要得到庶族地主的支持,借以限制豪族地主的势力,因而通过不究门第的科举考试,从庶族中选拔优秀分子参加“品级联合”。在封建社会前期,豪族地主占有极大的势力,经过农民战争的打击,隋唐两代王朝实行的限制政策,其势力已逐渐衰微,而庶族地主的势力则日益抬头。因此,我认为,豪族地主与庶族地主彼此势力之消长,在很大程度上更反映出封建社会不同时期政治、经济以及思想文化发展的特点,也是封建社会从前期向后期转变的一个重要标志。

四、关于资本主义萌芽

中国封建社会的晚期,有没有资本主义生产关系的萌芽,这在史学界是一个争论很大的问题。我在 20 世纪 40 年代撰写《中国近世思想学说史》的时候,就注意到这个问题。后来,我写了《十六、十七世纪中国封建社会的初步转变》和《十八世纪的中国社会的变化及其局限性》两篇文章,从土地关系的变化、手工业以及海外贸易的发展三个方面考察了明代嘉靖、万历以来封建社会解体过程中的资本主义萌芽状况。

关于土地关系,一方面是土地国家所有制发展成为经济的经营方式,自唐开元、天宝以来逐渐出现的所谓皇田、官田、皇庄、官庄,至明代更加得到了发展,史称“州郡之内,官田十居其三”,苏淞一带更为集中;另一方面,自“一条鞭”法开始,结束了国家地租形态的二进税制的剥削形式,适应历史的发展,转向具有最大限度上减轻封建依存的财产税形式的剥削制度。到了清代的“更名田”,实行“滋生人丁,永不加赋”,“摊丁入地”的办法，更贯彻了"一条鞭"法的精神，更明确了财产税的性质，给予土地私有制以一定的刺激作用。明末以后，私有土地和经营地主的势力获得了空前的发展。当然，土地和农副产品的商业化程度还很低，还没有发展到能够改变整个封建土地所有制的地步。

关于手工业和商业，我认为，中国历史上"食货"二字连称，典型地说明农业和家庭手工业的结合。我们知道，资本的原始形态是商人的和高利贷的财富，然而资本的形成是以自由劳动者从农业的分离为前提。16世纪中叶以后，由于城市手工业的发展，开始在一定程度上导致农业和家庭手工业的分离。从东南沿海、长江三角洲和赣水流域的手工业发展情况来看，我认为十六七世纪的中国社会，有些情况是由农业劳动和手工业劳动在农村市镇分离阶段向城市手工工场方向发展的。随着手工业的发展，商业和都市也发展起来了。

关于海外贸易，明中叶以后，海外贸易不但有沿海各省的商人参加，也有内地各省的商人参加。所谓"富家以财，贫人以躯，输中华之产，驰异域之邦，易其方物，利者十倍"，即反映出当时的情况。明代商业的发展对于旧的生产方式是起了分解作用的，然而商人又脱离不了旧的生产方式的约束，他们往往把资本投入土地，同时成为封建剥削者。当然旧生产方式对于商业发展的阻碍还有其他方面，如封建政府对私商的禁止，官僚资本与商业高利贷的结合以及会馆制度排斥市场的集中等。

我在论述资本主义萌芽时，也还探讨了明中叶以后社会阶级关系的变化及其斗争形式，社会思潮与一些进步思想家的早期启蒙思想的特点，等等。

我认为，从16世纪以来，中国的历史没有如欧洲那样走向资本主义社会，关键在于旧的生产方式以及旧的思想影响太深，新的因素十分微弱，即如马克思所说，既为旧的所苦，又为新的发展不足所苦，死的抓住了活的。

明亡之后，清兵入关，建立了新王朝的满洲贵族接受了高度发展的汉族封建文化，采取了一系列强化封建专制主义的政策，因而扼制了资本主义萌芽的发展。但是清朝统治阶级的政策并不能长久地阻止历史的进程，18 世纪的中国社会经济有了恢复和发展，随之资本主义萌芽也有了一定的发展，但它仍是难产的。由于欧洲的资本主义已经获得了迅猛的发展，中国已经远远地落在欧洲的后面。鸦片战争以后，由于外国资本主义侵略，中国逐渐沦为半殖民地半封建社会，19 世纪 70 年代以后，中国才开始有了一点点民族工业，但又已经落在了日本的后面。而中国愈是落到欧洲和日本后面，中国的民族资本主义就愈加不可能获得充分的发展。这是历史已经证明了的。

我认为，从古代文明的难产到近代文明的难产，说明旧的传统是阻碍历史前进的巨大堕力。这是中国历史的特点，也是我们应当认识的国情。

五、关于中国封建社会农民战争的特点

在两千多年的封建社会中，农民起义连绵不断，有时甚至发展为大规模的战争，影响到封建王朝的兴废。不同历史时期农民战争的纲领口号，不仅反映出被压迫阶级的要求与愿望，而且往往以强力把它塞进人们的头脑，在社会上产生各种不同的思想反响，尤其影响到等级微贱的庶族阶层的“异端”运动和“异端”思想。

20 世纪 50 年代末，我写了《中国封建社会前后期的农民战

争及其纲领口号的发展》(载《历史研究》1959年第4期)一文,试图从社会史和思想史相结合的角度,对中国封建社会农民战争的基本特点做一个扼要的说明。我以为,封建制社会前期,封建剥削方式主要采取了徭役地租的形式,封建主总是力图通过军事、政治、法律等暴力手段以及温情脉脉的宗法关系来控制劳动人手,使农民在依附于土地的同时更加从人身方面依附于他们。因此这一时期阶级斗争的特点是,农民起义主要表现在反徭役并争取人身权方面,因而其口号所包容的思想主要是一种从低级的帝王思想出发,或狂暴式的“财产共有”或“共同劳动”的教义。唐代中叶以后,封建社会进入后期,封建剥削方式主要由以前的徭役地租形态转变为实物地租形态。明清时期,在“一条鞭”法和“更名田”制下,租佃关系又有一些新的变化。而经济上的变化,必然引起封建制社会内部上层建筑的变化,引起阶级斗争形式的变化。这一时期的农民起义主要表现在反对不平等的封建特权和争取土地方面,因而其口号所包容的思想不仅限于人身的生存权,而且更对统治阶级要求平等权利,随后又提出平均分配土地的现实要求。

在农民战争史研究中,我们经常碰到这样一个问题:为什么在封建专制主义极其强固的中国,反而会发生如此频繁的农民起义,甚至一些最强大的封建王朝都为大规模农民起义所埋葬?我认为,从唯物辩证法的观点看,任何事物总是有两重性的,封建统治者用以加强专制主义的一切措施,在一定的条件下,几乎都可以造成农民起义的有利因素。例如:封建社会前期,封建统治阶级利用古老的村社加强对农村的宗法统治,使之成为封建社会的细胞,然而,在阶级斗争尖锐的形势下,村社又成为农民用以反抗封建压迫的一种组织形式,史书上所谓“起于闾左”,

所谓合族合乡逃亡,就说明了这一点。又如,封建统治者为了加强国家的公共职能而大量征发劳动力,加重对人民的剥削,这又不能不激起人民的反抗,往往成为爆发起义的导火线(如隋末农民大起义)。再如,封建统治者役使人民修建的某些公共工程(如运河、驿站),甚至某些军事组织形式,也都可以为起义者所利用。这是封建统治阶级始料所未及的,然而这种阶级战争却是必然会发生的。

在漫长的封建社会中,农民作为一个被压迫阶级,他们的反抗斗争是随着历史的发展而发展的。不同时期农民战争的纲领口号反映出农民群众在阶级斗争实践中经验积累的程度,同时也反映出封建社会历史的客观进程。因此,我注重从发展的眼光来研究农民战争的纲领口号。

我认为,中国农民战争的口号,应溯源于战国末年墨侠一派下层宗教团体所提出的一条公法,即《吕氏春秋》所载:“杀人者死,伤人者刑,墨者之法也。”这可以说是要求人身权的旗帜,曾经影响了秦汉之际的农民起义。这一点,似乎不大为以前的学者们所注意。

在封建制社会前期,从陈胜、吴广的“帝王将相,宁有种乎?”到东汉末年黄巾起义军的“苍天已死,黄天当立”的口号,在我看来,就世界观而言,它并没有否定上帝,并没有脱出宗教唯心主义,因为封建统治阶级的统治思想惯以“外力”来维护“例外权”,农民阶级也只有借用“外力”来反对封建统治者。有人把这些口号说成是否定天命的无神论思想,是难以令人信服的。

唐末农民起义领袖王仙芝自称“天补平均大将军”,黄巢则号“冲天太保均平大将军”,均以“平均”或“均平”为称号,这是从《老子》书中取意而来的，是补不足、均不平的意思，也就是均产的要求。我认为这一思想的出现，恰好反映了中国封建制社会从前期向后期的转变，北宋王小波起义“均贫富”和南宋钟相、杨么起义“等贵贱，均贫富”的口号，都是一脉相承的。这种平均平等的思想，实质上是要求废除授田各有等级和劳动力户口直接支配等封建特权，以期消灭封建的贫富不均的现象。至于明末的“均田免粮”口号，已经直接提出对土地的现实要求，我认为这是农民初期的民主要求。不过，在当时的历史条件下，这种要求也依然是一种不可能实现的空想。

列宁讲过，剥削压迫制度的存在，一定会在被压迫者和少数知识分子中产生和这一制度相反的理想或幻想。我认为，从东汉的“太平”纲领到19世纪的“太平”纲领，从明末农民的均田思想到太平天国的“天朝田亩制度”，就是这样一个脉络相承的历史传统，而且是被压迫阶级长期进行反抗斗争的一个优良传统。

关于农民战争的历史作用问题，史学界讨论得很多，意见也很不一致。我认为，农民战争对封建统治起了一种拆散的作用，因为农民受到历史条件以及阶级的限制，缺乏对前途的设计。我所说“拆散”，是指打乱封建统治秩序，可是他们又不能依靠自身的力量彻底摧毁整个封建制度代之以新的社会制度。我还认为，农民反抗剥削压迫的思想，是封建时代的革命思想，也是我国优秀思想文化遗产的重要组成部分。有的同志因为我们反对自己的革命队伍中的平均主义，便对封建时代农民中的平均主义的进步历史作用加以否定，应该说，这是一种非历史主义的态度。但我也不赞成把农民的思想说成有什么“体系”，因为，无论是政治的、哲学的以及其他方面的足以构成体系的思想，只能在"有教养的"阶级中产生,这是一个马克思主义的常识问题。

最后,我想说明一点,作为一个历史科学的探索者,我常注意从世界史的总范围去考察以及从各个时期中外历史的比较中去探索中国社会发展的特点,自信不是削足适履。然而,科学的探索是艰巨的,加上我个人的能力和水平所限,对于自己研究所得的结论,究竟有几分正确,亦不安心。

第三章

《中国思想通史》的撰著

在我的学术著作中,《中国思想通史》卷帙最大,凡五卷六册,260 万言。平生心力所萃,皆在这部著作。但这是一部集体著作,非我一人之力所能及。

这项工作,始于 20 世纪的 40 年代初,成于 60 年代初。完成时间距今亦已有 20 年。共同编写的杜国庠同志、赵纪彬同志已作古人,我深深地怀念他们。

走完中国思想史的全程,是一场紧张的学习劳动,在一定程度上具有披荆斩棘的开创意义。但是我们的探索还是初步的。面对丰富而珍贵的中国思想史遗产,我们确是小学生。今日写这一段撰著生活的回忆,只能勾勒一个大体,在海滨的沙上印下望海者的最早的足迹。这不是自谦,而是纪实。

从中国古代思想史研究说起

一、我在撰著《中国古代思想学说史》中所遵循的科学规范

我在 20 世纪 30 年代,自关心社会史的论战而开始研究中国社会史。这项研究工作,理论上得益于《资本论》的研读,同时又受到郭沫若《中国古代社会研究》的启发。1934 年我撰写

的《中国古代社会与老子》一书，虽然只是一个小册子，却既包括社会史也包括思想史。我的这第一本史学著作的格局和研究方法，虽无甚明确的意识，却相当典型地表现了我早年的追求，即要在史学领域中挑起一副由社会史和思想史各占一头的担子，为此，我的确跋涉奔走了半个多世纪。

20 世纪 40 年代初，自社会史的研究而进入思想史的研究。我自己的计划是，准备写一部完整的中国思想史，拟分古代、中古、近代三编，在短期成书。但是所谓抗日战争的"大后方"，是禁锢得比罐头还要严密的世界。处身这样的天地里，且慢说物质生活的匮乏，从学术空气来说，实使人艰于呼吸。岁月流逝，我只是到了 1942 年年底，才完成了《中国古代思想学说史》一书的撰著工作。这部书，只是中国思想史的先秦部分，即奴隶社会部分，距离走完思想史的全程，路途还远。但是从 30 年代初讲授中国思想史的古代编大纲到形成《中国古代思想学说史》，是我撰著生活一个新阶段的重要的开端。因为这是完成《中国思想通史》的第一步，而这第一步是走完全程的发轫。

在国民党统治区，思想文化战线的斗争十分尖锐。禁锢与反禁锢，围剿与反围剿，把文化界的人士都卷了进去。治思想学说史者，从更早的时候开始，就呈现着异趋纷拿。所以我曾对此做过概括的叙述："有因爱好某一学派而个人是非其间者；有以古人名词术语而附会于现代科学为能事者；有以思想形式之接近而比拟西欧学说从而夸张中国文化者；有以历史发展的社会成分，轻易为古人描画脸谱者；有以研究重点不同，执其一偏而概论全般思想发展的脉络者；有以主观主张而托古以为重言者。凡此皆失科学研究的态度。"（《中国古代思想学说史 · 自序》）对思想学说史研究工作中缺点的这种揭露，语气比较委婉，仅仅归结为失去“科学研究的态度”。事实上,思想学说史研究领域中的斗争,从胡适刊布《中国哲学史大纲》以来,就严重地存在。早期马克思主义者的研究焦点集中于政治与经济,集中于社会形态的剖析,尚无暇顾及思想学术史方面。但是随着形势的发展,国民党反动派愈热衷于思想史上沉渣的利用,以售其欺蔽。在中国本位文化谬说的鼓倡之下,他们崇王阳明立诚之教,倡“复兴礼学”等,喧嚣鼓噪,洋洋盈耳。究其实际,乃在堵塞马克思主义占领思想学术阵地的通道。于是屠刀禁令之外,书报检查之余,认为贞下起元,标榜新理学以应帝王者有之。自诩“于古今学术略有所窥,其得力最深者莫如宋明儒”,“自问薄有一得,莫匪宋明儒之所赐”者亦有之。自20世纪20年代开始,马克思主义者奋起,张我赤帜,高步进入学术史研究园地者,以郭沫若为嚆矢。郭老写了一系列古代学术史的论文,发表在当时的杂志上。30年代以后,接武者纷纷而起,已经出现一批最早的马克思主义学术史工作者。这就为学术史的科学研究准备了条件,也为学术史领域的理论斗争准备了条件。我在上述的概括中,揭露了各种非科学的学术史研究的态度,是反映了当时客观情况的,也说明马克思主义学术史工作者的研究,自然区别于非科学的态度。

我在写《中国古代思想学说史》的时候,力求避免非科学的态度,在积极方面是第一步严格进行对文献的考订与审查,第二步是实事求是地究明“古人用语的实在所指”,庶不为“文字符箓”所蒙蔽。而根本则在掌握和运用马克思主义理论来研究问题,分析问题,还历史以本来面目,从而做出科学的论断。

我在《中国古代思想学说史》序言中为自己规定,在学术史研究工作中探寻真理,必须注意下列问题:“社会历史的演进与社会思想的发展,关系何在? 人类的新旧范畴与思想的具体变革,结合何存? 人类思想自身的过程与一时代学说的个别形成,环链何系? 学派同化与学派批判相反相成,其间吸收排斥,脉络何分? 学说理想与理想术语,表面恒常掩蔽着内容,其间主观客观,背向何定? 方法论犹剪尺,世界观犹灯塔,现实的裁成与远景的仰慕恒常相为矛盾,其间何者从属而何者主导,何以为断?"这些问题,用今天的话明白地概括起来,就是:1.社会历史阶段的演进,与思想史阶段的演进,存在着什么关系。2.思想史、哲学史出现的范畴、概念,同它所代表的具体思想,在历史的发展过程中,有怎样的先后不同。范畴,往往掩盖着思想实质,如何分清主观思想与客观范畴之间的区别。3.人类思想的发展与某一时代个别思想学说的形成,其间有什么关系。4.各学派之间的相互批判与吸收,如何分析究明其条理。5.世界观与方法论相关联,但是有时也会出现矛盾,如何明确其间的主导与从属的关系。上述原则和方法,就是我在撰著《中国古代思想学说史》的过程中所遵循的科学的规范。至于结果做得如何,只能期诸客观的评断。这些科学的规范,后来也就成为《中国思想通史》各卷共同遵循的规范。

这里必须补叙一笔的是《中国古代思想学说史》中诡辩学章、荀子章,是我与友人象离先生合作写的,象离即赵纪彬同志。

二、《中国古代思想学说史》的若干特征

要问《中国古代思想学说史》有哪些特征,简单地说有下面几点:

首先,这部书始终注意社会史与思想史的关联。它与《中国古代社会史论》是姊妹作,后者论述中国古代社会史即奴隶

社会史的发展，前者论述中国古代思想史即奴隶社会思想史的发展，互相贯串，互为补充，后者是前者的基础。把社会史与思想史如此紧密地结合起来进行论述，在我是第一次，在并时学者的同类著作中或者也是较早的实践。从有可征信的文字甲骨文开始，从那时候的历史论述起，中国的古代社会经历了西周、春秋、战国三个阶段（殷代为奴隶社会的前行阶段）。与此相应，中国古代思想的发展也分三个阶段。第一阶段为学在官府的畴官贵族之学，以西周诗书为代表；第二阶段为邹鲁缙绅诗书传授之学，从而批判地发展为春秋战国之际的孔墨显学；第三阶段为“天下多得一察焉以自好”的战国百家并鸣之学。论述古代思想的发展，始终扣紧古代社会的发展。例如西周官学之与氏族贵族的统治；春秋邹鲁缙绅诗书传授之学及由此批判地发展而成的孔墨显学之与春秋氏族贵族的凌替、国民阶级的初起；战国百家并鸣之学之与国民显族社会的横议，是相为关联论述的。

其次，这部书特别关心于解决历史的疑难，这就是把解决思想史上的难题作为特别关心的重点。例如西周官学以及诸子出于王官的争论；例如老子思想的时代性问题，是早于孔子还是后于孔子；例如孔子的人类认识与墨子的国民自觉问题；例如诸子思想所反映的各自的阶级性问题；例如老子憧憬小国寡民的原始公社生活；例如对《商君书·开塞篇》把历史划分为上世、中世、下世一段论述所做的古代历史发展阶段的定性分析；凡此等等，都是需要解决而又不易解决的学术上的疑难问题。我根据历史唯物主义的观点和方法，特别运用政治经济学的金钥匙做了解答。自信这些解答是在进行深入研究的基础上得出的，有确实的资料作依据，有正确的理论作指导，不是草率的、漫然的自由其说。在学术史研究上重视独立自得的精神，是我治学所一贯秉持的。我认为，解决疑难只有在现象的背隐处去发掘，个人之自得愈深刻，则本质的意义愈能表露。故自得亦即所谓“资之深，取之左右逢其源”者是。

第三，这部书的另一个特征是力求实事求是，从材料实际出发，进行论述，不凭虚幻的想象与无根据的推断。这种情况是为全书的各个章节所共同具有的。论必有据，有据才立论，使观点与材料统一起来，实事求是地分析各种历史问题。实事求是，不仅要求从材料实际出发，也要求对材料做科学的审查与考订，去伪存真，去芜存菁。而这种审查与考订工夫，在研究工作中所占的比例是不小的。

第四，这部书的特征是注重内容，不多做浮词泛论。但它的缺点是文字艰涩，深奥难懂，读者多有指摘，杜老也曾批评我，说：“你的文字太值钱了，不应省笔墨的地方，你不反复其词，而总是一律简练！”

《中国古代思想学说史》于 1942 年冬季写成，我为这部书作的自序，署的时间是“1942 年 11 月 25 日”。后来这部书的再版序言里说：“本书写成于 1942 年的年尾，而出版在 1944 年的秋季”，这也是纪实。在国民党反动派统治时期，要出版一部马克思主义的历史著作是多么艰难。文网之密，令人疾首。这部书稿被国民党检查机关扣押了两年。即使写的是历史罢，也不能“径情直遂”，而需要迂回曲折，必要时才画龙点睛，有时还得搞点“代数学”，这是一个方面。另一个方面，则是技术条件的落后，物资的匮乏，使印刷出版遭遇艰辛。所以《中国古代思想学说史》在写成之后经过两年之久我才得以雠对校样，心里既是高兴，又是难受。我在校后简记里写道：“在写成了此书足足二载后的今日，才校对自己的作品，心理上说不出是甘是苦，是忧是乐，但校完全书之后，总算可以朝着月明星稀的天空，呼吸一下清新的夜气了。”这表达我经历了艰辛之后，迟之又久，总算看到这部书即将印成，可以奉献于读者之前的复杂的心情。校完全书，当然使我可以对宽广的天空舒一口长气了。旧中国的苦难，留在学术界的印痕，即此点滴的记录，也就可以窥一斑而见全豹了。

然而就在这两年之内，从 1942 年年底到 1944 年年底，我完成了《近代中国思想学说史》的撰著工作。

值得欣慰的是，《中国古代思想学说史》出版以后，得到了来自读者的鼓励。这样硬性的学术著作，居然在两年内得到了再版的机会。1946 年的夏末，我在撰写再版序言了。在这期间，承蒙国内学人如郭沫若同志等给予了公开的或当面的评论，使我益自奋励。杜国庠同志不但校对了书上错排的字句，还详细批注了他的许多宝贵意见。这些倾注着炽烈的学术友谊的言行，使我得到鞭策与针砭。对此，我感激不已，曾说：“我对于奖勉我者，益生戒慎恐惧之感，而一字一句之教言，则使我反复思考，检点得失。”

在我的《中国古代思想学说史》出版前后，有关中国思想史的马克思主义著作，问世者已有十余种之多，其中有郭沫若的《十批判书》，杜国庠的《先秦诸子思想》，赵纪彬的《论语研究》，杨荣国的《孔墨思想》。这些著作，见解虽不一致，但是都有研究上的独创，是可贵的。我国马克思主义的学术史研究工作得到前所未有的发展。

关于《中国思想通史》第一卷

1944 年《近代中国思想学说史》脱稿以后，我根据党的指示，参加统一战线的活动。此后，有两年时间我没有机会从事研究著述。1946 年春，生活书店决定编辑、出版《新中国大学丛书》，向我约稿。可能同时也向杜老约稿。在离开重庆之前的某一天，杜国庠、赵纪彬、陈家康和我，在中苏文化协会的楼上，做了一次研究，决定合作撰写一部多卷本的《中国思想通史》，系统地论述从先秦到现代中国思想史发展的全过程。原来我从写完《中国古代思想学说史》及《近代中国思想学说史》以后，在原有工作的基础上，更明确产生了清理全部中国思想史的愿望。生活书店的要求正与我的愿望相一致，加上有了几位志同道合者，撰著《中国思想通史》的条件已经具备。

《中国思想通史》第一卷的撰著工作是 1946 年年底在上海开始进行的。当时，杜老在工商专科学校任教，纪彬是东吴大学教授，我除了中国文化学术工作者协会的工作外，也在工商专科学校兼一点课。我们三人都住在北四川路、狄恩威路（今溧阳路）一带，相距不远，商讨问题、交换意见，都很方便。由于先秦的材料大家都最熟，我们每个人都抓得很紧，又有我的《中国古代思想学说史》作底本，所以进度很快，不到半年，《中国思想通史》第一卷便写成了。

《中国思想通史》第一卷，无论在内容、体例方面，还是对古代思想发展阶段的划分，以及对许多问题的提法和全书的结构体系，基本上与《中国古代思想学说史》是相同的。但是，这个本子在内容上融会了杜老《先秦诸子思想概要》、纪彬《古代儒家哲学批判》(此书解放后再版时更名为《论语新探》)中的宝贵见解和史料;而且对一些问题的论证,也进一步深入和严密了。我想,有些情况似乎在这里值得提一提。

关于孔子。按照社会历史的发展,我们把儒学划为三个阶段,即孔子开创的古代前期儒家学派、思孟学派和董仲舒以后的正统派儒学三个时期。对儒学三个阶段的评价都与社会史研究相互佐证。我们的古代分期观点决定了对孔子开创的前期儒学的评价,既不会有太多的肯定,也不会有太多的否定。至于战国时代的思孟学派和董仲舒以后的正统派儒学,我们对之有更多的批判。

对孔子的评价,如所周知,《中国思想通史》的观点与郭沫若的观点有明显分歧。我在1942年所撰的《中国古代思想学说史》中,已经展示了对孔子学说及其背景的总体认识。郭老和我关于孔子评价的分歧牵扯面很广,在此仅择一二说明。

其一,对孔子生活的春秋末时代性质的认识,郭老与我看法不同。郭老曾说:“我所见到的孔子是由奴隶社会变为封建社会的那个上行阶段的前驱者”(见《十批判书·后记》)。关于春秋末世的社会性质,我也用过“上行”一类的词汇来表述历史的演进,但是,郭老的“上行”和我的“上行”性质有别。郭老所言“上行”是指奴隶制向封建制的过渡,而我所谓“上行”,则是指氏族奴隶制向显族奴隶制的发展。对于中国古代历史发展路径的难产性,我的认识较郭老和许多同代学者都确乎更为严峻。

其二,关于孔子思想的核心,郭老与我也认识各异。

郭老认为“仁”是孔子思想体系的核心。他解释“仁”是“牺牲自己以为大众服务的精神”,“仁道实在是为大众的行为”。

在此前提下,郭老认为“礼”只是孔子所强调的“学”的对象之一,地位大约与“诗”“乐”同列(见《十批判书·孔墨批判》)。若干年后,随着古史分期界限的前移,郭老进一步提出“仁”是“一种平等的观念,把天子与庶人都扯平了起来”(见《奴隶制时代》)。郭老的“仁”“礼”观建立在他的春秋社会史观点基础上,他自信不怕“使好些友人更加瞠惑”(《十批判书·后记》)。

我自知,郭老指认会“瞠惑”的友人中,我是必然在列的。

我认为,“立于礼”是孔子思想的核心。“礼”在孔子的时代,具体而言是指西周遗制,即一种过时了的氏族宗法和古旧的宗教仪式。孔子断言“不学礼无以立”。孔子的“礼”将西周遗制纳入其中,是一个观念化的范畴,用来作为社会规则的。但是,孔子的思想意识充满矛盾。我在20世纪40年代前期的研究是把孔子置于运动着的背景,来分析他的种种矛盾的。

在《论语》中,孔子对礼坏乐崩的社会危机不胜痛惜。孔子是以“礼”的标准观察现实,也以“礼”的标准笔削《春秋》。孔子梦寐追求“郁郁乎文哉”的周制,却并没有限制住自己对春秋现实的批判和揭露。孔子的历史观是“礼”的损益史。这样,客观上他所暴露的正是春秋社会的没落过程。孔子以“礼”的标准断言春秋社会的动乱是走向死亡的道路,孔子历史观、社会观的意义,便在于这种批判和揭露的客观价值。

孔子幻想“复礼”。但是,孔子超出同时代一切缙绅先生,表现出一种自觉思考的意识。孔子之“礼”,主张内容先于形式,以道德情操代替业已失去实际内容和实际意义的繁文缛节。孔子承认“礼”在形式上或一定程度在内容上的损益,而又强调礼义的绝对性与天道相联结,很反映那个时代的改良主义者的进步性,以及这种进步的有限性。

孔子的“仁”的观念与其“礼”的观念一样,也贯穿着对客观历史动向的认识和主观历史理想的矛盾。

解析孔子的仁学,可以看出其中既有抽象还原于心理要素的一面,也有具体约束于传统制度的一面。基于对客观社会出现国民阶级的现实的承认,当孔子的思维跨越氏族鸿沟,把氏族贵族专有的道德规范降为对人类的心理学探讨时,其开创学术的意义是伟大的。孔子的仁论,从一般道德律的角度看,具有国民的属性,但是,每当触及具体的制度和传统观念时,“仁”的道德律又是“君子”所专有的了。

总之,孔子的“礼”“仁”观,都交织着主观上对旧制度的相对“正义感”和客观上对新陈代谢的悲剧感的矛盾,交织着主观历史理想和客观历史动向认识的矛盾。从作为我国古代学术开山祖孔子的矛盾意识,一直到战国末年的诸子论争,逻辑地、雄辩地反映了先秦显族社会的难产过程。

20 世纪 40 年代前期,我撰写《中国古代思想学说史》时,比较侧重探究春秋战国社会史的运动与孔墨显学继承、批判的演进之间的关系,当时是把孔、墨两家学派的方法论与学说体系分成两章对比剖析的。撰写《中国思想通史》第一卷时,决定专章论孔,这章请纪彬处理。纪彬大体按照我原论的逻辑,编排组合各节内容,同时把他在《古代儒家哲学批判》一书中《知能学习论》《两端异端解》两节很有见地的研究成果集中在一起,辟为该章末节。

《中国思想通史》第一卷孔子章的内容,尽然包括了我在《中国古代思想学说史》中评价孔子的论点和论式。不仅如此,通过纪彬的表述,将我原来过分吝墨而显得骨多于肉的瘦态,补充、解释得丰腴了。此间很见纪彬的功力,我诚恳地佩服他。应该承认，经过纪彬编排补充的孔子一章，观点更容易被人理解和接受。另一方面，我也不能回避，丰腴了的表述，在文字运行之间，无形中遮盖了我前著论孔与郭沫若十分明显的歧见之棱角。纪彬的好意我能领会，纪彬的文字也是严密的，我应该尊重执行合作计划的同志的合理意愿。但是，每当想到郭老原本深知我个性，也熟识我的嶙峋瘦态，三十多年来，我反不免常常为这一变化而不安。

关于老子。我一三曾四度研究老子思想，在此顺便也多写几句。

最早一次是在20世纪30年代初。那时学术界对老子的认识，“五花八门，极尽奇观”。有的说是革命家，有的却说是反动分子；有的说是内生活提倡者，有的却说是权术家；有的说是民主思想家，有的却说是无政府主义者。为了把这位中国古代思想家，从泥涡里掘发出来，使“老子还诸老子”，1934年我写了《中国古代社会与老子》一本小册子。这是我对老子思想的第一次研究，也是对中国思想史的第一本论著。由于当时条件的限制，有些问题并不能得到充分的发挥，但是对于老子的经济思想、国家学说、社会思想，以及自然观和方法论等方面的研究心得，基本上在这本小册子里已经提出来了。

“皖南事变”后，我在重庆的远郊著述《中国古代思想学说史》时，关于老子思想一章，就是在这个小册子的基础上，经过重新研究而写成的。

这次同杜老、纪彬同志合著《中国思想通史》时，我对老子思想，进行了重新研究。

在这三次写作中，我都肯定了老子的思想体系基本上是唯心主义。但是，对于老子无神论的自然天道观和唯物主义的因素,虽然在书中提出来予以论述,强调了其解放孔、墨思想的有价值的传统,但没有明确地加以解释,则是一个缺点。

20 世纪 50 年代中期,哲学界对老子遗产,又展开了讨论,有的从唯物主义去评价,有的从唯心主义去评价。当时我们正在修订再版《中国思想通史》第一至第三卷,为此,我对上述缺点特地做了声明,并在书中做了补充:“列宁在《哲学笔记》中批评亚里士多德‘神’这一概念的唯心主义本质的同时,也指出了他的进步性,我们也可以这样说:当然,老子的‘道’是唯心主义,但比起孔、墨的人格神的唯心主义来,它是较为客观的,较为远离的,较为一般的,因而在其自然哲学中,容纳了唯物主义的因素。”并且认为这样评论老子哲学,是不至于流于断章取义的。

我对老子的研究,前后经历了二十多年。总的来说,在研究的方法论上体会较多。诸如:以老子的经济思想作为研究老子思想体系的第一个解剖点;老子思想从各个角度反映出来的消解矛盾的主观意象,是老子思想的核心;注意老子哲学由自然天道观走向唯心主义的特点。这一特点与古希腊毕达哥拉斯学派颇有相似之处;黑格尔对古代东方哲学的理论中,就其评论老子而言,固然有比附栽植的缺陷,但在他相当抽象的思维中,也确有真理的闪光。我认为这是应该予以重视的,等等。

最后,关于先秦诸子。我们对战国时代一批先进思想家、改革家,如李悝、吴起、商鞅、荀子、韩非的评价较高。这一认识基于一种见解,即封建社会的降生,除了落后民族受先进民族的影响而有特别的路径外,其典型的情况,不会少于二百年的漫长的转化过程。真正作为分界线以区别古代和中世纪的标志,应是固定形式的封建制的法典。我国封建生产关系法典化过程的完成，是在汉初，此前，战国时期的一批先进思想家、改革家的业绩，正是这一转化过程中的一个又一个里程碑。从古代社会向中世纪社会转化过程中，他们的思想性格，具有封建性思想因素的进步倾向。

此外，对于荀子思想体系的发掘，把荀子的学术批判和学术综合，归结为奴隶社会结束阶段学术思想的总结，是古代学术思想的集大成者。这是杜国庠同志研究工作的重大贡献。过去的荀子研究无非是作为后期儒家而一般地对待，把性恶性善相提并论，甚至沿袭封建史学家贬斥荀子的偏见，扬孟抑荀。杜老对荀子的《天论》《解蔽》《劝学》《礼论》《非十二子》等篇，进行了深刻的研究，阐述了其唯物主义的宇宙观和认识论，阐述了其对古代思想的批判总结，把对荀子思想的评价提到了前所未有的高度。对《成相》篇的分析，尤见精彩。这些都高出了既往的研究水平。尔后杜老的这样精卓的见解，为学术界所普遍承认和接受。

此外，在社会史理论原则体现方面，我特别应该感激赵纪彬同志。纪彬早年持魏晋封建论，后经多年研究，于 20 世纪 40 年代中期著《古代儒家哲学批判》时，已形成春秋封建论观点。当我们合著《中国思想通史》第一卷时，所有经纪彬执笔或增补的部分，凡涉及分期理论，他都严格按照秦汉之际封建论的论述原则表达文字，从而保证了《中国思想通史》第一卷理论上的完整性。纪彬此举，对《中国思想通史》后来的合作者们都有影响。全部《中国思想通史》整体理论之得以统一，功归全体合作者，首先要归功纪彬慷慨、严肃的合作精神。

《中国思想通史》第一卷写成后，即在上海排版印刷。上海的排印速度比较快，1947 年 6 月，《中国思想通史》第一卷由新知书店出版了，同时出版的是范文澜同志主编的《中国通史简编》。这两部历史著作，以及翦伯赞同志著的《中国史纲》的出版，确实引起了当时学术界的注意。但在《中国思想通史》第一卷出版前，我得了一场副伤寒。清样到手时，我还无法工作。杜老介绍一位新朋友邱汉生同志，帮助校对清样。校样完毕后，汉生同志和我们成了一道撰写思想史的亲密合作者。

“这部《中国思想通史》是综合了哲学思想、逻辑思想和社会思想在一起编著的，所涉及的范围显得比较广泛：它论述的内容，由于着重了基础、上层建筑和意识形态的说明，又显得比较复杂。因此，我们的研究只是初步尝试的性质，虽然曾用了些工夫，但不敢说对中国民族丰富的遗产作出了科学的总结。”这段话是我在 1956 年修订《中国思想通史》第一、二、三卷时写的序言中说的。它说明了《中国思想通史》第一卷，也包括其他各卷在内，具有以上所说的特征。可以看出，《中国思想通史》的特征是继承了《中国古代思想学说史》的，凡是上文分析《中国古代思想学说史》特征的论述，也可用以转而分析《中国思想通史》第一卷。

《中国思想通史》第一卷初版印行于 1947 年，距今三十又五年。经过时间的检验，我们研究工作的这个初步尝试总算没有失败。这是可以告慰于殷切期望我们的我所尊敬的同志的。

关于《中国思想通史》第二、三卷

早在 1942 年写完《中国古代思想学说史》以后，我曾拟订过一个中古诸朝社会史和思想史循序结合进行的研究计划。但不久我改变了计划,放下中古诸朝的研究,先着手进行当时称为"近代"——明末至清末民初的思想史的整理。这一方面是为应形势的需要,另一方面也是因为自己对秦汉社会史的研究尚感不够成熟(详见本书第一章)。1944 年《中国近代思想学说史》完稿后,虽然社会活动繁忙,我对中古诸朝的研究还是开始了,并一直没有停顿。与此同时,杜老在 1943—1944 年针对冯友兰《新理学》等著作写了一系列批判文章,实际上接近于为后来《思想通史》的玄学、理学部分做理论准备。

尽管如此,与《中国思想通史》第一卷编写基础相比,第二、三、四卷的工程难度大得多。主观上,虽经数年酝酿,杜老、纪彬、汉生和我毕竟都还没有来得及写出一个类似《中国古代思想学说史》《先秦诸子思想概要》《古代儒家哲学批判》那样比较成熟的底本可供编撰通史作基础;客观上,整个学术界对中古诸朝社会史和思想史的研究风气,自"五四"新文化运动以来,或自社会史论战以来,都远不如对先秦社会、先秦思想研究气氛之浓郁。因此,要撰著《中国思想通史》的中古期各卷,是一件颇不轻松的任务。

1947 年春夏之交,我病愈不久,请杜老、赵纪彬、邱汉生到狄思威路寓所,一起讨论第二、三卷的编写计划,事先由我草拟了一个提纲,提出两汉、魏晋南北朝列入目录的思想家名单,请大家讨论。

我国封建社会诸朝代思想家众多,胡适、冯友兰等人研究两汉以后思想家、哲学家,只偏重于儒学诸家,而我们一致认为,中世纪思想史,必须着重研究异端思想和正统儒学的斗争,无神论和有神论的斗争,唯物主义和唯心主义的斗争,表彰中国思想史上唯物论的光辉传统。正统儒学的代表人物可以说是现成的,而许多异端思想家、无神论思想家、唯物主义思想家，则有待我们去发掘。在当时，我们把王充、王符、仲长统、范缜……系统地列入学术思想的史册，还曾遭到过一些人的白眼。开创性的工作总得有人去做，问题在于我们能不能用辩证唯物主义和历史唯物主义的武器，把两大思想体系斗争的全貌写出，我们能不能以足够的确实的史料使人信服。

我记得，赵纪彬同志曾请教过冯友兰先生，为什么在他的著作《中国哲学史》中没有王充的一席之地。冯友兰先生说：王充批评这个不对，那个不对，但他并没有自己的思想。今天，没有一个学者再讲这样的话了。我们编入《中国思想通史》目录的一批异端思想家、无神论者、唯物主义思想家，已经受到中外研究家的重视。仅就这一点而言，从事开创性工作给我们带来的愉快，是非同一般的。

1947 年春夏的那次讨论，充分研究了封建生产方式的广阔基础——农业和家庭手工业的结合形式在汉代法典化中的表现，详细安排了第二、三卷的内容和章节，以及各人的写作分工。

由于讨论比较充分，每一重大论点取得了一致的或接近一致的意见，各人的独到见解得以集中，因而就有条件被执笔者较全面地反映出来。其中，魏晋南北朝范缜以前唯物主义和无神论战斗传统以及范缜神灭论唯物主义体系两章，赵纪彬同志写得非常好，是一个突出的例子。

《中国思想通史》第二、三卷的著述，是在国民党发动全面内战，进行最后挣扎的形势下完成的。敌人越是临近末日就越是疯狂。这意味着全国解放曙光的即将到来，也就越是激励着我们加倍努力工作。但是，在国统区从事这项本来就很艰巨的工作，就更增加了困难。一方面我们不得不时刻警惕着敌人的逮捕和屠杀,另一方面还得对付随时有被解聘而带来的饥饿威胁。这种滋味,现在回想起来,犹清晰地在我们的心头。

1947 年秋,由于敌人的破坏,我终于无法在上海待下去了,不得不离开上海,暂避香港。纪彬也因解聘而去了青岛。纪彬是抗战胜利后从重庆来到上海,经蔡尚思介绍到东吴大学任教,讲授中国政治思想史的。这年 5 月,上海学生爆发了有名的反内战、反饥饿、反迫害的示威大游行。这一爱国运动很快波及南京、北平、杭州,沈阳、青岛等地,引起许多大城市的强烈反响,当时纪彬、汉生都是上海大学教授联谊会的成员,我因忙于学术工作者协会的事,未及参加。大教联是地下党的外围组织,在上海学界很有影响,一些著名的教授如张志让、蔡尚思、夏康农、周予同、沈体兰、周谷城、楚图南、邓初民、蔡仪、吴泽、杨晦、郭绍虞、李正文等,都是其重要的成员。杜老是领导人之一。纪彬、汉生就是在这次学生运动中,因大教联抗议蒋介石残酷镇压革命学生而被解聘的。解聘在当时等于不给饭吃,不给讲学的自由。纪彬去青岛山东大学教书,临行前,杜老叮嘱他说:“青岛是孤岛,缺乏呼应。今后你主要通过讲课起进步作用,直接的政治活动就暂时不用参加了。”这是代表党组织对他的嘱托,也是对他的爱护。但这件事,我是在解放后才知道的。纪彬在《中国思想通史》第二、三卷所分担的章节,大都是国民党统治最黑暗,最猖狂的几年在青岛这个“孤岛”上完成的。

我到香港后的情形,前面已经说过。这里只就我个人执笔的部分,有几点立意略加说明:

第一,在汉代社会生产方式的分析中,我们比较重视封建法典化完成之时,已经反映出农业和家庭手工业的结合形式是我国封建主义生产方式的庞大基础,这和古代奴隶制生产方式是一脉相承的。这种结合形式构成了中国封建专制主义的坚固的基础。这种结合形式,阻碍了商业对封建生产关系的分解作用。因此,中国封建制度的顽固性,只有追溯到秦汉制度的源头,才能真正弄清。而由汉至魏晋,土地兼并的发展,身份性地主始终是一个巨大的阶级集团,它阻碍了土地进入流通领域,这对于封建制度内部所孕育的资本主义因素的成长,必然起反动的抑制作用。

第二,董仲舒章初稿完成于上海,基本出自纪彬手笔。执笔前我们经过充分的讨论。对董仲舒的研究,我个人受到章太炎学说的影响。《中国思想通史》对于董仲舒的评价是极严厉的,这一点,殊异于20世纪60年代编写的高等学校统一教材称董仲舒为"伟大的政治家"的评价。我至今还认为,三十多年前《中国思想通史》的这个观点是应该坚持的。

无疑,董仲舒是中国历史上有影响的政治家,他的思想与汉武帝为实现大一统,加强封建专制主义的政治活动相呼应、相补充。但是,我们不能因为肯定汉武帝的历史功绩,就以简单的逻辑推理来肯定董仲舒思想。

董仲舒思想反映了大一统的需要,但它是一种神学思想,它既经出现之后,又被最高统治者在政治上奉为原理。董仲舒的公羊春秋学,把儒家以道德情操为基础的正名主义加以庸俗化,把阴阳家的五行说加以唯理化,把秦汉王朝更替归结为奉天承运的天道之必然,把专制制度神化为官制象天的、永恒不变的神圣法则。董仲舒思想,就是如此一整套为适应封建专制主义需要而创立的颇具中世纪神学色彩的儒学。章太炎称他为"神人大巫",信然。

董仲舒神学一经雄才大略的汉武帝钦定,进而又被确立

“为群儒首”“为儒者宗”，也就是说，被钦定为具有浓厚神学色彩的封建正宗思想。董仲舒神学对两千年中国文化传统的危害，远不是他形式上师承的儒学创始人孔子的思想本身所能比拟的。

在研究《公羊春秋》的过程中，我发现了《春秋繁露》的所谓“繁露”一词，正是董仲舒著述动机的奥秘所在。

《西京杂记》卷二中，有一则传闻，谓“董仲舒梦蛟龙入怀，乃作《春秋繁露词》”。此一说，是否意味《春秋繁露》的写作背景有所象征呢？是否象征董仲舒得过汉武帝的圣旨呢？我们固然没有必要为古人圆梦，但“繁露”一词着实耐人寻味，有必要准确地说明其含义。

训“繁露”，其实古有如下解释：依《周礼·大司乐》疏，为繁露多露润；依《逸周书·王会解》，为古代冠冕的旒露下垂之状，云：“天子南面立，絻无繁露。”孔晁注曰：“繁露，冕之所垂也。”此中说的是，通贯《春秋》属辞比事的精神。

后一种说法最近似董仲舒原义，用心之神秘，由此可见。从而认为，《春秋繁露》是董仲舒窥见汉武帝圣意后，用“三年不窥园”的精神冥思苦索而成。它把春秋二百四十余年间的史事、经验，比例推衍成适合于最高皇权的神秘原理，可谓用心良苦。我补充这一章加上训“繁露”一词的学术发现，曾引起邱汉生的很大喜悦，因为这曾是困惑人们的迷魂阵，与竹林、玉杯等同属难解之谜。

第三，关于向秀思想一章，前一部分，解向秀、郭象两部《庄子注》版权的历史疑案，后一部分，批判《庄子注》。在写作中，此章先后两部分的撰写顺序却是颠倒的，即对《庄子注》批判的理论部分完成于先，而解《庄子注》版权疑案则作于其后。

冯友兰先生《中国哲学史》中，对“河南郭象”及其《庄子注》是推崇备至的，而我们对《庄子注》的唯心主义和有神论是持批判态度的。1948 年，到香港后，陈君葆教授为我提供了在香港大学借书的方便，我才有可能对向、郭两部《庄子注》版权的历史争议做一番董理，并有所收获。

张湛《列子注》中，引有向、郭两家《庄子注》，对照之下发现，张湛引文有一规律，凡向、郭注本相同者，都认为是向注，只有为向注本所略，而郭注本有所补易者，才认为是郭著。这便证实了晋代以后史家对向秀、郭象二人的评价，可以清楚地看到，郭象“为人行薄，以秀义不传于世，遂窃以为己注”的劣迹。我们的结论是，郭象犯有剽窃罪，应该撤销郭象的《庄子注》版权，赔偿向秀千年名誉损失，以此警告世之剽窃者。这里虽属戏语，却也正是《中国思想通史》不为河南郭象做专章论述的依据。

至于《中国思想通史》第二、三卷的特点，还可做一点简单的说明：

第一，《中国思想通史》第二、三卷以八十万字的篇幅，比较详细地论述了两汉和魏晋南北朝时期思想发展的历程。这在过去的思想史、哲学史著作中是不曾有过的，或比较少见的。胡适的《中国哲学史大纲》，只出版了第一卷先秦部分，下面就没有继续下去，是断尾巴的蜻蜓。冯友兰的《中国哲学史》，论述两汉、南北朝的哲学思想部分不足九万字，总觉简略。《中国思想通史》第二、三卷对两汉和魏晋南北朝时期的思想，论述了其发展脉络，论述了其主潮与支流，论述了其全面的基本情况。

第二，《中国思想通史》第二、三卷，论述了两汉的正宗思想与异端思想的对立斗争，论述了正宗思想的神学性质，论述了经今古文学斗争的哲学实质，论述了豪门大族汉末清议的意义及其向魏晋清谈的转向；论述了魏晋玄学的主要流派，分判了向、郭注庄的疑案，阐述了嵇康的二元论思想及其与反司马晋活动的联系，论述了葛洪的外儒术内神仙的金丹道教思想，论述了在佛教传播下神灭与神不灭斗争的重要意义。这些论述固是一种初步的探索，但是为进一步研究提供了条件。

第三，《中国思想通史》第二、三卷，论述了封建经济、封建政治与意识形态之间的关系。从汉法度的森严中探讨正宗思想的经济政治基础，论述《白虎通德论》统一今文学异议的学术意义与政治意义。从魏晋名门的合同离异分析魏晋思想的合同离异，探索清谈玄学的政治根源。从汉末经师的融通今古，不拘师法，魏晋名士的风流放诞，发言玄远，探索了其所由产生的经济政治原因。这些，是依据客观历史情况，力求作出历史唯物主义论断的若干尝试。探索的途程中少不了荆榛与荒秽，剪伐抉剔不能不付出辛劳，但是也有"衣沾不足惜，但使愿无违"的慰勉心情在我们这几个人之间交流。

第四，以法典作为判断社会性质的标志。在第二、三卷中，最主要的是以汉初萧何定律、韩信申军法、张苍制章程、叔孙通定朝仪作为封建社会形成的标志。法典全面涉及经济基础与上层建筑，对社会各阶级的地位做了记录，具有十分重要的意义。《白虎通德论》在一定意义上也具有法典的作用。

在回顾《中国思想通史》第二、三卷的成书的时候，我要特别提一下杜老、汉生所饱经的艰辛。自我和纪彬分赴香港、青岛以后，上海白色恐怖愈加严重，捕杀、迫害共产党员和进步人士，几乎日日夜夜都在发生。在这种残酷的形势下，他们留下来，继续从事秘密活动，坚持学术工作，其困难是可以想见的。当时，杜老已望六之年，在我们四人之中，他是长者。长期的艰苦的斗争环境，使他的身体受到很大的损害，然而他为迎接新中国而献身的那种赤心却像战火一样的炽热。在那些日子里，他一面坚持党的地下工作，领导上海大教联展开一个又一个的斗争；一面忍受着常人难以忍受的贫困生活的煎熬。汉生告诉我，他到杜老的寓所时，总是经常看到老夫妇俩以稀粥度日。就是在这种情况下，杜老那蔼然长者的风度，那为学术工作竭诚尽虑的忠荩之心，那绵密细致的工作作风，在在是我们的表率。杜老在既是卧室又是工作室的小屋中，以一笔不苟的毛笔正楷，写出那样精严工整的思想通史书稿，可以说这同他一贯严谨的一丝不苟的治学精神是一致的。

1948 年冬天，杜老将北上参加为新中国诞生而召开的第一次中国人民政治协商会议，这个时候，他才离开上海转往香港。杜老对工作的认真态度和细心精神，也是值得我学习的。就在离开上海的一个月之前，他早把写好的《中国思想通史》第二、三卷的手稿，完完整整地交给了汉生收存，并嘱汉生将来把全部书稿，包括我的、纪彬的、汉生的和他自己的，共 80 万言的篇幅保存好，交亚尔培路(今陕西南路)中国新闻专科学校的一位青年同志(姓名已忘)，由他转送香港。我们这两卷《中国思想通史》书稿，能够在国统区那样复杂恶劣的环境下保存下来，是应该感谢他们两位的。

汉生是在上海一直坚持战斗、坚持写作的。1947 年他被国民党反动派从复旦大学、大夏大学两校解聘后，便转到沈体兰负责的麦纶中学教书。根据党的指示，由他筹办和主编了《现代教学丛刊》。这个刊物对批判国民党的法西斯教育，探讨新民主主义的教育，团结广大教育工作者，反对蒋介石，迎接新中国的诞生，起过一定作用。与此同时，汉生完成了他分工的《中国思想通史》第二卷的汉末清议章。1948年尾,国民党在上海的白色恐怖达到疯狂的程度。麦纶中学校长沈体兰转往解放区。党组织派人征询汉生意见,要不要撤退到解放区。汉生根据情况分析,决定仍然留在上海坚持。1949年4月,即上海解放前夕,国民党大批捕人。经组织决定,汉生离开麦纶中学,住到环龙路的一个学生家里,开始了荫蔽生活。为了汉生的安全,党组织指示他:如果弄堂口的馄饨担,自动送一碗馄饨给他,就表示国民党要马上下毒手,汉生就应立即出走。汉生一面荫蔽,一面仍然继续坚持写作。《中国思想通史》第三卷的葛洪章,就是他在此期间撰著的。后来,汉生谈及这段生活时,仍以感激的心情,感激那位学生为他所创造的写作条件,及其热情照顾。等到解放大上海的炮声轰鸣的时候,汉生已按照杜老的嘱咐,把《中国思想通史》第二、三卷的全部书稿,亲自送到亚尔培路中国新闻专科学校。到5月中旬,由于斗争情况的复杂,环龙路已不可能再荫蔽下去,汉生又转往霞飞路(今淮海西路)西头的亲戚家里,继续荫蔽到上海解放。

《中国思想通史》第二、三卷(即秦、汉、魏晋南北朝部分)的全部书稿完成于1949年上海解放前夕。是年秋季,生活、读书、新知三书店在上海联合。三联书店承接了新知书店的《中国思想通史》第一卷的1947年版样,和第二、三卷书稿,纳入《新中国大学丛书》出版。1949年8月,三联版第一卷在沪出版。不久,三联书店迁北京。1950年6月,在北京出版第二卷初版。这个第二卷初版分上下册,上册即1957年改版后的第二卷(秦汉部分),下册即改版后的第三卷(魏晋南北朝部分)。三联版第二卷上下册校读清样的工作,都是汉生做的。他说,他是在上海市教育局的办公室里,校完该书的三校样的。

三联版第二卷上下册共十九章。到1957年修订改版时，于第二卷增补《汉代白虎观宗教会议与神学思想》章，第三卷增补了《佛学与魏晋玄学的合流》章。

1957年，第一、二、三卷修订时，因杜老在穗、纪彬在豫，均忙于政务，汉生在京审定中小学历史教材，好在青年同志杨超、李学勤、张岂之、林英和何兆武助我以大力，历史研究所的同志们对修订工作也提出了不少宝贵意见，这次重要的修订任务方得顺利完成。

从《近代中国思想学说史》到《中国思想通史》第五卷

《中国思想通史》魏晋南北朝以后的部分，成书时间是颠倒的，即清代思想完成于前，而唐宋元明思想着手于后。《中国思想通史》第五卷（1840年以前的清代思想部分），脱胎于我20世纪40年代中期的旧著《近代中国思想学说史》上册（原名《中国近世思想学说史》上册），第四卷（唐宋元明思想部分）则是新中国成立后50年代后期撰写的，所以，在此叙述《思想通史》的研究、撰著过程时，以成书时间为序。

前已述及，1942年年底我完成《中国古代思想学说史》后，调整了原计划，于1943年年初开始撰写《中国近世思想学说史》。在"近世思想学说"的题下，我从明末清初的王夫之、黄宗羲、顾炎武论起，一直写到清末民初的王国维。当时，研究和撰写这一段思想史，我感到有强大的动力在推动自己，一则"近代"问题的研究更能为革命斗争的需要服务，这一点颇令人鼓舞;二则在认识上,我认为先秦诸子思想与明清之际的思想是可以分别同希腊文化与欧洲文艺复兴、宗教改革后的文化媲美的。这是两个历史剧变时代惊心动魄的文化遗产,确实有必要先行整理。

经过两年的工作,《中国近世思想学说史》脱稿。1945 年 6 月,重庆三友书店出版该书上下两册初版。仅一年时间,到 1946 年 6 月,这部书已经出到"订正三版"。这三版都是由一家流亡内地的小印刷厂用土纸印行的。出"订正"版,一方面因为读者的需求,书的销路不错;另一方面也反映了排版错误百出,非订正不可。抗战胜利后,原纸型归生活书店,1947 年春,列入《新中国大学丛书》,得以在上海重版。该书上海版更名为《近代中国思想学说史》,纸张虽然由土纸改成白报纸,但排错的地方仍然未得认真厘正,即使附了勘误表也并未完全解决问题。

就书名而言,无论"近世"也罢,"近代"也罢,都是不严密的。但撰写当时,对明清之际至清末民初思想史、社会史的阶段划分也有一番考虑。

《近代中国思想学说史》上下两册,78 万言,论述 17 世纪至清末民初 300 年间的思想史,凡三编。第一编,17 世纪中国学术之新气象,论述了王夫之、黄宗羲、顾炎武、颜元、傅山、李颙、朱之瑜、唐甄的思想。第二编,18 世纪学术——专门汉学及其批判,论述了戴震、章学诚、汪中、焦循、阮元的学术思想。第三编,19 世纪思想活动之巨变,论述了龚自珍、康有为、谭嗣同、章太炎、王国维的学术思想。就时代而言,实已进入 20 世纪 20 年代,与现代史相衔接。所谓中国"近代"云者,严格地说,明末清初至 19 世纪中叶以前,是封建社会的末世,已有资本主义生产关系的萌芽,故本书的第一编、第二编,乃封建社会末世的思想史。19 世纪中叶至 20 世纪 20 年代,中国逐步沦为半殖民地半封建社会,故本书的第三编,乃半殖民地半封建社会的思想史,也就是旧民主主义革命时期的思想史。这种时代的断限,是学术思想史做出科学论断的根据,应该重视。本书第一编标为"17 世纪中国学术之新气象",实已表明在封建末世具有资本主义萌芽的历史条件下,学术思想已有新的气氛。本书第三编标为"19 世纪思想活动之巨变"实示中国历史进入近代后学术思想的划时代剧变。应该承认,这种认识当时还没有像后来那样明确。

过去出版过梁启超的《清代学术概论》和《近三百年中国学术史讲义》,出版过钱穆的《近三百年中国学术思想史》。他们都是用资产阶级的观点方法治学术思想史的,尽管罗列材料,做出论断,但是不能揭露本质,得出科学的结论。《近代中国思想学说史》是用马克思主义的观点方法研究近三百年思想史的尝试。虽然是"筚路蓝缕,以启山林",康庄的坦途期诸异日,但是披荆斩棘的辛勤亦足以勾起长时间的忆念。马克思主义的治史要求,在乎详细地占有史料从客观的史实出发,应用历史唯物主义的基本原理和方法,认真地分析研究史料,解决疑难问题,从而得出正确的结论,还历史以本来面目。这种结论,既不是甲乙丙丁的现象罗列,也不是泛泛言之的浮词剩语,而是科学的坚实的结论。对思想史的要求,则在乎对于前人的思想学说,区别精华与糟粕,按其实际做出历史的评价。研究历史,贵在能解决疑难,抉露本质,这不同于摄影师的照相术,摄影惟肖是求,研究历史则要求透过现象,找寻本质,淘汰杂伪,探骊得珠,使历史真实呈露出来,使历史规律性跃然在眼。这与调和汗漫的研究态度相反,既不能依违于彼此之间,亦不能局促于一曲之内。我常以这种治学精神悬为鹄的，读书得间，则著于篇章。非经研究有得，不敢轻于论断史实，率于评定古人，既不敢“执一以贼道”，更不愿“强天下必从其独见”（王船山语）。学术公器，惟百家争鸣，乃能有进。区区素抱，如是而已。

这里要插叙一段旧事。《近代中国思想学说史》出版以后，熊十力先生对书中评论王船山为唯物论者，表示不同意。他主张王船山是理学家。经书信往来多次，始终没有能互相说服。记得当时胡绳同志写文章介绍《近代中国思想学说史》，发表在重庆《新华日报》上，给予了积极的肯定。文章认为，书里对王船山的论断是确切的。由此可见，当时学术界对此书的看法并不一致。在学术思潮新旧激荡交替之际，出现这种情况是可以理解的。

这部《近代中国思想学说史》基本上是一种读书笔记，结构不够谨严。写作的年月正当国民党反动派第三次反共高潮的时候，好多问题只得以心照不宣的方式来处理，所以材料虽多，而说明却是简略的。

《近代中国思想学说史》的第一、二编，即 17 世纪至 19 世纪中叶部分，经 1955 年补充修订、单独成书，定名为《中国早期启蒙思想史》，1956 年 8 月由人民出版社出版。

在修订过程中，我主要着力于增补鸦片战争前清代社会史的论述：17 世纪启蒙思想之赖以产生的社会经济关系、阶级关系的背景，以及 18 世纪汉学兴起和 19 世纪上半思潮变向的社会根源。这本书从“六经责我开生面”的王船山思想开篇至以维新先驱者龚自珍勇敢的历史预断结束，并作为《中国思想通史》第五卷。

《近代中国思想学说史》第三编余下康有为、谭嗣同、章太炎、王国维思想共五章。其中，康有为思想和章太炎思想，我下力较大。特别是章太炎思想，我分两章论述，旨在把太炎具有科学性的学术成就、重大思想变迁以及复杂的哲学面貌尽可能做全面的分析。前章从太炎对公羊学的批判出发，评价其经学、史学、法学、语言文字学、逻辑学、宗教批判、学术史及政治思想各方面的研究成就和特点，后章分析太炎矛盾的哲学形象与他所处时代的相互关系。关于章太炎哲学，赵纪彬先拟有一个篇幅较大的初稿，我有所取舍增补，成为《近代中国思想学说史》的一个专章。故这一章文末记有“此章与纪玄冰兄合作，而底稿出于玄冰”。纪玄冰即赵纪彬同志当时的笔名。

1955 年我把《近代中国思想学说史》拆编为《中国早期启蒙思想史》时，做过改写《中国近代思想史》的计划，准备把 19 世纪中叶至“五四”时期的各种思潮纳入其中。但是，这个计划没有实现。纪彬的章太炎哲学原稿，我一直保存到 50 年代。后来，因为有编写《中国近代思想史》的计划，并打算届时由李学勤同志整理章太炎思想，所以把纪彬那份太炎哲学原稿交给了学勤。不幸，此稿置于历史研究所办公室中，没有逃脱“文化大革命”的浩劫，竟至佚失了。

《近代中国思想学说史》第三编所余的五章，在稍加修订后，更名《中国近代启蒙思想史》，应约由人民出版社出版。

关于《中国思想通史》第四卷

出于对《中国思想通史》写作集体实力和协调的自信，我们原计划从古代至“五四”时期的哲学和社会思想的发展史，期于

1950年左右编辑完成。但是，这个计划执行得不如人意。事实上《中国思想通史》第四卷完成于1959年夏。这个时间上距第二、三卷完稿时间的1949年5月，为整整十年。

为什么时间隔得那么长久呢？客观原因是新中国成立初期我们都忙于紧张的行政工作或教育工作。杜老于新中国成立初即南下主持广东省宣传文教，纪彬在平原省委，汉生在上海市教育局，我于1949年在北京师范大学历史系任职，1950年调西北大学，1953年以后，才转至中国科学院历史研究所二所。工作委积，事务多于学术，暂时都没有条件集中精力从事研究，这是我们面临的共同情况，在开国之初，这也是必然的。

经过多年的酝酿，分别交换意见，1957年，《中国思想通史》第四卷的编写工作终于开始了。

1957年某夏日，在北京东城小雅宝胡同我寓所的小客室里，召开了《中国思想通史》第四卷编写工作会议。编写者除杜老在穗未能与会外，其余的同志全部参加了会议，他们是赵纪彬、邱汉生、白寿彝、杨荣国、杨向奎以及青年同志杨超、李学勤、张岂之、林英和何兆武。

那天的会议上，由我提出第四卷的编写提纲、章节安排计划以及全卷理论原则，交大家讨论，与会同志提出了修改补充意见。最后，会上确定了编写分工和完稿时间。会议进行得很顺利，气氛热烈而严肃。对韩愈思想如何分析，会上有不同意见，经过激烈的争论，多数人取得一致，但个别人有保留。初夏和煦的阳光把客室照射得十分明亮，小客室仿佛变得宽敞了一些似的。这次会开得很紧凑，至午前11时许便结束。第四卷的工作，从这一天开始正式起步。

《中国思想通史》第四卷编写、出版的条件，与第一、二、三、五各卷撰写时的条件相比,真有天壤之别。当年像杜国庠那样的名学者都难逃的冻馁之苦,名列黑名单的同志四处流亡居无定所之苦,都一去不复返了。

参加《中国思想通史》第四卷编写工作的人比第一卷多三倍,比第二卷、第三卷多两倍。这是好现象,“众人拾柴火焰高”。编写队伍的扩大,是新中国成立以后马列主义学术思想史工作者进一步成长以及有机会荟萃在一起的结果。而党的“百花齐放,百家争鸣”的方针以及发展学术文化的政策进一步调动了大家的研究积极性,则是编写队伍所以能团聚扩大的决定因素。

还要感谢中国科学院历史研究所一、二所的有关同志,为编写工作的顺利开展提供了条件。例如搞图书资料的同志为编写工作搜集资料。打印工作的同志帮助打印了部分书稿。一些青年同志协助编写同志查阅资料或写出了某些章节的初稿。这些都是第四卷能够如期完成的宝贵的积极因素。中国科学院图书馆,以及历史研究所、哲学研究所的藏书室,都给予了借阅藏书的方便。北京图书馆、北京大学图书馆把善本书借给编写同志。海内的唯一抄本、书稿,也会集到编写同志的手里,例如何心隐的《爨桐集》、李贽的《九正易因》,当时都只有抄本,承蒙容肇祖先生慷慨借予;方以智的著作,不少未经出版过,承蒙安徽的同意把抄稿借予。这种为学术研究的开展而无私支援的精神是应该永远铭记的。而这种情况只有新中国成立以后在中国共产党领导的统一政权下面才会出现,在旧社会不能想象,在资本主义国家永远不能做到。今天叙述这些,还是难免内心的激动。

第四卷的编写过程,自 1957 年反右斗争前后开始,中经“大跃进”,至 1959 年“反右倾机会主义”时结束。因此,第四卷的编写也有它特殊的背景条件。群众运动一个接一个，政治运动一浪接一浪，参加第四卷编写的同志，无一例外地都生活在运动的浪潮中，尤其是其中年轻的同志们，没有一项集体活动（小至打苍蝇、打麻雀，大至修水库、平整土地等）被允许从免，限两三个月完成数十万字"学术著作"的"大兵团作战"，他们都须充当生力军，可见困难之大。《思想通史》第四卷全部研究、编写工作只能在运动的间隙里进行，真正做到了见缝插针。这种情况是不正常的，对学术研究是不利的，然而当时的现实确实就是如此。

编写第四卷的同志以值得敬佩的毅力如期完成了书稿编写任务。就我所知，大家经常是用夜晚的时间读书研究、撰写第四卷的有关章节，构思挥毫，每过子夜。同志们研究某一个思想家，总要阅读其全部著作及有关资料，历史地、唯物地进行考察，在认真研究的基础上做出分析判断，写成文字，没有草率涉笔、掉以轻心的，没有沿袭成说、人云亦云的。这本是《中国思想通史》前几卷的优点，在第四卷中得到了承袭与发扬。

《中国思想通史》第四卷于 1960 年上半年出版，上下两册共 96 万字，论述了从隋唐到宋明思想史的内容。在唯物主义思想方面，论述了唐朝吕才的思想，论述了柳宗元、刘禹锡的思想，论述了北宋王安石的思想。

第四卷上册，专章论述了唐朝唯心主义思想家韩愈和李翱。韩愈的道统说对后代有重大影响。又以较多的篇幅论述了北宋重要理学家的思想，其中有周敦颐、邵雍、张载、程颢、程颐。

第四卷下册，论述了南宋理学家的两个主要流派，朱熹的理学，陆象山的心学。在唯物主义方面，论述了南宋陈亮、叶适的思想。

第四卷下册,论述了明朝心学大师王阳明,也论述了出于王阳明学派而区别于王阳明学派的泰州学派。泰州学派李贽的反道学思想出于心学而走向了反面,成为"异端之尤"。

第四卷下册,又论述了明朝的唯物主义思想家王廷相。

第四卷上下册,论述唐朝刘知几的进步的史学思想,论述了元朝马端临的进步的史学思想。

关于《中国思想通史》第四卷,尚有以下几个问题值得向读者们介绍。

一、在运动的环境中工作

《中国思想通史》第四卷全部编写过程,都处于 20 世纪 50 年代末的政治运动和群众运动的高潮之中,因此,客观地自省我们的工作所受到环境影响是不无必要的。

1958 年,历史研究所二所思想史研究室接受"大跃进"献礼任务,由我主编《中国历代大同理想》,次年该书由科学出版社出版。

关于中国历代大同理想的问题,我至今认为是一个值得研究的题材。然而,应该承认,1958 年编的那个册子,是当时思潮的产物。在编写当时,我们抵制了一些人物(如南宋康与之等)列入,对着墨的具体历史人物,也尚有意识把握分寸,力求史料信实,言之有据,但是,周围是一片共产主义指日可待的口号声,不免使我们也发生虔诚的眩晕。所以,那本册子客观上还是成了运动大合唱的一个音符。

《中国历代大同理想》是穿插在《中国思想通史》第四卷编写过程中突击完成的一项任务。《中国思想通史》第四卷本身的工作指导思想则始终是十分严肃的,因为,《中国思想通史》第四卷酝酿已久,计划已久。我主观上对干扰有所戒备,全力强调第四卷与第一、二、三、五各卷的一致性和连贯性,全力坚持第四卷不得降低以往各卷撰写时一向遵循的科学原则。

尽管第四卷撰写历时比第一、二、三、五各卷都长,但应该承认,第四卷在总体上还是留下了粗糙的痕迹,原因何在呢？在于作为主编的我,心理上有一种仓促感。“大跃进”的口号本身并不至于影响我们的研究,然而各种运动的规模和节奏,却实实在在地加重了紧迫气氛。我几乎时时都在担心下一个浪头会不会影响我们的计划。

为了抢时间,幸而我有条件充分运用编写集体赋予我的主编权力,我们避免了一切可以避免的程式性的工作。从效率上看,这里固然或许有一些可以称之为“经验”的体会,但是,我个人的仓促感在这部集体著作中留下的后果更为重要。《中国思想通史》第四卷表现在体例或论证方面的缺点、在完整性方面的缺陷,责任是应该由我承担的。具体而言,第四卷的社会史部分是不完整的;关于佛学,缺少宋、元、明佛学思想的论述,缺少华严宗宗教哲学对宋明理学的影响的介绍。明代西学一章情况更典型。执笔者何兆武同志通晓多国文字,他为该章搜集了大量的第一手外文资料。我请他整理一个资料长编,他照办了。当我看到这份资料长编时,发现基础相当好,便动笔为他修改,西学一章就此定稿。后来,兆武每每提及,“我写的稿子是作为资料长编的。如果早知道要作为正式书稿,我是不准备那样写的”。兆武必有更多的见解,竟然由于我被仓促感所迫而未能让他畅述观点,这是我的过失。

二、社会史一章的周折

和其余各卷的逻辑顺序一样,第四卷第一章《中国封建制社会的发展及其由前期向后期转变的特征》,是该卷社会史部分,作为全卷立论的背景依据。

第四卷社会史的理论支点仍然是中国封建社会土地国有制的认识,侧重论述处于中国封建社会由前期向后期过渡中的唐代社会经济的发展和变化(包括土地所有制的相对变化和农民人格隶属关系、剥削制度和地租形态的变化),地主阶级统治形式的改变、等级制度的再编制,由此进而分析唐代专制主义政权的阶级支柱、统治阶级内部豪族地主和庶族地主的联合与斗争,以及唐宋党争的实质,等等。

这一部分社会史中,关于豪族地主与庶族地主势力消长过程的分析,关于豪族地主与庶族地主之间的"品级联合"与斗争,关于以此为背景的唐宋党争实质的论述,后来受到学术界较多的承认,文学史的研究者们首先将这种阶级(等级)分析法引用于唐代文学的探讨。然而,这一部分社会史的理论支点本身——封建土地国有制,如其他各卷的反应一样,只能被少数同行引为同调。

在编写《中国思想通史》第四卷之前,我曾经有系统研究中国封建社会史的愿望,计划就中国封建社会发展规律的问题撰写十来篇商兑文章。由于种种原因,这组商兑计划,只迈出了一步,即发表《中国封建社会土地所有制形式问题——中国封建社会发展规律商兑之一》(刊于 1954 年 2 月《历史研究》第一期),便戛然而止。中国封建社会土地制度问题的讨论在史学界开始了。

第四卷第一章,包含了原商兑计划的若干内容。这一章下笔之前,对于坚持封建土地国有制观点将引起舆论沸扬,对于这一理论有可能将承受某种压力,我是已经做了思想准备的。但同时,撰写封建社会由前期向后期转变的隋唐社会史,我也是自信心十足的。

第四卷编写期间,封建社会土地制度的讨论一直延续着。到 1959 年,这一讨论发展为对土地国有制理论的批判,我个人则由商榷对象演变为点名批判的对象。一般来说,凡正常的辩论,即使自己处于孤立地位,即使论辩对手措辞激烈,只要通过辩论能使理论探讨进入新的深度,都应该视为幸事。但是,封建土地制度问题的讨论发展成批判的时候,已经失去了正常辩论的性质。我无法猜测这场批判的背景,我只能感觉到此中的实用主义气味。陈伯达对待马克思主义采取实用主义态度,以及他被实用主义限制了的认识深度,我并不陌生,并早就深以为其有害学术事业。

当封建土地国有的理论受批判时,我发现批判没有明确的理论基准,封建土地国有时而被指为"教条主义",时而又被指为"修正主义"。一种危言耸听的说法,谓"既有土地国有,何必还要土地改革?"诸如此类的论调,只见政治锋芒咄咄逼人,却无助于理论探讨。同时,在许多批评意见中,我也发现自己此前对封建社会土地国有观点的陈述确实存在不足,我忽略了一些容易引起误解的基本概念是应该详细说明的。有一些误解是由于我对于基本概念说明不详而引起的。我感到不能沉默,于是,写下《关于封建主义生产关系的一些普遍原理》(简称《普遍原理》)一文,一方面作为答辩,另一方面,把它作为研究整个封建社会的一个理论基础提出。这篇文章发表在《新建设》1959 年 4 月号上。

《普遍原理》一文的宗旨是:区别封建的所有权、占有权和使用权这三个概念的含义;区别封建的土地所有权与资本主义的自由的土地私有权，是两个不同历史范畴的概念；阐述封建土地所有权的历史特点在于其“非运动”性质、“稳定的垄断”的性质、宗法性质等。

由于我认识到《中国思想通史》封建诸朝社会史陈述不足，所以，《普遍原理》写成后即决定收入《中国思想通史》。此文原应编在第二卷卷首，因第二卷早已出书，故列于第四卷卷首，题名《第二、三、四卷序论补》。

我所设想的关于中国封建社会发展规律的商兑计划远没有完成，《普遍原理》一文可以视为对未完成的计划缩小到最低程度的补白。《普遍原理》写于受批判当时，虽然言犹未尽，但出于无保留地拥护和信任双百方针，作为对批判的答辩，表现一下自己的立场和自信，已是尽够了。

《普遍原理》见刊后，许多学者在各地就这个议题发表赞同的或不赞同的意见。其中不少见解颇有价值。束世澂先生是不同意土地国有观点的。他于当年发表过一篇文章同我讨论《普遍原理》的几个论点，他指出我的论述存在的缺点是土地制度发展史系统不明。这个批评非常中肯。中国土地制度发展史的确是社会史研究者有责任下力气研究的课题。其他同志的文章也给过我不少启示，遗憾的是，写下《普遍原理》后，直至“文化大革命”前，系统的封建社会史的研究不得不搁置起来。许多年间，我只是在思想史研究中，以自己惯用的方式坚持中国封建社会土地国有的论点。

就这样，列于《中国思想通史》第四卷卷首的《第二、三，四卷序论补》，不觉竟近乎成了我的社会史研究的告别篇。这在该篇写作时，乃至第四卷出版时，连自己也是断没有料到的。

自我从事史学研究以来，一向等量齐观社会史与思想史的地位,夙志完成的《中国思想通史》,便包括着完整的、平行的社会史研究计划。《中国思想通史》第四卷编撰过程中社会史研究的中断,对《中国思想通史》整体造成了一个后果:在第一、二、三、五各卷中,各历史时期主要思潮的研究,都有该时期社会史研究相互印证,唯第四卷出现例外。第四卷容纳了大量篇幅论述宋明理学和反理学思潮的内容,而宋、元、明社会史却不成比例的粗糙乃至阙如。尽管第四卷第一章和《序论补》,在理论上可以权充宋明理学与反理学思潮研究的基础,尽管在具体人物的论述中,也曾部分包含了一些社会史研究的见解,但在全部社会史研究的系列中,宋、元至明初的部分,铸成遗憾的一环。

三、关于柳宗元、朱熹、方以智三章

《中国思想通史》第四卷上、下册九十六万多言,容纳了唐、宋、元、明各大思潮和 38 个人物的专门研究。第四卷思想史的研究,只能择例回顾。我选择柳宗元、朱熹和方以智,因为他们是全卷前、中、后三个重要人物,有一定的典型意义。

柳宗元是唐中叶人,9 世纪初参与二王(王叔文、王伾)政治改革运动,被列为贬黜的“八司马”之一。他在当时的“古文”运动(实际上就是文体和文学语言的改革运动)中,有卓越的成就。一千余年来,柳宗元以文学家名世垂史。但是,柳宗元其人,实不仅是文学家,他同时也是一位思想家。他在中国唯物主义和无神论发展史上,占据着重要的地位。这一点,千载未被人识。

柳宗元唯物主义思想的理论批判,与他参与的政治改革运动,与他抱负的政治改革理想,是联系在一起的,与唐中叶阶级集团间的党争也是相联系的。也就是说,分析柳宗元思想,不能为二王刘柳改革一曲所限,还应该深入阶级集团的利益和要求中去认识。在这里,我们感到,要发掘党争的实质,要解释中国封建社会发展到中唐之际,庶族地主阶层不愿再守礼法,有限度地提出了超越等级性限制的权利要求,开始形成自己的政治集团,从而与豪族特权阶层利益冲突公开化,柳宗元、刘禹锡思想是一面时代的镜子。无论为社会史研究的需要,还是为思想史研究的需要,柳宗元,刘禹锡思想都是一个绝好的解剖点。

中唐参加政治改革的庶族地主,往往同时在哲学上表现出一个特点——以无神论对抗汉代以来居正统地位的神学天命论。其中,只有柳宗元、刘禹锡两人的无神论观点获得了唯物主义的理论基础。在“八司马”中我们选定柳、刘作为研究对象,原因即在于此。

关于柳宗元思想,早自 20 世纪 40 年代初在重庆时起,我就形成见解,并开始与杜老讨论;40 年代末在上海继续这一讨论,彼此的认识得到充分交流,经过十五年的酝酿,到编写第四卷时,由纪彬执笔完成。我们自信,第四卷柳、刘一章观点和理论是比较成熟的。

纪彬起草的柳、刘章完成后,我感到对柳宗元《天对》中所含唯物主义思想的发掘,还有深入展开的余地。但是,此时的条件不同以往:一则我存在前已述及的仓促心理;二则纪彬与我分处异地(纪彬时任开封师范学院院长);三则纪彬此章文字结构非常整齐,不宜打破其已有的完整性。因此,我另拟一文,继续讨论《天对》,题名《柳宗元的唯物主义思想》。对柳宗元思想的研究,我是特别谨慎的。记得此文请陈家康看过,他在电话里还提过几点意见,然后才交《新建设》杂志发表。再后,我对柳宗元思想还不时有些新见,都拿来和几位青年朋友学勤、岂之他们讨论,由他们执笔,我做修改,联名发表。

我们关于柳宗元思想的立论发表之初,反应比较强烈,有一部分同志是反对的,其中,我尊敬的范文澜同志便是一位。

范老对隋唐史研究的精到,我一向敬佩。因为范老持不同见解,我时常提醒自己,考察柳宗元思想还须加倍认真仔细,加倍深入下去才是。以后若干年间,我之所以对柳宗元思想还不断有些新见,实在要感谢范老愤悱式的激励。关于柳宗元的研究,一直到毛主席把他列入八大唯物主义思想家之一时,我个人才如释重负。

目前,关于柳宗元的唯物主义思想,学界不少同志看法比较一致,但柳宗元思想仍然不失为一个颇具诱力的研究题材,有令人感兴趣的问题。例如,怎样理解唯物主义与佛学集于柳氏一身的问题。这个疑案,推算起来迄今已经有二十多年的历史了。20 世纪 50 年代在一次会议上,众多史家在场,田家英同志也在场,范老问我:“听说你认为柳宗元思想是唯物主义的,柳宗元的女儿是尼姑,你知道吗?”我当时回答说:“在唐代当尼姑可能说明不了什么,武则天当过尼姑,后来还当皇帝呢。是不是唯物主义者,要看思想体系。”我想,把那次讨论作为第一次柳氏思想中唯物主义和佛学关系的讨论,是不算夸张的。我一向认为,在中国,大多数人固然把佛学当成宗教,而思想家们则往往是把佛学当作哲学的。

我个人对柳宗元思想的兴趣一直不减。在我看来,柳宗元实在是一位思想深邃的哲人。

朱熹理学,在《中国思想通史》第四卷中,是重点章节之一。这一章,最初杜老乐于承担,第四卷开编时,因杜老患病,归到我的分内,我与青年学者李学勤讨论,学勤执笔,我修改而成稿。

自从元代延祐年复科举，悬令甲，定以朱熹《四书章句集注》试士子时起，朱熹的理学作为中国封建专制主义政权钦定经院哲学，居统治地位近六百年。从南宋算起，作为中国封建社会后期的正宗思想，朱熹理学对思想界的统治，更达七百年之久。南宋以来历代封建统治者都鼓吹朱熹理学，一直到蒋介石还乞灵朱熹理学，为自己的统治涂饰灵光。

宋元以来，理学著作汗牛充栋，近世评论理学的著作也洋洋大观。《中国思想通史》第四卷朱熹章的立论方式殊不同于此前一切论著，我们最下力的是方法论的研讨。

首先，我们确定从《朱子语类》卷六二的"扇子"和"扇子底道理"入手，说明朱熹客观唯心主义哲学的思辨特征，进而分析朱熹的"理"的真实含义在于："理"是纯精神的，是无具体内涵的抽象，是先于物质存在、产生万物的神秘根源，是万物的主宰，一切存在和变化的主宰。这种纯精神的"理"，是一种"无人身的理性"。

"无人身的理性"这个概念，见于马克思《哲学的贫困》。马克思批判蒲鲁东的唯心史观时，揭露他把历史发展的动力说成是一系列范畴的演化，而这些范畴，又只存在于"纯粹理性"的运动中。马克思把这种"纯粹理性"称作"无人身的理性"。它是脱离了任何个体，抽去了一切偶性的，由逻辑推导出来的概念。蒲鲁东的"无人身的理性"来源于黑格尔思辨哲学，却比黑格尔的思辨哲学远离真理。

我对朱熹理学的认识，从《哲学的贫困》中得到启发。

朱熹的"理学"采取了佛学华严宗的思辨形式。朱熹哲学的自然观和社会观是对称的。这种对称是用思辨的魔术，先把自然秩序伦理化，然后再以神化了的自然秩序反过来证实现实社会秩序的合理性。

朱熹的人性论，则借天命为媒介，把无人身的“理”化为“性”，演出“道心”主宰“人心”、天理克服人欲，精神控制肉体的僧侣主义命题，演出“天命”的定数，演出现实社会的“圣人”即“理”的结论。

朱熹的“格物致知”说是一种唯心主义的认识论。朱熹之所谓“格物”，形式上是为了“穷理”，而内容上则是三纲五常的伦理实践。朱熹所谓的“格物致知”，并不是要人们去研究和发现客观事物的内在规律，而只不过是要人们去领悟决定等级品类的“天命”，去领悟一切存在着的事物的主宰——“理”。“格物致知”的结果被规定为“知止”于“至善”。用朱熹自己的语言来总结，那便是要达到“人君止于仁，人臣止于敬，全是天理，更无人欲，则内不见己，外不见人，只见有理”的地步。就这样，“格物致知”的认识论终点，又回到了“无人身的理性”的思辨哲学的起点，与朱熹哲学的全体系相统一。

我们研讨朱熹哲学，顺着思辨的特征，抓住“无人身的理性”的关键，来认识其僧侣主义的实质。在此基础上理解为什么宋元以来一切反动统治者都要供奉“朱子”，依赖“理学”来巩固政权，就不再有什么困难了。

我们在论述中引用马克思的“无人身的理性”的概念，指出这是朱熹哲学神学奥秘的症结所在。遗憾的是，“无人身的理性”又比较抽象，只有很少人理解。结果，这一研讨的方式也因此在史学界很少被人注意。

在这里，为忠实历史，还要补白几句。

“文化大革命”后期，一位十分年轻的朋友问我，曾经写过哪些文章批评冯友兰。我只告诉他两篇，一为向秀、郭象庄学批判，一为朱熹“无人身的理性”批判。是的，我在《中国思想通史》第四卷剖析朱熹理学的时候，主观上确有一个论辩对象，那就是《新理学》作者，久久不能忘情理学的冯友兰先生。

冯友兰先生对理学的解释非常通俗，他曾把理学简称为“讲理之学”。但问，古往今来哪一种哲学不是为“讲理”呢？三纲五常的伦理学是封建卫道之“理”，“天人合一”是皇权神圣之“理”。问题在于，理怎么讲法。“理”一旦脱离了个体（人身），抽去了偶性，被它的创造者升举到纯精神的空界时，它就变成了神，而“理学”自己也不过只是神学的奴婢而已。

理学在封建社会后期的宋明盛行，可以从社会历史中找到根源。同样，理学的衰亡过程也自有根源和标志。杜国庠同志于20世纪40年代中期著文，称反理学思想“及至明清之交，受了‘天崩地解’（黄梨洲语）的刺激，遂汇为巨流，成为一种风气”，经过黄梨洲、顾亭林、王船山、颜习斋诸人的批判，“理学是决定性的终结了，绝没有死灰复燃的可能；虽然还有人企图把它再‘新’一下，究竟是过时的果实，变了味道”。这篇文章，杜老以《论“理学”的终结》命题，立论十分高明（见《杜国庠文集》）。

杜老的《论“理学”的终结》做到了深入浅出，我以“无人身的理性”论朱熹，则没有做到应有的深入浅出。但是，我们的论式（或曰研究方法）却都一样的招来过轻薄的非议，认为只是“贴标签”而已。对这类议论，不约而同地我们都从来不置一驳，我们深信，真正科学的认识论和方法论本身的意义，并不会因此而降低的。

《中国思想通史》第四卷最末一个专章论述人物——方以智，是我们下了大力气发掘出来的唯物主义思想家。他的遗著中所表现出来的恢宏气度，高远理想，以及我们在发掘他思想的工作中所倾注的心血，都不由得使我对这个人物加倍重视。发掘出方以智思想以后，在哲学界发生做梦也想不到的后果，卷起一场大风暴。所以，关于方以智章，有必要在此做一点说明。

我对方以智这个人物的认识，经历过一个逐渐全面、逐渐深入的过程。

20 世纪 40 年代我撰写《中国近世思想学说史》时，受条件限制，选择的人物都是传统研究对象，著名的学者、思想家，所用的材料也都出自容易找到的史籍。明末清初的名学者们，在他们的著作、笔记中，常见议及他们的同时代人方以智。我在研究乾嘉汉学的音韵学成果时得到印象，追溯江永、戴震、段玉裁的成就的源流，自然地会及至顾炎武的《音学五书》、方以智的《通雅》。最初，我就是把方以智看作为文字、音韵学家的。旁顾各家之说，王船山称方以智"姿抱畅达，早以文豪誉望动天下"，全祖望评方以智"尤以博学称"，朱彝尊更赞方以智"纷论五经，融会百氏"，连《四库全书总目提要》也称许方以智"开国朝顾、阎、朱考据之风"，说明，方以智还是一位文学家、经学家。再考其家世、生平、学问渊源，又进一步了解，方以智早年接武东林，主盟复社，明亡以后从事抗清活动，是一位政治活动家，晚年虽欲假佛自隐，终遭清政府迫害而死。他的传奇式的经历可谓曲折尽致、具有魅力。但是，40 年代，我还没有计划专门研究他，事实上也没有条件去研究他。

方以智的著作，除《通雅》《物理小识》以外，流传于世十分罕见，十分难觅。原因在于，方著在清朝大部分都是禁书，故有清一代论及方氏者渐渐地少了。我见闻寡陋，民国时代的著作，仅见容肇祖先生的《明代思想史》一种考证到方氏，直到解放初，也仍然唯见容先生一人再考方氏传略。容先生是哲学家，他对方以智的重视,给了我启发。

新中国成立后,阅读文献资料的条件空前优越了。20 世纪 50 年代前期,为准备《中国思想通史》第四卷,我开始研究方以智,一面搜集方氏资料、佚著,一面研读《通雅》《物理小识》。细读之下,发现《通雅》大非凡著,其内容实在不是一般"字书"或者"类书"的旧框所能包容。

《通雅》的志趣所在,充满科学精神,力图汇集总结当世一切知识。仅《通雅》和《物理小识》两书,就已经展现方以智的唯物主义哲学面貌和不寻常的博学特征,其中包罗了天文、算学、地理、动植矿物学、医学、文字学,文学、艺术知识,乃至利马窦、汤若望等引进的西学内容。方以智以通人自居,以当世大科学家、大哲学家自豪。他那种气概不凡的风格,恰与正统而伪善的道学家形成鲜明对照。

就在研究《通雅》《物理小识》期间,藏书家郑振铎为我提供珍本《浮山前集》,北京图书馆馆长左恭为我敞开北图善本部,北京大学图书馆馆长向达为我开放北大善本。这种帮助,实在不止是朋友之谊,而应该归于时代的面貌。正是时代的鞭策,令我发奋去做前人未做的工作。

在对方以智思想面貌有了一个轮廓性的认识以后,1957 年春,我杜门谢客半月,一口气写成《方以智——中国的百科全书派哲学家》(连载于当年《历史研究》第六、七两期)。如果说这篇论文有什么特点的话,那就是,我把方以智思想与近代西方哲学家狄德罗、保尔·荷尔巴赫等(特别是荷尔巴赫)做了大量的对比,为方以智冠"百科全书派"的头衔。方以智研究见刊,史学界和哲学界多数同志是有兴趣的。我不敢自诩会有多少人欢迎或习惯那种对比评价。现在,我只想说,我在研究方以智的当时,发现我们的民族有过一位自己的"百科全书"色彩的思想家,不免怦然心动,故激越之情溢于言表。即使到今天,我垂垂老矣,回顾以往在比较研究中产生的类似的自豪感,虽省之又省,沉淀再三,仍然常令慷慨难抑。

话说回来,方以智的"百科全书",应该承认,只是中国式的百科全书,在中国明末清初水平上的百科全书,而且应该说,在方以智的时代具有类似特点的大学问家、思想家不止他一人。为方以智冠上"百科全书派"哲学家,这个题目起得大了。后来,把方以智研究纳入《中国思想通史》第四卷时,提法有所修正,我为此专门写过一段说明。

在研究方以智思想的同时,搜集方氏佚散 200 年的著作也取得不小的成绩。借助全国的(特别是安徽省的)支持,数年内找到方著 26 种(包括抄本 16 种)。此中,最难得的是,找到方氏重要哲学著作《东西均》抄本。

有了这样的基础,我们于 1961 年组织方以智诞生 250 周年纪念活动。纪念活动期间,我发表《方以智〈东西均〉一书的哲学思想》和《方以智对遗产的批判继承态度》。历史研究所思想史研究组的同志们,投入不少力量整理、标点、编辑《东西均》。1962 年该书由中华书局出版。

一位近两个世纪来罕为人知的杰出的唯物主义思想家,终于恢复了他在民族文化史上应有的地位,一部长期被湮没的很有特色的哲学著作,终于成为人类文明史的财富。思想史组的老少同人,兴奋快慰无可言喻。

方以智的《东西均》一经介绍,立刻引起杨献珍同志注意。杨献珍同志是著名马克思主义理论家,对于哲学史造诣也极深。他重视中国的传统哲学,尤为注意古代唯物主义和古代辩证法思想在每个历史阶段的特征。

1962 年时，我一度应邀往中央党校讲课，遇杨献珍同志，我们交换过对《东西均》的认识和对方以智哲学的看法。杨献珍同志读了《东西均》，在他对中央党校学员授课时，提到了方以智的对立物的统一观念，引用了《东西均·三征篇》中“两间无不交，则无不二而一者”的话，借以说明人类对矛盾的认识史。

不料，1964 年，在康生的操纵下，一场空前规模的哲学批判开始了，杨献珍同志首当其冲。300 年前方以智“合二而一”的辩证法命题，成了杨献珍“反党”“反社会主义”“反毛泽东思想”的主要“罪证”。那是一场旷日持久的残酷斗争。批判“合二而一”的口号从 1964 年喊起，延续竟达 15 年之久。1981 年，杨献珍同志来看我，我才得知，他为“合二而一”蒙难 15 年，原来竟连一篇涉及“合二而一”的文字都不曾写过。自 1964 年对“合二而一”批判开始时，发掘方以智思想的成就突然变成了许多同志的灾难，我痛心不已。至今一想到八旬老人杨献珍的龙钟而庄严之态，我不禁浩叹，那样的灾难，无论如何也不能再重演了！

四、韩国磐同志的贡献

厦门大学韩国磐教授是著名的隋唐史专家。

国磐同志与我，因为对中国封建社会土地国有的认识基本一致，神交久矣。从解放初起，我们就开始相当密切的通信切磋。1953 年我到历史研究所二所任职后，即与尹达同志商定，延聘他担任历史所二所兼职研究员。

1957 年，筹备编写《中国思想通史》第四卷的时候，社会活动和行政事务过重，撰著前的资料工作，有时不得不求他人之助。这在解放前是不可能的，那时候，每一项研究的全过程，都靠自己承担。解放了，条件变了，帮助我的同志往往分担了大量细致的工作。

国磐同志稔悉史籍，对隋唐典籍的考订功力尤深。当着手准备《中国思想通史》第四卷写作时，我请国磐同志编一份隋唐资料。他欣然应允，特地从厦门赶来北京，住在当时东四头条历史研究所二所院内，日夜兼程，仅用两个月时间搞出了一部相当详细的长编，集中了隋唐经济、政治、文化、思想的丰富资料。我为第四卷撰写社会史一章材料丰满，便是仰赖于国磐同志的这部资料长编。其他隋唐思想各章，也不同程度上从中得益。

韩国磐同志为《中国思想通史》第四卷做了切切实实的贡献，他是第四卷编著者中的无名英雄。

第四卷成书时，环境和处境迫使我在署名问题上产生顾虑。屈服于当时一种不成文的规定，我没有把国磐列入执笔者。这个决定铸成的错误，二十多年来一直在咬噬着我的心，一直是我内心的一处隐痛。这种隐痛，实非稿酬或个人的馈赠所能疗愈。

我幸得今天有此机会公布这一事实。

20 年前，公认的事实却无人敢决定举措，今天，人人都敢判它个是非，这不能不说是时代的进步吧！

五、“诸青”的贡献

《中国思想通史》第四卷署名执笔者之一“诸青”，是五位青年学者的集体名字。他们是张岂之、李学勤、杨超、林英以及何兆武。

这五位同志都是 1953 年我到历史二所后逐渐增补的研究人员。进所时，他们有理想，文史功底比较厚，三四年间，表现出异常勤奋、学风朴实的共同特点,并各有所长。岂之哲学基础扎实,归纳力强;学勤博闻强记,熟悉典籍;杨超理论素养突出;林英思想敏锐,有一定深度;兆武兼通世界近现代史,博识中外群籍。1957 年第四卷开始编写时,他们都还是三十岁上下的青年。

20 世纪 50 年代中期,学术界大倡协作之风。形势既有这样的要求,我就决定让这几位青年一试锋芒。于是,我把原定自己执笔的大部分章节、杜老原计划承担因病未能承担而划到我分内的章节,以及全卷编写的组织事务和协调联络工作,全部分交给他们。在第四卷全卷二十七章中,他们承担了十三章的工作量,诸如隋唐佛学、韩愈、张载、二程、朱熹、王阳明、东林党、西学……这样一些重要部分,都交他们执笔。所以,事实上在第四卷中,他们唱了重头戏。

当这几位青年同志奋力研究、准备撰述的时候,我既紧张又兴奋,实际参与了他们每一个人的研究过程。那时,我正年富力强,五位青年分担的十三章容纳着二十几个历史人物,我就得同时面对这二十几个研究对象。

为使这些初上阵的同志分散承担的各章纳入第四卷时能成为一个整体,保证全卷学术水平,我必须将自己对第四卷包括的各种思潮和每一个主要人物思想体系的研究结论,无保留地交给他们;必须将自己经多年深思而形成的,论述这些人物、思潮的论点乃至基本逻辑,反反复复地用讨论的方式灌输给他们。为了保证全书形成一个较完整的体系,在和这些青年同志的合作中,每一章的构架、格局和论点,都是由我定的(不排除讨论)。其余,则任凭他们去发挥自己领悟理论,驾驭资料的能力,去发表自己的观点甚至创见。成文之后,由我修改,费力较多之处,往往是把叙述上升为概念。由于撰写前已经和我分别统一了认识,这几位青年执笔的章节,虽不同程度上都须加工、修改,但一稿成功的比例仍然是比较高的。

通过第四卷的编写过程,我和这五位青年学者之间交流深入了,相互的理解也深入了。他们和我共同建立起一种关系——相互审改文章,到今天回想起来,还是件美好的回忆。

实际上,我们交互修改文章的传统,早在《中国思想通史》第四卷编写前就开始了,一直进行了十几年,颇似以文会友。若问,天天见面,何须文会?我以为,这是一种必要的交流,是言谈之外不可或缺的交流。当年,在我们的思想史研究室,参加这种交流的同志,也不仅此五位。

我至今难忘这种交流中的收益和快慰。对年轻朋友的文章,我不免大刀阔斧。他们尊重我的修改意见,但他们也经常坚持自己的文字见解。我常常在他们对我的修改意见的反修改中,体会到他们可宝贵的独立思考精神,了解到他们坚持的意向所在。同时,我自己的每篇文章也都请他们修改。我常常在他们严肃而颇不拘束的修改文字中,认识他们的成熟程度,看到他们才华的增长,发现他们思想中闪烁的光点;同时也便于给他们增加任务,在他们能挑 50 斤担子的时候,我便要他们挑 80 斤的;这样"层层加码",使他们更快地成长。后来的事实证明:采用这种方法培养青年科学工作者是行之有效的。

尽管第四卷很有些令我自责的缺陷,但是,我永远感到欣慰的是,第四卷为五位青年奠定了科学研究的起点。

六、杨荣国同志与韩愈章

《中国思想通史》第四卷编写中,韩愈、李翱章产生的最艰难。这一章起草,数易其人,撰写的全过程,是由杨荣国同志开始，由杨超同志完成的。

在《中国思想通史》第四卷开编前，杨荣国与我，已经有 15 年以上的友谊。我们在先秦思想、封建土地国有、封建社会发展阶段划分等方面，认识都比较一致。《中国思想通史》第四卷筹备期间，我们彼此都产生了一试合作的愿望。

初拟方案时，杨荣国向我表示愿意承担中唐韩愈、李翱章。

1957 年第一次集会讨论第四卷提纲和分工计划，杨荣国（时任中山大学教授）、赵纪彬分别专程从广州、开封来京赴会。邱汉生已在北京。就在第一次会议上，杨荣国对韩愈思想的评价基调就与我们的总体认识相左。他认为韩愈是唯物主义或二元论者，与我们的看法不一致。赵纪彬当场和他发生辩论。那天，赵纪彬不仅雄辩，而且相当激动，但杨荣国的见解也非成于一旦，所以颇难说服。这场辩论给全体与会者留下很深的印象。当时，我作为主编，默然听了他们一阵争论后，只向大家强调了一个原则要求——希望全卷总体宗旨能在每章中得现。其余的话我是不必多说的，因为我很了解我的合作者，他们都深知自己不是来参加一部论文集的工作，而是来参加一部有机结合的整体著作的工作。

几个月后，杨荣国起草的韩愈、李翱章完稿，文字不长，观点与他在讨论时所表述的无变，体例与全书也不相合。本着事先议决的原则，我决定韩愈、李翱章重新起草。

第二稿的任务，历史研究所思想史研究组高全朴同志表示愿意承担。不意，高的一稿与全书宗旨相距更远。于是，我决定再次重写。

第三稿，交杨超同志执笔。这时，杨超已完成了隋唐佛学和中唐华严宗的撰写任务。

我向杨超分析了韩愈、李翱章前两稿的问题所在,希望他从中唐社会史的特点中,从庶族地主与豪族地主的对立中,分析韩愈的依违立场;揭示韩愈思想与佛、道相对立的理论,实质是以儒家的“天神”和“人鬼”否定佛、道的神鬼,旨意所在,是企图修改儒学以代替佛、道的宗教。所以,排斥佛、道的韩愈并不是无神论者,而是有神有鬼论者。韩愈哲学是属于唯心主义天命论范畴的。我特别要求此章说明,韩愈为建立与佛,道对抗的体系所著的《原道》《原理》《原人》《原鬼》和《原毁》五论,在性论上是继承董仲舒的,在道统上是继承孟子的。进而言之,这种哲学遗产的理论源流,还会向中唐以后,直至今世延伸。这是一种具体继承,绝非“抽象继承”。

以杨荣国和我的友情,我撤下了他的稿子时,甚至无须向他解释。杨荣国对此并没有什么大意见,因为他的观点是自成一体的。后来,他将此稿发表在广东省的《理论与实践》刊物上,再后,又收入他的论文集——《初学集》中。

《中国思想通史》第四卷完成时,鉴于杨荣国是约定作者,同时,他起草的韩愈、李翱章第一稿,对我们最后的定稿提供参考价值,杨荣国在《中国思想通史》第四卷署名,全体合作者并无异议。

七、杜老和《中国思想通史》第四卷

杜老是《中国思想通史》最早动议者之一。第四卷筹备和撰著时,他在广州,但是《中国思想通史》全体著者的心中,一如既往地把杜老看作前辈、师长、合作者,甚至亲密的朋友。

20 世纪 50 年代,杜老每次来京,每次和我晤面都讨论到第四卷的问题。关于发掘、选定研究对象、拟定计划等,我都征求

过他的意见。关于一些人物、学派的评价尺度,他也曾表示过意见。

我难忘杜老晚年治学的精神。杜老晚年多病,但他从来没有停顿过学术探求。20 世纪 50 年代后期,他还几次喜滋滋地告诉我,他正在从宗教角度进一步研究墨子,并且已经有不少新的发现。他约我搞完《中国思想通史》第四卷以后,返回头去和他一起从这个新的角度再次研究墨子……当时,他诸如此类的谈话令我感慨。社会上,到处是"外行领导内行"的舆论,杜老不愧是老模范,他肯于"仕而优则学"! 未久,杜老长眠。痛悼中,那段回忆又令我添上许多惋惜,杜老太苛求自己的文字,以至于他有许多宝贵的思想成果没有能留给后人。

《中国思想通史》第四卷的朱熹、王阳明两个人物,原是杜老一开始就约定承担的。自陈家康告退《中国思想通史》撰著,杜老又愿接隋唐佛学章。然而,杜老期待已久的《中国思想通史》第四卷刚开笔,他就病倒了,工作和著述无力兼顾。就这样,他没有实现为第四卷执笔的心愿。杜老对佛学、对朱熹、王阳明研究极深。特别是王阳明,杜老早年曾是阳明学说的信奉者,后来由接受马克思主义经济学、哲学而参加中国革命实践,而最终成为著名的马克思主义理论家。所以,杜老对王阳明的认识和研究,应有特殊的意义、特殊的价值。我至今感到遗憾,杜老不少思想结晶未能在第四卷中得以展现。

杜老没有在第四卷留下具体的一行文字,但我做了努力,把杜老向我谈过的心得和意见尽量表现在第四卷中。我不敢说表现得充分,但我可以说,杜老的精神和心血是存在于第四卷中的。

1960 年,《中国思想通史》第四卷问世,杜老最后一次抵京,他一再叮嘱我,将来《中国思想通史》如得再版,第四卷切记补充对王安石思想中经验论因素的分析,切记补写一个唯物论者杨万里。他认为,在理学盛行时代,杨万里是陈亮、叶适以外又一支唯物主义反理学别出学派。杨万里和陈亮可以视为清初朴学的反理学本质的渊源所在。杜老的为人,不发意见则已,每发意见必有独立精到的价值。杨万里这个人物,在初拟四卷计划时杜老就提出过,我因见材料不足而搁置。杜老辞世后,根据他的遗愿,我在主编《中国哲学史简编》中,特辟杨氏一节,以志纪念。

至今,《中国思想通史》虽几经重印,却一直未曾再版,王安石思想的经验论因素没有深究,杨万里思想尚未纳入《中国思想通史》中……这些,都是我未了的心愿。

八、众家之长得以荟萃

《中国思想通史》第四卷比诸此前三卷,是更大范围的集体成果。

除上述提到的韩国磐同志、"诸青"和杜老以外,其他各位署名著者为《中国思想通史》第四卷所做的贡献,本当一一列陈。遗憾的是,过去没有机会,今天又为精力所限,我已经没有力量详述纪彬、汉生、寿彝、向奎等诸君的劳绩了。在这里,只能做笼统的,甚至点滴的介绍。

第四卷参加合作诸君,除青年同志外,当时都已是学界名家。他们各自的学术成就,都已经能够独立营造大厦,但是,1957 年至 1959 年,他们拿出自己成熟的精品赋予第四卷的结构中。如果说第四卷有什么特点的话,我想,首要一点便是众家之长得以荟萃。

白寿彝同志对史学史和史学思想的研究有许多独立自得的

成果，杨向奎同志对道教思想的研究也非常精细独到。《中国思想通史》第四卷得寿彝著刘知几、马端临两章，得向奎为道教章奠定基石，全卷为之增色。

纪彬和我合作时间最久，一向协调互敬。从 1942 年尝试合作整理先秦诡辩学和荀子思想起，我们之间在学术上从来未有不能解决的分歧。纪彬在逻辑学、逻辑史、哲学和哲学史方面成就都比较大，对经学的研究深入，在古文字、音韵学方面造诣颇深。纪彬在从先秦到近代的哲学史研究中，是广种而且多收的。但是，可以说，纪彬把他毕生最多的学术精力投入到我们的《中国思想通史》营建中了。今天反顾第一卷至第四卷的合作，除第一卷因为杜老、纪彬和我各自心得融合得最好，章节文字难分你我（事实上，当时谁都没有一丝分切成绩之想，只求合璧和光，在一切旧学问家们最以为“固若金汤”城池面前，一展马克思主义历史方法的科学雄姿）外，第二卷董仲舒章、两汉之际的思想章、王充章，第三卷范缜章，第四卷吕才章、柳宗元刘禹锡章和叶适章，均为纪彬之力作。从这些章节的内容可以看出，纪彬对中国唯物主义思想传统的发掘，无论在深度上抑或在广度上，成就都蔚为大观。

在《中国思想通史》第四卷中，以个人工作计，汉生承担篇幅最多。第四卷的李觏章、王安石章、陆象山章、泰州学派章、何心隐章和李贽章都是汉生完成的。汉生中年患目疾，当他结束第四卷工作时，便几乎失明了。可以说，汉生为《中国思想通史》献出了他所能献出的一切。汉生为人笃厚，治学谨严。凡经他整理过的人物或学派，从第二卷的汉末清议章、第三卷的嵇康章、葛洪章以来，都能尽最大努力占有和梳理尽可能多的材料。第四卷汉生执笔的六章，保持了这个特点，李贽章尤为突出。目前已知存世的李卓吾资料,几乎都被他这一章网罗无余了,为后人的研究开辟出方便之途。汉生研究的这些特点,今天被思想史研究界的许多同志传为佳话,这是我尤其感激他的。

《中国思想通史》第四卷由于合作人数众多,职责要求我把各人执笔的章节与社会史理论有机结合,进而还要与第一、二、三、五各卷统一为一个整体。要实现这一点,工作量比较大。尽管并不容易,但我自信这个目标基本是实现了。我之所以能实现这个目标,首先要归功全体合作者对我的信任,大家授予我斧凿裁定的权力。具体编裁过程中,我从来无须有掣肘之虞,我们写作集体中的"人和"使得工作得以顺利进行。

《中国思想通史》第四卷,是全部《中国思想通史》中,唯一诞生于新中国成立后的一卷。她产生的过程中,社会上在流行"左"倾幼稚的口号,我们主观上在追求一丝不苟的研究;同志们辛劳伴随欢悦,成功夹杂忧患……第四卷产生的时代特征,包含着我们在新中国成立初十年共同经历过、体验过的感受,所以,不论人们会怎样评价第四卷,我对这一卷总还是怀着特殊的感情。

简要的总回顾

《中国思想通史》共五卷六册,260 万字(其中第一卷 47.8 万字,第二卷 23.2 万字,第三卷 33.9 万字,第四卷上册 45.6 万字、下册 50.7 万字,第五卷 49.7 万字)。《中国古代思想学说史》24.8 万字,《近代中国思想学说史》78.2 万字未计算在内。全书上限断自发现甲骨文的殷代,下限断至 19 世纪中叶,论述了古代中世纪3300年的思想史全程。历代的思想主潮、重要的思想家、主要的学术流派，大都做了论述，适当说明了其间的承传关系或相因相革的历史。

在《中国思想通史》中，我们着重做了如下工作：

1.按照中国社会史的发展阶段，论述了各社会阶段的思想发展，殷末西周春秋战国是古代思想的发展阶段，即奴隶社会思想的发展阶段；从秦汉到清朝中叶，是中世纪思想的发展阶段，即封建社会思想的发展阶段；从清朝中叶到“五四”运动时期是近代思想的发展阶段，即旧民主主义革命时期思想的发展阶段。

2.用马克思主义经典著作关于亚细亚生产方式的理论武器，分析中国的古代社会，确认它是古代东方型的“早熟”的文明小孩，走着“人唯求旧，器唯求新”的维新路线。其思想发展的特征是由畴官世学而缙绅先生的诗书传授，由缙绅先生的诗书传授而开创私学的孔墨显学，由孔墨显学而百家并鸣之学，以至古代思想的没落。氏族制的遗留，规定了国民思想的晚出。对应于希腊古代探究宇宙根源的智者气象，在中国则为偏重伦理道德的贤人作风。

3.用马克思主义关于“土地私有权的缺乏”，“可以作为了解‘全东方’世界的关键”这一理论武器，分析中国自秦汉以来封建社会专制帝王的土地所有制是中央专制主义的经济基础。地主阶级对土地只有“占有权”，农民对土地只有“使用权”。封建思想之定于一尊，其根据就在专制帝王的土地所有制。最高的皇权就是最高的族权。正宗思想的神学性质，三纲与神学相联系，表明套在中国人民头上的四大绳索的互相结合。

4.地主阶级有不同阶层。身份性地主与非身份性地主，即豪族地主与庶族地主，他们之间存在着差距（矛盾），从而他们之间的思想意识也存在着差距（矛盾）。思想史上的唯物论与唯心论的斗争，辩证法与形而上学的斗争，政治进步与政治保守的斗争，正宗思想与异端思想的斗争，可以从这种差距（矛盾）中找寻原因。庶族地主往往有与劳动人民利益相关联的一面，使他们的思想有所区别于豪族地主。

5.发掘了一些不被一般思想史、哲学史著作所论述的思想家，如嵇康、葛洪、吕才、刘知几、刘禹锡、柳宗元、王安石、黄震、马端临、何心隐、方以智等，力图开拓中国思想史的研究领域，发掘中国思想史上唯物主义和反正宗“异端”思想的优良传统。

6.强调了以法典作为论证历史分期的标志。例如汉初自高祖至武帝七十年间，制定了一系列法典、律令，如萧何定九章律、张苍作章程、韩信申军法、叔孙通定朝仪等。这些，是确定封建社会性质的标志。以后唐朝的“两税法”，标志着封建社会由前期向后期的转化，明朝的“一条鞭”，标志着封建社会晚期的到来。这个思想贯穿于整个《中国思想通史》五卷之中。

以上几点，是我们经过几十年长期研究得到的。如果说，上述观点和方法足以构成作为一个学派的体系，那么我们就应该把这个体系比较完整地叙述出来。我和我的同志们虽然花了几十年的心血完成了这样一部比较系统的中国思想通史，但是，要建立一个比较完整的马克思主义的中国思想史体系殊非易事。尽管有同志说我们的思想通史是自成体系的著作，而我们却不敢以此自诩。我很想说明一下，我们在史学研究中所注重的不是自己的“体系”，而是如何应用马克思主义历史科学的理论和方法，总结中国悠久而丰富的历史遗产。因此，我在下面讲一点我们的研究原则和方法。

运用马克思主义特别是政治经济学理论，分析社会史以至思想史，说明经济基础与上层建筑、意识形态之间的辩证关系，是我们这部思想通史紧紧掌握的原则。把思想家及其思想放在一定的历史范围内进行分析研究，把思想家及其思想看成生根于社会土壤之中的有血有肉的东西，人是社会的人，思想是社会的思想，而不作孤立的抽象的考察。对先秦诸子，两汉经学、魏晋玄学、隋唐佛学、宋明理学、明末清前期启蒙思想，无不如是。

实事求是，从材料实际出发，进行分析研究，是《中国思想通史》始终掌握的又一原则。写历史要凭史料，否则就不免流于空泛。《中国思想通史》重视材料的朴实征引，目的就在用材料作为说明问题的基础。我们对某一思想家的研究，首先是了解其时代、身世（学术传统），以及其自己的著作，而其自己的著作是最基本的材料。我们在撰著工作中着重直接掌握第一手材料，而不愿转引，也出于同一理由。在撰著《中国思想通史》的过程中，阅读了大量原始材料，做了笔记。在这个基础上，作实事求是的论述。所搜集的资料有些是手抄本或仅存的抄稿，非敢猎奇，盖意在不没前人的业绩；亦恐陷于仅据部分材料轻论前人之误。对待资料，经过考订、审查，辨别真伪，确定时代。校正文字上的伪误衍夺，整理篇章的散乱脱漏，庶不致厚诬古人。已经遗佚的著作，甚至动手辑集。注意版本，尽可能用精校的本子，如用鲁迅校的《嵇康集》。做好资料工作，才谈得上尚论古人。

在《中国思想通史》中，注意批判学术史研究工作中的资产阶级观点和封建主义观点。这是分散写在有关的章节中的。不敢自诩我们的研究就没有缺点和错误，而是出于学术工作的责任心，不得不对一些突出问题有所指陈。知我罪我，是在明达。

《中国思想通史》在 40 年代撰著第一卷，至今已将近四十年。1960年出版第四卷,时五卷六册全部出齐,至今亦已有二十余年。在这期间,承蒙研究哲学、史学的同志和读者给予指正批评,这是对我们工作的鼓励和鞭策。我和参加编写的同志对此深表感谢。我们的工作只是对中国思想史做了初步探索,中国丰富的珍贵的思想史遗产有待进一步整理与总结。“青,取之于蓝而青于蓝;冰,水为之而寒于水。”先哲荀子的名言说出了后来居上这个真理。我深深期望也深深相信,我国的思想史、哲学史的著作之林,将来会出现凌云的杰构。